总　序

李　浩

经过全体同人六年多的不懈努力,"中国古代园林文学文献研究"丛书第一辑九部著作终于付梓,奉献给学界同道和广大读者。作为这个项目的组织策划者,我同作者朋友和出版社伙伴一样高兴,在与大家分享这份厚重果实的同时,也想借此机会说说本丛书获准国家出版基金立项与出版的缘由。

一

本丛书是由我主持的国家社科基金重大项目"中国古代园林文学文献整理与研究"(18ZD240)的阶段性成果。在项目开题论证时,大家就对推出研究成果有一些初步设想,建议项目组成员将已经完成的成果或正在进行的项目,汇集成为系列丛书。承蒙陕西师范大学出版总社刘东风社长和大众文化出版中心郭永新主任的错爱,项目组决定委托陕西师范大学出版总社来出版丛书和最终成果。丛书第一辑的策划还荣获了国家出版基金项目的资助,为重大项目锦上添花,也激励着大家把书稿写好,把出版工作做好。

本辑共九部书稿,计三百余万字。其中有中国古典园林文化的通论性研究。如曹林娣先生的《园林撷华——中华园林文化解读》，从中华园林文化的宏观历史视野，探讨中国园林特有的审美趣味、风度、精神追求和标识，整体阐释园林文化，探索中华园林"有法无式"的创新精神，是曹老师毕生研究园林文化的学术结晶。王毅先生的《溪山无尽——风景美学与中国古典建筑、园林、山水画、工艺美术》，以中国古典园林与风景文化为研究对象，从建筑、园林、绘画、工艺美术等多重角度，呈现中国古典园林的多重审美内涵。王毅先生研究园林文化起步早，成果多，他强调实地考察，又能够结合多学科透视，移步换形，常有妙思异想，启人良多。

本丛书中也有园林文学文献的考察、断代园林个案以及专题研究，研究视角多元。如曹淑娟先生的《流变中的书写——山阴祁氏家族与寓山园林论述》，是她明代文人研究系列成果之一，以晚明文士祁彪佳及其寓山园林为具体案例，探究文人主体生命与园林兴废间交涵互摄的紧密关系。在已有成果的基础上，又有许多新创获。韦雨涓《中国古典园林文献研究》属于园林文献的梳理性研究，立足于原始文献，对主体性园林文献和附属性园林文献进行梳理研究，一书在手，便对园林文献的整体情况了然于胸。张薇《扬州郑氏园林与文学》研究17至18世纪扬州郑氏家族园林与文学创作，探讨人、园、文之间的关系。罗燕萍《宋词园林文献考述及研究》和董雁《明清戏曲与园林文化》，则分别从词、戏曲等不同文体出发，研究园林对文学形式和内容的影响。岳立松《清代园林集景的文化书写》，是清代园林集景文化的专题研究，解析清代园林集景的文学渊源、品题、书写范式，呈现清代园林集景的审美和文化内涵。房本文《经济视角下的唐代文人园林生活研究》，从园林经济的独特视角探讨唐代园林经济与文人生活之间的关系，通过个案来研究唐代文人的园林生活和心态。

作为一套完整的丛书和重大课题的阶段性成果，全书统一要求，统一体例，这应该是一个基本的共识。但本丛书不满足于此，没有限制作者的学术创造和专业擅长，而是特别强调保护各位学者的研究个性，所以收入丛书的各册长短略有差异，论述方式也因论题的不同，随类赋形，各呈异彩。

本丛书与本课题还有一个特点，就是将学术研究课题的完成与人才培养结合起来。我们给每位子课题首席专家配备一位青年学者，作为学术助理与首席专家对接，在课题推进和专家撰稿过程中，要求青年学者做好服务工作。还有部分稿件是我曾经指导过的博硕士论文的修改稿，收入本丛书的房本文所著《经济视角下的唐代文人园林生活研究》、张薇所著《扬州郑氏园林与文学》就属这一类。还有未收入本丛书的十多位年轻朋友的成果，基本是随我读书时学位论文的修改稿，我在《唐园说》一书自序中已经交代过了，这里就不再赘述。

本丛书既立足于文学本体，又注重学科交叉；既有宏观概述，又有个案或专题的深耕。作者老中青三代各呈异彩，两岸学人共同探骊采珠。应该说，该成果代表了园林文学文化的最新奉献，也从古典园林的角度为打造园林学科创新发展、构建中国自主知识体系，进行了有益的尝试。

二

中国古典园林是中华优秀传统文化的重要组成部分，是外在的精美佳构与内在丰富文化内涵的完美统一，也是最能体现中国特色、中国风格、中国气派的艺术形式之一。早期的园林研究，主要是造园者的专擅，如李诫《营造法式》、计成《园冶》、陈从周《说园》等，后来逐渐扩展到古代建筑史和建筑理论学者、农林科学家等。20世纪后半叶，从事古代文史研究的学者也陆续加盟到这一领域，如中国社会科学院前有吴世昌先生，后有王毅研究员，苏州教育学院有金学智教授，苏州大学有曹林娣教授，台湾大学有曹淑娟教授，台北大学有侯迺慧教授等。

本丛书的作者以及这个课题的参与者，主要是以文史研究为专业背景的一批学者。其中的曹林娣先生原来研究中国古典文献，但很早就转向园林文化，在狭义的园林圈中享有很高的学术声誉。赵厚均教授虽然较年轻，但与园林文献界的老辈一直有很好的合作。还有为园林学教学撰写教材而声名鹊起的储兆文。我们认为，表面上看，这是学者因学术研究的需要而不断拓展新领域，不断转战新的学术阵地所引发的，但本质上还是学术自身的特点，或者说学术所研究的对象自身的特点所决定的。

法国埃德加·莫兰在《复杂性理论与教育问题》一书中有这样的论述："科学的学科在以前的发展一直是愈益分割和隔离知识的领域，以致打碎了人类的重大探询，总是指向他们的自然实体：宇宙、自然、生命和处于最高界限的人类。新的科学如生态学、地球科学和宇宙学都是多学科的和跨学科的：它们的对象不是一个部门或一个区段，而是一个复杂的系统，形成一个有组织的整体。它们重建了从相互作用、反馈作用、相互—反馈作用出发构成的总体，这些总体构成了自我组织的复杂实体。同时，它们复苏了自然的实体：宇宙（宇宙学）、地球（地球科学）、自然（生态学）、人类（经由研究原人进化的漫长过程的新史前学加以说明）。"[1] 从科学发展史来看，跨学科、交叉学科是未来学术增长的一个重要方向，本丛书和本课题的研究，不过是"预流"时代，先着一鞭，试验性地践行了这一学术规律。

三

人类在物理空间中的创造与时间之间存有一个悖论：一方面，人类极尽巧思，创造出无数的宫殿、广场、庙宇、园林等；另一方面，再精美坚固的创造物，也经受不起时间长河的冲刷、腐蚀、风化而坍塌、坏毁，最后被掩埋，所谓尘归尘，土归土，来源于自然，又回归于自然。苏轼就曾在《墨妙亭记》中言："凡有物必归于尽，而恃形以为固者，尤不可长。"

人类的精神创造，虽然也会有变化，但比起物化的创造，还是能够更长

---

[1] 埃德加·莫兰：《复杂性理论与教育问题》，陈一壮译，北京大学出版社，2004年，第114—115页。

时段地存留。李白《江上吟》言："屈平词赋悬日月，楚王台榭空山丘。"作为精神类创造的"屈平词赋"可以直接转化为文化记忆，但作为物理存在的"楚王台榭"以及历史上的吴王苏台、乌衣巷的王谢庭堂，都要经过物理空间中的坏毁，然后凭借着"屈平词赋"和其他诗文类的书写刻录，才能进入记忆的序列，间接地保存下来。

中国古人正是意识到了物不恒久，故有意识地以文存园，以文传园，建园、居园、游园皆作文以纪事抒怀，所以留下了众多的园林文学作品，而这些作品具有超越时空的特质，作为一种文化记忆延续了园林物理空间意义上的生命。

前人游览园林景观后可能会留下书法、文学、绘画作品，也就是文化记忆，后人在凭吊名胜时，同时会阅读前代的文化记忆类作品，会留下另一些感怀类作品，一如孟浩然《与诸子登岘山》所说的"羊公碑尚在，读罢泪沾襟"。这样就形成了一个追忆的系列、一个文化的链条，我们又称之为伟大的传统。[①] 对中国古典园林而言，也存在这样的现象，后人游赏前代园林或者凭吊园林遗迹，会形诸吟咏，流传后世，于是形成文化链条。

我曾引用扬·阿斯曼"文化记忆"的理论解释此现象，在扬·阿斯曼看来，"文化记忆的角色，它们起到了承载过去的作用。此外，这些建筑物构成了文字和图画的载体，我们可以称此为石头般坚固的记忆，它们不仅向人展示了过去，而且为人预示了永恒的未来。从以上例子中可以归纳出两点结论：其一，文化记忆与过去和未来均有关联；其二，死亡即人们有关生命有限的知识在其中发挥了关键的作用。借助文化记忆，古代的人建构了超过上千年的时间视域。不同于其他生命，只有人意识到今生会终结，而只有借助建构起来的时间视域，人才有可能抵消这一有限性"[②]。

研究记忆类的文化遗存，恰好是我们文史研究者所擅长的。从这个意

---

① 宇文所安：《追忆：中国古典文学中的往事再现》，郑学勤译，生活·读书·新知三联书店，2004年。
② 扬·阿斯曼：《"文化记忆"理论的形成和建构》，金寿福译，载《光明日报》2016年3月26日第11版。

义上说，文史研究者加盟到园林史领域，不仅给园林古建领域带来了新思维、新材料、新工具和新方法，而且极大地拓展了研究的边界，原来几个学科都弃之如敝屣、被视为边缘地带的园林文学，将被开辟为一个广大的交叉学科。

明人杨慎的名句"青山依旧在，几度夕阳红"（《廿一史弹词》），靠着通俗讲史小说《三国演义》的引用为人所知，又靠着现代影视的改编，几乎家喻户晓。有人说这两句应该倒置着说：几度夕阳红？青山依旧在。但杨慎真要这样写的话，就落入了刘禹锡已有的窠臼："人世几回伤往事，山形依旧枕寒流。"（《西塞山怀古》）

还是黄庭坚能做翻案文章，他在《王厚颂二首》（其二）中说："夕阳尽处望清闲，想见千岩细菊斑。人得交游是风月，天开图画即江山。"由江山如画，到江山即画，再到江山如园，江山即园，是园林艺术史上的另外一个重大话题，即山水的作品化过程。在这一过程中，自然中的山水、诗文中的山水、园林中的山水、绘画中的山水，究竟是如何互相启发、互相影响，又是如何开拓出各自的别样时空和独特境界的？这里面仍有很多值得深入思考的话题。我们希望在本丛书的第二辑、第三辑能够更多地拓宽视野，研讨园林文化领域更深入专精的问题。作为介绍这一辑园林文学文献丛书的一篇短文，已经有些跑题了，就此打住吧。

2023 年 12 月 28 日草成

目　录

绪　　论　·001

第一章　郑氏家族转型与园林兴衰　·018
　　一、郑氏园林营造的背景和条件　·018
　　二、郑氏园林的营造与传承历程　·036
　　三、郑氏园林景观风貌　·047
　　四、郑氏园林的命运　·056

第二章　郑氏园林文化活动　·064
　　一、郑氏园林之园客　·065
　　二、郑氏园林文化活动内容与召集形式　·074
　　三、郑氏园林文化活动的发展　·082
　　四、郑氏园林文化活动的作用与意义　·095

第三章　郑氏园林的文学书写　·108
　　一、园林文学书写的内容　·108
　　二、从地理空间到文学空间　·128

三、借由文学书写建构的人、园、文之关系　·148

　　四、文学书写个案分析　·160

第四章　郑氏园林之艺术呈示　·173

　　一、《扬州休园志》"列景"中的艺术呈示　·173

　　二、郑氏园林之图绘　·185

第五章　郑氏园林与文学的历史定位　·206

　　一、郑氏园林与18世纪扬州园林群落之比较　·206

　　二、"芜城怀旧"母题的延续与增殖　·217

　　三、郑氏园林的文化特征　·222

　　四、郑氏园林的文化意义　·228

结　　语　·234

参考文献　·237

附　　录　·250

　　附录一　郑氏园林文化活动编年（部分）　·250

　　附录二　郑氏园林园客名录　·271

　　附录三　其他郑氏园林相关文献辑录　·282

绪　　论

　　生活在明清时期的扬州郑氏家族祖籍安徽歙县。明万历四年（1576）郑景濂到扬州，以盐业起家；郑景濂次子郑之彦依旧从事盐业，因经营颇为成功被众盐商推为"盐策祭酒"；郑之彦有四子——郑元嗣、郑元勋、郑元化、郑侠如，他们在扬州各有园林，郑元嗣有五亩之宅、二亩之间，郑元勋有影园，郑元化有嘉树园，郑侠如有休园。五亩之宅、二亩之间目前只见园名的记载，嘉树园也仅存园名，清代张云章《三修休园记》中略提一句"天玉公之忠义，其嘉树园仅有存者，已不及休园什之二三矣"[1]。由于郑元嗣的五亩之宅、二亩之间，郑元化的嘉树园所存资料极为有限，本书只聚焦于郑元勋之影园与郑侠如之休园，将此二园合称为"郑氏园林"。

　　目前存世的涉及影园、休园及其园主的文献仍有不少。影园由园主郑元勋设计，并得到当时园林建筑家计成指点，于明崇祯年间建成后盛极一时，清初易主方氏，后凋零颓败。清初郑侠如购宋代朱氏园与汪氏园，两园合一，取名休园。休园经过五世传承：侠如子为光（字次岩，号晦中，1629—1665），为光子熙绩（字有常，号懋嘉，1650—1705），熙绩子玉珩（字荆璞，号箬溪，1692—1738），玉珩子庆祜（字受天，号昉村，1736—？）。休园于嘉庆年间归陈氏所有，后毁于兵火。

---

[1] 张云章：《三修休园记》，见郑庆祜：《扬州休园志》卷一，清乾隆三十八年察视堂自刻本。

一、研究对象及范围

影园建成于明崇祯八年（1635），在清初易主，休园的营建修葺则从清初持续到清乾隆年间，两园前后存续时间长达一百三十余年。在这个时间段内，郑氏家族经历了晚明、明清易代、清初、清中期。在每个历史时期，家族园林文学及文化都呈现出与当时社会文化密不可分的时代特征，呈现出丰富的层次和多重面向。郑氏园林的命运与个人、家族、阶层、国家命运休戚相关，展现出同时期同类型园林的文学与文化的丰富性和复杂性，故而本书将晚明的影园和清代的休园作为整体，统一把握。

本书研究对象为与郑氏园林有关的文学、艺术与文化，其中园林文学方面是指郑氏园林的园主与园客们以影园和休园为写作对象的作品，内容包括园景再现、园史记录、园景题咏、园居生活、文会述写等方面；园林艺术方面是指以影园和休园为创作对象的艺术作品，主要是绘画与书法作品；园林文化方面是指与郑氏园林相关的文化活动。影园和休园均为当时扬州名园，吸引了众多文人雅士游赏吟咏，且郑氏园主们热衷于召集文会或请名家题咏、作画，郑氏园林中的文化活动频繁。加之郑氏家族各代园主多擅诗文，且以园林为核心空间积极进行园林文学的创作，除休园第二代园主郑晦中别集佚失外，其他园主均有诗文别集存世，其中的园林文学作品数量可观。同时在文化活动中，园客们也留下了很多有关郑氏园林的文学艺术作品，现存文献中也有对这些作品的专门辑录。虽当时所作，散佚不少，但通过现存资料，仍可管窥当时郑氏园林文学艺术与文化活动的盛况。

本书所涉的文献资料主要有《影园瑶华集》[1]、《影园诗稿文稿》[2]、《休园

---

[1] 郑元勋辑：《影园瑶华集》，清乾隆二十七年刻本，中国国家图书馆藏。
[2] 郑元勋撰，郑开基辑：《影园诗稿文稿》，清乾隆二十七年刻本，中国国家图书馆藏。

诗余》①、《含英阁诗草》②、《含英阁诗余》③、《止心楼诗》④、《扬州休园志》⑤、《休园图卷》⑥。另外在一些诗文总集、别集中也有关于郑氏园林的文学、艺术作品（详见附录），从这些作品中可以领略郑氏园林的物质形态与历史变迁，以及园林文学、艺术所呈现的面貌。

二、学界相关研究述评

本书涉及以园林文学为主要研究对象的文献考证、园林历史、园林文化、建筑学、园林美学等领域，笔者将从园林史、园林文学及文化、社会学、美学、建筑学、绘画几个方面对已有研究成果进行简要的综述。

（一）园林与文学及相关研究评述

1. 园林史研究

首先是中国园林通史研究。日本学者冈大路《中国宫苑园林史考》⑦对明清时期金陵、杭州一带的园林进行了考证；周维权《中国古典园林史》⑧宏观把握整个中国古代园林史，将发展历程分为生成期（殷周秦汉）、转折期（魏晋南北朝）、全盛期（隋唐）、成熟期（宋元明、清初）、成熟后期（清中叶、清末）五个大的段落，为三千多年的中国园林史建构了统一的框架；

---

① 郑侠如：《休园诗余》，见聂先、曾王孙编：《百名家词钞》，清康熙绿荫堂刻本，中国国家图书馆藏。
② 郑熙绩：《含英阁诗草》，清康熙含英阁刻本，中国国家图书馆藏。
③ 郑熙绩：《含英阁诗余》，清康熙含英阁刻本，中国国家图书馆藏。
④ 郑玉珩：《止心楼诗》，清乾隆郑庆祜刻本，南京图书馆藏。
⑤ 郑庆祜：《扬州休园志》，清乾隆三十八年察视堂自刻本。
⑥ 王云：《休园图卷》，大连旅顺博物馆藏。
⑦ 冈大路：《中国宫苑园林史考》，常瀛生译，农业出版社，1988年。
⑧ 周维权：《中国古典园林史》，清华大学出版社，1999年，第2版。

张家骥《中国造园艺术史》①对不同朝代古典园林特点进行概述，注重阐述园林在历史中的继承和发展，比较各个时期的造园性质、园林的内容、外在形式等特征；汪菊渊《中国古代园林史》②介绍中国古代园林发展史中的典型个案，注重分析各个时代的政治、经济、宗教、文化等因素对园林的影响；陈植《中国造园史》③划分园林类型为庭园、陵园、宗教园，以园林类型为纲对历代园林典型案例进行整理和解读；储兆文《中国园林史》④梳理中国古代园林发展史脉络，认为元明清是中国古典园林的集大成时期，重视突显明清园林的地域性特征。再是江南园林史研究。江南园林是中国园林的重要构成部分，无论从数量规模还是从园林建筑、园林文化等方面都在中国园林中占有重要地位，因此涌现出一批对江南地域园林史研究的著述，例如：童寯《江南园林志》⑤采用现代测绘、摄影的研究方法，对苏、杭、沪、宁一带的园林的营造特点及私家园林进行了举要式介绍；杨鸿勋《江南园林论》⑥将考古理论运用于江南园林研究之中，对园林诸要素进行考辨，并指出文人对园林建筑随意拓展的问题；曹林娣《江南园林史论》⑦从园林史的角度梳理江南园林发展的各个时段，指出明至清前期为江南园林的巅峰期；朱江《扬州园林品赏录》⑧对扬州园林历史变迁做了全面的论述，并对每个园林的沿革做了简短的梳理；都铭《扬州园林变迁研究——人群与风景》⑨对18世纪前后扬州的公共园林的营建情况进行研究，认为运河是扬州城市园林和城郊园林的连接，并就此形成统一的游览区块。中国园林通史与江南地域性园林通史为中国园林的发展梳理脉络，建构框架，是研究中国古代各个时期的园林的重要背景支撑。

---

① 张家骥：《中国造园艺术史》，山西人民出版社，2004年。
② 汪菊渊：《中国古代园林史》，中国建筑工业出版社，2006年。
③ 陈植：《中国造园史》，中国建筑工业出版社，2006年。
④ 储兆文：《中国园林史》，东方出版中心，2008年。
⑤ 童寯：《江南园林志》，中国建筑工业出版社，1984年，第2版。
⑥ 杨鸿勋：《江南园林论》，中国建筑工业出版社，2011年。
⑦ 曹林娣：《江南园林史论》，上海古籍出版社，2015年。
⑧ 朱江：《扬州园林品赏录》，上海文化出版社，2002年，第3版。
⑨ 都铭：《扬州园林变迁研究——人群与风景》，同济大学出版社，2014年。

2. 园林文学及文化研究

园林文学文献整理：1933年出版的陈治绂《金陵园墅志》[①]辑录历代金陵的园墅游记和诗歌。20世纪末到21世纪初，国内出现了一批总集性的园记整理著作。陈植、张公弛选注的《中国历代名园记选注》[②]注重园记中的实景呈现，以反映布局、结构和景物为标准，编选历代园记50余篇；赵雪倩编注的《中国历代园林图文精选》(第1辑)[③]对历代各个地域的园记、园画选编整理，既体现历代名园规划布局、形制等方面的特征，又彰显园林文学的独特风貌；陈从周、蒋启霆选编的《园综》(新版)[④]，以园林的空间分布为序，辑录西晋至清末的园记322篇，作品内容以描述园林景观园记为主，兼及记述历代名园建构兴废的相关篇章。另外还有邵忠、李谨选编的《苏州历代名园记 苏州园林重修记》[⑤]集历代苏州名园113处，园记196篇；顾一平《扬州名园记》[⑥]选录宋代至清代著名学者文人叙写扬州园林的散文100余篇。园林文学相关文献的整理，为研究园林文学提供了丰富资料，也揭示了园林游记、诗文等文学作品对研究中国古典园林的价值。

园林文学与园林文化研究：首先学界多关注中国园林整体文化特征。主要有：陈从周《园林丛谈》[⑦]和《说园》[⑧]，资料翔实，多通过文学作品解读分析园林特征，对于园林和园林文学研究有参考的价值；王毅《园林与中国文化》[⑨]是研究中国园林文化的一部力作，他从园林发展的角度入手，将明清园林的特点概括为"芥子纳须弥"，体现出园林文化的流变特征；曹林娣

[①] 陈治绂：《金陵园墅志》，翰文书店，1933年。
[②] 陈植、张公弛选注：《中国历代名园记选注》，安徽科学技术出版社，1983年。
[③] 赵雪倩编注，刘伟配图：《中国历代园林图文精选》第1辑，同济大学出版社，2005年。
[④] 陈从周、蒋启霆选编：《园综》(新版)，赵厚均校订、注释，同济大学出版社，2011年。
[⑤] 邵忠、李谨选编：《苏州历代名园记 苏州园林重修记》，中国林业出版社，2004年。
[⑥] 顾一平：《扬州名园记》，广陵书社，2011年。
[⑦] 陈从周：《园林丛谈》，明文书局，1983年。
[⑧] 陈从周：《说园》，同济大学出版社，2007年。
[⑨] 王毅：《园林与中国文化》，上海人民出版社，1990年。

《中国园林文化》①、王铎《中国古代苑园与文化》②，皆是研究中国园林与文化的通史，为研究园林与文学及文化之关系奠定基础；韦雨涓《中国古典园林文献研究》③将园林文献分为主体性文献和涵盖园林诗词、园林匾联、花谱石谱、零散园林史料的附属性园林文献，体现了文学作品作为园林文献对于研究中国古典园林的重要性。

其次，断代园林文学与文化研究成果颇为丰富。李浩《唐代园林别业考论》（修订版）④，以辑录考证的方法反映唐代园林别业在地域空间上的分布状况，兼论唐代园林的文化语境，不仅开拓了唐代园林文学研究的局面，而且为整个中国古典园林文学的研究，在学术视野和研究方法上起到了启迪与引领的作用；李小奇《唐宋园林散文研究》⑤从文体学角度关注唐宋园林散文书写历程、园林与散文的复线关系，以及唐宋园林散文的文化意义；罗燕萍《宋词与园林》⑥辑录考证宋词中的园林，并对宋词中表达出的园林意象做了专门研究；王书艳《唐代园林与文学之关系研究》⑦对唐代园林中的宴集、创作活动、题咏现象进行了细致考察。还有一些学位论文，如：朱蒙《明代文人园林研究》⑧从四个章节分析明代私家园林的造园思想和手法、园林基本要素、文人园居生活与园记的功能；陈梦盈《明代白话小说中的园林描写与文化研究》⑨以明代白话小说中的园林为主要研究对象，对明代白话小说中的园林描写的叙事结构、意象结构、文化结构进行了具体研究。这些研究或关注某一朝代的园林、某一类别的园林的特征，或研究园林与某种文体的关系，使园林文学研究趋于细化、深化，均可作为研究园林文学与文化的他山之石。此外也包括一些期刊论文：郭文仪《明清之际

---

① 曹林娣：《中国园林文化》，中国建筑工业出版社，2005年。
② 王铎：《中国古代苑园与文化》，湖北教育出版社，2003年。
③ 韦雨涓：《中国古典园林文献研究》，山东大学2014年博士学位论文。
④ 李浩：《唐代园林别业考论》（修订版），西北大学出版社，1996年。
⑤ 李小奇：《唐宋园林散文研究》，西北大学2016年博士学位论文。
⑥ 罗燕萍：《宋词与园林》，中国社会科学出版社，2012年。
⑦ 王书艳：《唐代园林与文学之关系研究》，中国社会科学出版社，2018年。
⑧ 朱蒙：《明代文人园林研究》，山东大学2016年硕士学位论文。
⑨ 陈梦盈：《明代白话小说中的园林描写与文化研究》，陕西师范大学2017年硕士学位论文。

遗民梦想花园的构建及意义》[1]揭示明清之际遗民梦想园林书写的现象,以及其背后所隐含的人类追寻精神家园的文化意义;岳立松《明清乌有园记的书写策略与意义探寻》[2]思考明清时期乌有园记的文本意义和文化价值,认为乌有园记体现出作者对自我价值以冀永恒的期盼;文韬《从"以文存园"到"纸上造园"——明清园林的特殊文学形态》[3]提出文学能超越园林物质藩篱的特征,园林经过文学书写能成为文化空间和精神空间。这三篇文章的探讨均突破了文学与园林关系简单相加的层面,触及文学与园林深度结合的书写范式,对于研究文学与园林的关系,以及园林文学的深层意涵大有裨益。另外还有杨翼《明后期戏曲对江南园林的变化的影响》[4]、李玉芝《晚明园林文化与文人审美心态的蜕变》[5]等文章,对深入研究园林与文学的关系、园林中的文人心态做出了有价值的探索。

3. 园林与建筑学、美学、社会学、绘画、经济学等关系之研究

近年来园林研究展现出以园林建筑学研究为主,园林美学、园林与社会学、园林与绘画、园林与经济学等角度研究并呈的多元化局面。顾凯《明代江南园林研究》[6]对明代初期、中前期、中期、后期四个时段文人造园情况做一概述,分析其园林观念、造园缘由,并对明代中后期的江南私家园林述要,其中所涉园林资料与园林观点,可作为研究明清扬州郑氏园林的重要参考;梁洁《晚明江南山地园林研究》[7]从建筑角度入手进行研究,辑录不少山地园林资料,有助于研究者了解明代园林建造背景与基本布局;金学智《中国园林美学》[8]将明清时期作为中国园林美学历史行程中

---

[1] 郭文仪:《明清之际遗民梦想花园的构建及意义》,载《文学遗产》2012年第4期。
[2] 岳立松:《明清乌有园记的书写策略与意义探寻》,载《海南师范大学学报(社会科学版)》2016年第12期。
[3] 文韬:《从"以文存园"到"纸上造园"——明清园林的特殊文学形态》,载《文学遗产》2019年第4期。
[4] 杨翼:《明后期戏曲对江南园林的变化的影响》,载《中国园林》2017年第7期。
[5] 李玉芝:《晚明园林文化与文人审美心态的蜕变》,载《学术探索》2015年第11期。
[6] 顾凯:《明代江南园林研究》,东南大学出版社,2010年。
[7] 梁洁:《晚明江南山地园林研究》,东南大学2018年博士学位论文。
[8] 金学智:《中国园林美学》,中国建筑工业出版社,2000年。

的重要阶段,在分析园林物质生态建构序列、精神生态建构序列、园林品赏与审美文化心理时,多取样于明清私家园林;柯律格《蕴秀之域:中国明代园林文化》[1]运用艺术社会学的方法研究明代园林,展现处于经济学、建筑学和美学交叉地带的中国古典园林的复杂性,特别是从明代土地制度入手,为解读明代园林打开新的视角;高居翰等《不朽的林泉:中国古代园林绘画》[2]、吴晓明《明代中后期园林题材绘画的研究》[3]则从园林绘画的角度切入,对园林的形貌进行研究。笔者对明清扬州郑氏园林的研究拟从园林文学与文化视角入手,该角度仅为园林多元研究维度之一,若要园林文学与文化研究科学严谨地展开推进,其他视角的研究成果的支撑与启发也不可或缺。

综观中国古典园林与文学艺术关系的研究,已有不少可喜成果,特别是唐代园林研究颇多创获。在研究方法上,体现了学科交叉、方法互鉴的特点,为研究园林文学开拓新视野,启迪新思路。明清作为中国古典园林发展的鼎盛期,有浩如烟海的园林文学作品存世,虽然目前已有不少研究明清时期园林整体历史风貌、文化特征、美学特征的著述,但多是类型化的研究,个案研究方面较为薄弱,还有很多空白有待填补,不少问题亟须深入探讨,扬州郑氏园林即为其中之一。

(二)扬州郑氏园林研究现状评述

目前对扬州郑氏园林的研究主要集中于以下方面:

其一,对于园林修建时间、地址、布局的考证,以及营造法式、复建方案的研究。

对于影园,目前的研究主要是考述其修建时间、地址,分析其景观风

---

[1] 柯律格:《蕴秀之域:中国明代园林文化》,孔涛译,河南大学出版社,2019年。
[2] 高居翰、黄晓、刘珊珊:《不朽的林泉:中国古代园林绘画》,生活·读书·新知三联书店,2012年。
[3] 吴晓明:《明代中后期园林题材绘画的研究》,中央美术学院2004年博士学位论文。

貌，提出复建方案。清代李斗《扬州画舫录》有"影园在湖中长屿上，古渡禅林之北"[1]，并记载了影园的基本景观布局。在当代，影园引起学界注意，缘于明代造园家计成。曹汛《计成研究——为纪念计成诞生四百周年而作》[2]通过考察计成与郑元勋的交游活动，推断影园始建于崇祯七年（1634），建成于崇祯八年，并简略谈及影园"巧于因借"的特点；吴肇钊《计成与影园兴造》[3]认为影园建造时间为崇祯七年至崇祯八年，并结合清代扬州城厢图考证影园的选址，探究影园总体布局以及山水、建筑、植物的布局，分析其"巧于因借""以简寓繁""情景相融"的造园特征；许少飞《扬州园林史话》[4]讨论影园的择地与园内地貌、园景和造景艺术；包广龙等《影园考》[5]根据《影园自记》内容与所处历史环境，围绕何地所建、何时所建、何人所建和所建几何四个问题展开考述。2000年以来，有关影园复建的研究成为热点。吴肇钊在《中国园林立意·创作·表现》[6]一书中收录《借长洲镂奇园——影园复建设计识语》一文，在考证影园地址布局的基础上提出影园复建的总体规划；赵御龙等《扬州影园的造园艺术与复原思考——兼评吴肇钊先生影园复原（建）图》[7]分析影园的外部环境及其内部山水、建筑的空间关系，探讨影园的造园艺术和审美思想；马一凡《影园文献相关问题探究及其空间布局复建方案》[8]对于影园的地址、设计、占地尺度等问题做了较为细致的探究，并提出复建方案。此类论述还有王婷婷

---

[1] 李斗：《扬州画舫录》，汪北平、涂雨公点校，中华书局，1960年，第175页。
[2] 曹汛：《计成研究——为纪念计成诞生四百周年而作》，见《建筑师》编辑部编辑：《建筑师》第13期，中国建筑工业出版社，1982年，第1页。
[3] 吴肇钊：《计成与影园兴造》，见《建筑师》编辑部编辑：《建筑师》第23期，中国建筑工业出版社，1985年，第167—177页。
[4] 许少飞：《扬州园林史话》，广陵书社，2014年。
[5] 包广龙、王婷婷、杨豪中：《影园考》，载《中国园林》2016年第10期。
[6] 吴肇钊：《中国园林立意·创作·表现》，中国建筑工业出版社，2004年。
[7] 赵御龙、周晓峰、王晓春等：《扬州影园的造园艺术与复原思考——兼评吴肇钊先生影园复原（建）图》，载《扬州大学学报（人文社会科学版）》2017年第3期。
[8] 马一凡：《影园文献相关问题探究及其空间布局复建方案》，扬州大学2018年硕士学位论文。

《基于文献考证的扬州影园造园要素设计方案》[1]、马一凡等《影园中长窗与半窗图样的复原性设计》[2]、岳岩敏等《不说迷楼说影园——明郑元勋、计成与扬州影园》[3]等。

关于休园,清代李斗《扬州画舫录》记载"在流水桥畔,本朱氏园,其地产诸葛菜,亦名诸葛花,园宽五十亩"[4],并罗列休园诸景点。朱江《扬州园林品赏录》[5]主要观点基于《扬州画舫录》,认为在明代扬州诸多园林中"其规模最为冠绝者,莫过于郑侠如家的休园",休园在"宋代朱氏园林旧址兴建而成",并考证休园在道光年间售给仪征魏氏。周晓兰《扬州休园考》[6]从园林学角度对休园的建造时间、地址及四次修葺时间进行探讨,对休园的周边环境、山水形态、空间构成、景物特色等进行了分析,是目前对于休园历史与建筑研究较为全面的文章。周敏《〈扬州休园志〉部分点校及景观设计浅析》[7]研究郑庆祐辑录的《扬州休园志》,介绍休园的五世沿革,并分析部分景象,但尚未对《扬州休园志》中的作品深入探析。另外,还有对清代王云所绘制的《休园图》进行研究的文章:房学惠《风雨沧桑话休园——记王云休园图卷》[8]分析《休园图》的绘制时间、画面内容、画中人物及艺术特征;蒋琦《深意画图,余情休园——赏读王云〈休园图〉》[9]对照清代方象瑛的《重葺休园记》,对《休园图》十二段中各段的画面内容予以简析,阐释画面内涵,讨论《休园图》的创作历程和绘画技艺。这两篇文章对

---

[1] 王婷婷:《基于文献考证的扬州影园造园要素设计方案》,扬州大学2018年硕士学位论文。
[2] 马一凡、陈哲、晏晓苏:《影园中长窗与半窗图样的复原性设计》,载《艺术研究》2018年第1期。
[3] 岳岩敏、吴昕泽、林源:《不说迷楼说影园——明郑元勋、计成与扬州影园》,载《建筑师》2019年第3期。
[4] 李斗:《扬州画舫录》,汪北平、涂雨公点校,中华书局,1960,第180页。
[5] 朱江:《扬州园林品赏录》,上海文化出版社,2002年,第3版。
[6] 周晓兰:《扬州休园考》,北京林业大学2012年硕士学位论文。
[7] 周敏:《〈扬州休园志〉部分点校及景观设计浅析》,载《汉字文化》2019年第14期。
[8] 房学惠:《风雨沧桑话休园——记王云休园图卷》,载《收藏家》2003年第12期。
[9] 蒋琦:《深意画图,余情休园——赏读王云〈休园图〉》,载《数位时尚(新视觉艺术)》2010年第4期。

于研究休园形貌、休园文化、休园的图像呈示有一定价值。

其二，对影园与休园文学文化活动进行考述和讨论的研究。扈耕田《晚明扬州影园与黄牡丹诗会考论》[①]考证影园黄牡丹诗会的时间、参加人物和诗作数量，兼论黄牡丹诗会的社会影响，并将当时文人心态、与会者的精神及人格影响、黄牡丹特殊的象征意义等视为影园黄牡丹诗会的文化因素。张金环《明清之际咏花诗中的"牡丹"意象与士人心态》[②]认为影园黄牡丹诗与明清之际士人心态相关，但其重点是对这一类型诗歌的普遍特征予以研究，未对影园黄牡丹诗会做深入探讨。明光《清代扬州盐商的诗酒风流》[③]认为以黄牡丹诗会为代表的影园文化活动是盐商及其后人以文人的身份参与的具有某种新特点的文化活动。蔡佳颖《郑元勋影园研究》[④]对影园的位置、布局、景致、艺术风貌进行细致全面的分析，探析影园相关题咏的文化意涵，重点探讨了影园雅集与黄牡丹的文化意义，详细分析了黎遂球的黄牡丹诗作，为研究影园文学与文化做出了有价值的探索，但是对于晚明历史背景和影园文化活动之间的关系未做更深入的探析。张丽丽《清代前中期扬州徽商园林与文学》[⑤]设"休园中的文学活动"一章，考察郑氏家族世系，研究休园中的文人活动，并分别介绍"处世豁达的郑侠如""众体兼备的郑熙绩""温柔敦厚的郑玉珩"的文学创作情况，也述及冒襄、许承家、杭世骏等人的休园文学活动，并探究休园文学活动兴盛的外部和内部原因；虽然此作重点探讨整体徽商园林与文学的共性，对休园个体的文学活动研究尚未深入，但不可否认它对于研究休园文学有一定的铺垫作用。另外还有吴莉莉《从〈扬州画舫录〉看两淮盐商对扬州文化发

---

① 扈耕田：《晚明扬州影园与黄牡丹诗会考论》，载《扬州大学学报（人文社会科学版）》2011年第3期。
② 张金环：《明清之际咏花诗中的"牡丹"意象与士人心态》，载《中国石油大学学报（社会科学版）》2016年第2期。
③ 明光：《清代扬州盐商的诗酒风流》，社会科学文献出版社，2014年。
④ 蔡佳颖：《郑元勋影园研究》，淡江大学2019年硕士学位论文。
⑤ 张丽丽：《清代前中期扬州徽商园林与文学》，安徽大学2014年硕士学位论文。

展的作用》①以郑侠如之休园为例,论证清代盐商积极投身于文化研讨交流活动,肯定盐商对于扬州文化发展的作用。王颖《"废兴惟视诗书力":论休园的文学空间意义》②将郑氏休园作为典型的文学活动空间,对休园的初建、修葺与景观变迁,休园与家学家风,以及休园与扬州地方风雅传统的塑造进行探析。王颖《文学空间视域下的徽商园林》③将郑氏园林作为徽商园林的典型,对徽商园林文学与文化活动进行讨论。这些研究均对全面掌握扬州郑氏园林与文学的关系有一定的借鉴意义。

其三,对郑氏家族成员的研究。明清扬州郑氏家族中,目前较受学界关注的是影园园主郑元勋。陈汝衡《记影园主人郑元勋》④梳理罗列郑元勋生平著述文献资料,并探讨影园影响,为后来者研究郑元勋提供了文献线索和观点参考。冯剑辉《明清徽商"脱贾入儒"研究——以歙县长龄郑氏为中心》⑤考证分析郑氏家族"脱贾入儒"现象,且从商业家族逐渐转变为士绅家族的历程,其中也涉及影园与休园主人的文学活动。王鑫《盐商郑氏家族文学文化活动研究——以郑元勋为中心》⑥考察郑氏家族百年文学活动历程,兼及郑侠如、郑熙绩、郑玉珩、郑庆祐的文学活动,初步展示郑氏家族成员文学活动情况,但对郑氏园林与文学的关系未做研究。孙文静《郑元勋〈媚幽阁文娱〉研究》⑦在探讨郑元勋选编的《媚幽阁文娱》中体现的小品文观念之外,也论及郑元勋的家世与生平及其参与的文化活动。王

---

① 吴莉莉:《从〈扬州画舫录〉看两淮盐商对扬州文化发展的作用》,载《史志学刊》2015年第5期。
② 王颖:《"废兴惟视诗书力":论休园的文学空间意义》,载《安徽建筑大学学报》2018年第5期。
③ 王颖:《文学空间视域下的徽商园林》,载《名作欣赏》2018年第36期。
④ 陈汝衡:《记影园主人郑元勋》,载《扬州师院学报(社会科学版)》1985年第4期。
⑤ 冯剑辉:《明清徽商"脱贾入儒"研究——以歙县长龄郑氏为中心》,载《黄山学院学报》2008年第4期。
⑥ 王鑫:《盐商郑氏家族文学文化活动研究——以郑元勋为中心》,扬州大学2010年硕士学位论文。
⑦ 孙文静:《郑元勋〈媚幽阁文娱〉研究》,华中师范大学2011年硕士学位论文。

佳禾《晚明郑元勋〈媚幽阁文娱〉研究》①讨论了《媚幽阁文娱》的编选背景、目的及郑元勋的小品文观念。这两篇文章也可为探讨影园园主郑元勋的审美情趣、文学观念提供一些参考。

综上所述,目前学界对于明清扬州郑氏园林的研究已做了不少有价值的探讨,但是研究多集中于园林学、建筑学,对郑氏园林文学研究有很多不足之处:

首先,缺乏将郑氏园林文学作为主体的专门研究。目前的研究多侧重从园林学视角对影园和休园单个论述,较少从家族兴衰的视角关注整个郑氏园林与文学的关系。对于影园与休园的研究,侧重园林学、建筑学角度,对其文学活动和园林文学作品的价值探讨则较薄弱,即使偶有论著也是将郑氏园林文学作品视为研究园林建筑、社会学、历史学的例证,且所涉作品寥寥,不足以呈现郑氏园林文学之全貌。

其次,对于郑氏园林的相关文献整理不足。现存与郑氏园林相关的基础文献有《影园瑶华集》《影园诗稿文稿》《休园诗余》《含英阁诗余》《含英阁诗草》《止心楼诗》《扬州休园志》《诗余花钿集》等,除此之外还有不少作品散见于明清文人别集和总集,其中园林文学资料丰富,然迄今未见对郑氏园林相关文学文献细致全面整理的著作。

再次,对于园林文学作品的研究不够。园林与文学联袂,不仅丰富了文学题材,而且深化了人的内在精神表达。郑氏园林历经百年风雨,堪称名园,郑氏家族代有人才,各领风骚,郑元勋、郑侠如、郑熙绩、郑玉珩积极参加文学活动,参与园林书写。除此之外,从晚明至清中期,来往于郑氏园林并进行园林书写的园客有200多位。园主与园客们留下数量可观的园林诗、词、文,其中不乏优秀的文学作品,但是目前还未有对郑氏园主和园客们的园林文学作品进行专门研究的著述。

最后,以郑氏园林活动为观察基点的明清园林文化研究欠缺。郑氏家族是明清时期扬州的大家族,园林经过几代沿革,在家族传承过程彰显了

---

① 王佳禾:《晚明郑元勋〈媚幽阁文娱〉研究》,南京师范大学2016年硕士学位论文。

明清园林的文化意涵与园林文化活动的流变。郑氏园林是晚明至清中期文人雅集的重要场所,加之郑氏园主身兼儒贾两重身份,与政界人士、文人多有交游,透过此类园林活动,可以窥见明清扬州园林文化交流之网络与动态,挖掘其中所蕴之丰富内涵。然而,目前这方面的研究多浅尝辄止。

三、研究意义

本书对于研究中国古典园林文献、园林文学、园林文化,以及它们彼此之间的关系具有重要意义。

其一,郑氏园林经过代代传承与层层叠叠的书写,发展为郑氏家族以及明清扬州文士们的诗意空间。园林文学作品投映了郑氏家族在园林场域的生命印痕,记录着郑氏家族一百多年的命运沉浮,通过这些文学作品可以跨越时空求索园林活动的历史辙迹。

其二,郑氏园林是公共领域与私人天地的叠加。影园与休园不仅是郑元勋、郑侠如等园主的私人领地,同时也是某种意义上的公共空间。明清之际的政界显要和文人墨客在郑氏园林诗酒流连,题咏唱和,也将个体的生命体验与家国情怀存留于字里行间。研究郑氏园林有助于彰显明清文人园林生命体验与审美情怀的时代特质。

其三,园林的文学书写,超越园林地理意义上的客观属性,建构了园主与园客的主体精神空间,深化了人的内在精神的表达。郑氏园林文学作品是文学与园林的深度结合,从文学的角度深入探究这些作品,对研究园林与文学的关系具有重要价值。

就此可以引发对郑氏园林一系列问题的思考:郑氏园林文献基本情况如何;郑氏园林施作修葺情况如何;郑氏园林从明至清轨迹如何流变;郑氏园林布局与景观设置有何特色;郑氏园林书写主要内容是什么;郑氏园林蕴含什么样的园林审美意识;郑氏园林文学书写可以折射出园主、园客与园林三者之间怎样的关系；郑氏园林文化活动情况如何，从晚明至清中期有无变化；郑氏园林在中国园林文学与文化史中如何定位；等等。笔者将通过文献资料考索，聚焦郑氏园林相关文献，探讨郑氏园林营葺传承、文学书写、艺术呈示与文化活动。根据记忆郑氏家族成员的断片，呈现更为完整清晰的扬州郑氏园林的影像，以期能对明清时期扬州郑氏园林反映的园林观念、家族园林之精神命脉、园林的文学呈现、园林文化活动的状况与流变、郑氏园林与时代背景之关系、郑氏园林文学反映的"人""园""文"之关系等问题有所解释。

四、研究思路、方法及创新点

1. 研究思路

第一，搜集整理相关文献，辑录郑氏园林文学作品，进行版本对照，确定底本。

第二，根据文献资料，对郑氏园林的选址、营葺、变迁做考证梳理。对郑氏园林文学活动进行系年、考证。

第三，考察郑氏造园及进行园林文化活动的社会背景和时代背景，探究郑氏园林兴盛的社会因素。

第四，考察郑氏园林园客的身份、特征，郑氏园林文化活动的内容，以及从晚明至清代的文化活动的发展变化，从而探析郑氏园林的文化角色。

第五，探析相关文学作品、绘画作品的内容与文化意涵。通过郑氏园林文学作品分析，探析郑氏园林作为文学空间的意涵，分析园主、园客与园林三者之间的关系，探究郑氏家族"存园"理想与"忠孝传园""以文存园"的实现路径。

第六，对郑氏园林与文学的历史定位进行探析。以18世纪扬州园林群落作为参照，探讨郑氏园林在扬州盐商园林史中的地位，探究郑氏园林文学书写与"芜城怀旧"母题之间的承续关系,分析郑氏园林文化处于"晚明风流"和"盛清扬州"文化潮流中的普遍性及特殊性。

2. 研究方法

第一,文献考据法。郑氏园林相关的文学作品不仅存在于其家族成员的著述中,也散见于明清其他文人著录的别集和总集中,因此需尽可能全面搜集与郑氏园林相关的诗文、绘画等作品,以求对郑氏园林有更真实、更客观的认知。对于郑氏园林相关史料进行辑录、考订,对郑氏园林活动进行编年,力求还原郑氏园林文化活动的真实历史状态。

第二,数量统计法。梳理郑氏园林变迁的历史,统计影园和休园具体景观书写的作品数量,呈现郑氏园林景观书写的情况。为避免草率定性造成的以论代史现象,选用计量统计的方法对史料中的信息进行统计,以便使园林文学的研究更加准确。制作景观书写作品统计表、影园休园园客名录等,更直观地呈现问题。

第三,文本阐释法。整理郑氏园林相关作品,在尊重史实的基础上,设身处地地感受园主、园客们的心境思想,达到"了解之同情"。运用文学空间等理论,解释以郑氏园林为中心的"人""园""文"之关系,确立郑氏园林书写的意义。

第四,跨学科研究法。在文学作品阐释的基础上,打通学科壁垒,参考借鉴园林学、建筑学、美学、绘画、经济学、历史学等学科的材料与观点,使园林文学研究更加立体。

第五,田野调查法。对郑氏园林遗址进行实地考察,获得对该园地理位置、地形地貌、气候条件等要素的切身感知。

3. 创新点

第一,对扬州郑氏园林文献全面爬梳,除校对郑氏历代园主著述外,还对明清其他文人总集和别集中与郑氏园林相关的文献进行辑录,使得研究内容更加全面。不仅关注郑氏各代园主的文学活动和创作,同时也关注园客书写活动,探析园客们的游园心态、书写内容与风貌,以及园客、园主与园林之间的关系,比较园主书写与园客书写的异同,使得有关园林文学研究的内容更加细致。

第二，通过跨学科的研究视角，最大限度地做到场景还原。结合社会史研究，对郑氏家族造园原因进行探析，对影园黄牡丹诗会的意义进行分析；将园林学、建筑学理论与文学作品结合，对郑氏园林风貌及人、园关系进行探析；将郑氏园林相关图绘作为考察对象，图文结合，分析已佚图绘及存世图绘的内容与价值；运用空间理论，对郑氏园林文学书写进行阐释，确立郑氏园林作为文学空间的意义。

第三，探讨明清之际"由商入士"潮流与园林之间的关系，提出造园是郑氏家族实现转型的内在需要，营建园林、举行园林文化活动以及进行园林书写都是郑氏文化型家族形塑的举措。根据文献分析得出影园体现的是"南宗"画意。提出按照园林活动性质划分私家园林类型，可以将园林分为公共空间和私人空间。通过探析郑侠如、郑熙绩的园林书写，提出园林外在形态与文学书写之间存在错位。将郑氏影园、休园与 18 世纪扬州园林群落对照，建构从晚明到清中期扬州园林风貌变迁的历史脉络：传统文人园林—融合南北的文人园林—皇家气质的园林群落。根据郑氏世代传园情况，探析得出中国古代私家园林存在忠孝的伦理意涵。

第一章　郑氏家族转型与园林兴衰

扬州郑氏家族园林兴盛，郑元勋兄弟四人各有园林，以园林相竞，一时成为扬州城市耀眼的风景。本章根据文献存留情况，主要考察郑元勋的影园和郑侠如的休园。对历史现场的还原有助于园林个体与园林文学的研究，本章集中探讨郑氏园林营造的背景和条件：郑氏家族造园与当时"由商入士"的社会风潮、扬州的造园风气，以及家族转型的内在需求有密切关系。本章还考察郑氏影园与休园的营建和景观情况，试图还原园林地理现场，为探讨园林文化活动、园林与文学的关系，以及园林艺术呈现做铺垫。

一、郑氏园林营造的背景和条件

晚明时期，伴随商业的发达和思想界的变化，传统"四民"观念被撼动。商人拥有了财富，萌生了突破阶层的诉求，为了改变长期以来商人身份被歧视的状况，从而掀起了"由商入士"的社会潮流。园林与儒士文化有着千丝万缕的联系，是儒士文化的表征之一，也是商人与文士交往的重要场所。因此，在"由商入士"的社会潮流中，"园林兴造"应运而生。其中扬州的徽商最为典型，郑氏家族便在其列。

（一）"由商入士"与"园林兴造"

中国传统社会秩序中存有"士农工商"的观念，余英时《士与中国文化》一书中对"四民"的由来和发展变化做了详细的梳理，"四民"之中商人处于社会底层，这一思想在明代发生了变化。李贽提出"商贾亦何可鄙之有？"①肯定文士为谋生而经商的权利；王阳明提出了"古者四民异业而同道，其尽心焉一也"②，将商人地位提到与文士相同的高度，原有"四民"说的成见被撼动。余英时探讨明代商人的精神凭借和思想背景，认为自王阳明以来新儒家伦理不再为士的阶层专有，而是深入民间，通向大众，而且明中叶以后"四民"关系发生实质性改变，士商界限不再那么严格。③伴随着商业的繁荣，以及科举路径的日趋狭窄，商贾经营取得成功往往会转而向士的阶层靠拢，而原本读书人又因应制无望，必须先解决生存问题，转而经商，原有的"四民"阶层秩序发生变化。余英时在《现代儒学的回顾与展望》中也谈及明代以来发生的商人入士与士商互动，士商之间界限变得模糊的现象："一方面是儒生大批地参加了商人的行列，另一方面则是商人通过财富也可以跑进儒生的阵营。"④本书涉及的是商人向儒士转型这一支流。

关于明清时期商人尤其是扬州盐商造园的现象，已经有不少研究涉及，如明光《清代扬州盐商的诗酒风流》⑤对"二马"、江春等盐商的私家园林中的文化活动的内容以及文人之间的交谊进行了研究，阮仪三《扬州盐商与扬州园林》⑥认为园林是盐商们"游寓宴聚"的场所、"会友交际议事之地"，也能体现他们的财富与智慧。目前对于盐商造园的研究，或多将其作为一

---
① 李贽：《焚书 续焚书》，中华书局，2009年，第2版，第49页。
② 王守仁：《阳明先生集要·文章编》卷三《节庵方公墓表》，施邦曜辑评，中华书局，2008年，第928页。
③ 余英时：《士与中国文化》，上海人民出版社，2013年。
④ 余英时：《现代儒学的回顾与展望》，生活·读书·新知三联书店，2004年，第194页。
⑤ 明光：《清代扬州盐商的诗酒风流》，社会科学文献出版社，2014年。
⑥ 阮仪三：《扬州盐商与扬州园林》，载《扬州大学学报（人文社会科学版）》2015年第5期。

个社会现象直接陈述,或从实用的角度探讨商人造园的动机,鲜有著述关注造园与"由商入士"潮流之间的联系,以及商人造园的文化根源。本书将以明清时期扬州郑氏家族造园为例,探讨这一问题。

明清时期,一些商人在具备经济实力后,开始注重精神层面的追求。亦儒亦商、"由商入士"的现象并不鲜见。他们选择的"入士"的途径有三:其一,投入科场考试竞争,获得"体制内"的个人身份,从而实现个人价值和社会认同;其二,积极担当社会责任,拥有儒士的"以天下为己任"的济世情怀;其三,进行符合儒士身份的文化活动,"商人可以用来逾越士商之间障碍的另一个更为主动的策略是从事士用来在当地标榜其力量的各种各样的文化炫耀"[1]。参加科举考试,参与各种文化活动,都是商人向士靠拢的途径。"渴望得到士绅身份,乐此不疲地尝试各种方法以实现商人阶层到士绅阶层的转变。"[2] 英国学者柯律格也提到在明代伴随着商品经济发达,商贾阶层不断涌入士绅阶层,为了防止文化和经济等级体系的相互叠合,士绅阶层就以"品味"作为阶层的区隔。[3] 儒士内部抗拒商人阶层侵入,表现出了捍卫自己文化地位的姿态和行动,这也从另一个侧面反映了明代"由商入士"的风潮之盛。

明清时期,扬州成为南北大运河的运输中心,商人云集,其中最有实力者是盐商。在扬州,士商合流的风气浓厚,一方面是由于前文所讲的当时"由商入士"的时代潮流,另一方面是由于扬州是徽商聚集之地。徽州自古就有深厚的儒学文化传统,"宋元以来,彬彬称为东南邹鲁"[4],宋代理学代表人物程颐、程颢与朱熹祖籍均在徽州(新安),宋代以来,新安理学作为一个独立的学派影响着世世代代的徽州人,徽商在其影响下"重矜气节,

---

[1] 崔瑞德、牟复礼编:《剑桥中国明代史(1368—1644年)》下卷,中国社会科学出版社,2006年,第668页。
[2] 卜正民:《纵乐的困惑:明代的商业与文化》,方骏等译,生活·读书·新知三联书店,2004年,第245页。
[3] 柯律格:《长物:早期现代中国的物质文化与社会状况》,高昕丹、陈恒译,生活·读书·新知三联书店,2015年,第148页。
[4] 赵吉士:《徽州府志》卷二《风俗》,清康熙三十八年刻本。

虽为贾者，咸近士风"①。所以"自明中叶以来的，为进入士的圈子准备最充分的商人是住在扬州从事盐业的富裕的徽商"②。财富的支撑与儒教传统的内在驱动力使徽商在进入士阶层方面更为积极迅捷，他们积极参加科考，与士大夫密切交往，可以说扬州徽商是明代商人阶层向儒士迈进靠拢和转化的典型。何炳棣评价扬州盐商道："士大夫从商人得到物质的帮助，而商人同时也藉其与士大夫的关系获得社会名声，藉著赞助各类的文化活动，扬州盐商无论其出身如何，实已被认可是真正的社会菁英。"③

园林能为商人结交士大夫提供平台和媒介，可以说"园林兴造"是实现"由商入士"的常见行动。实际上，中国传统文人园林与儒士文化有着深刻的关系。营建园林是儒士文化中的重要部分。首先，从文人园林发展史来看，自魏晋时期文人园林便与士大夫隐逸、完善自身人格相关，在仕途之外另辟路径，独善其身，居于园林是士大夫常有的人生选择。《世说新语·言语》载："简文入华林园，顾谓左右曰：'会心处不必在远，翳然林水，便自有濠濮间想也。'"这传达出其在园林内悠闲自在的感受。孙绰、王羲之、支遁等人也都各有园林，他们纵情其间，有终焉之志。隋唐以后，出现了更多徘徊于仕隐之间的士大夫，园林是士大夫们在出处之间折中的选择，园林"中隐"的现象便由此而生，如中唐李德裕有平泉山庄、白居易有履道园，宋代司马光有独乐园、朱长文有乐圃，在奔波劳累的仕宦生活中，园林是他们暂时的憩息之地。其次，园林的文化内核意味着士的修身养性与士大夫向内的精神追求相联，士大夫借园林来建构自我精神世界，"中国士大夫人格完善与包括古典园林在内的士大夫文化艺术体系之间有着某种深刻的、必然的联系"④，文人园林为士大夫修身、清心、悟道提供了场所，从某种意义上讲，园林之美和人格之善实现了一定程度上的融合。

---

① 戴震：《戴震集》卷一二《戴节妇家传》，汤志钧校点，上海古籍出版社，1980年，第257页。
② 崔瑞德、牟复礼编：《剑桥中国明代史（1368—1644年）》下卷，中国社会科学出版社，2006年，第667页。
③ 何炳棣：《扬州盐商：十八世纪中国商业资本的研究》，巫仁恕译，载《中国社会经济史研究》1999年第2期。
④ 王毅：《园林与中国文化》，上海人民出版社，1990年，第351页。

再次,园林是儒士形象的标识物之一。《长物志》序言:"夫标榜林壑,品题酒茗,收藏位置图史、杯铛之属,于世为闲事,于身为长物,而品人者,于此观韵焉,才与情焉,何也?"①由此可见,园林是身份的标榜,是儒士形象的向外展现。最后,园林为士大夫之间的交流提供了平台,无论是梁园雅集还是兰亭雅集,园林向来是士大夫雅集的重要场所。因此,可以说园林所具有的文化特征使其成为儒士文化的表征之一,营建园林是获得士大夫身份认同的方式之一。

明代以来商人热衷于向士大夫转型,在精神领域向士大夫靠拢,建立与士大夫类似的文化体系是其必然选择,传统文人园林便是其选择之一。特别值得注意的是到了明清,除主要作为隐逸场所之外,园林作为交往平台和交往媒介的向外的社会功能也得到了前所未有的发展和强化。营建园林一方面是文化品位的象征,另一方面也为与文士、官员交往创造了便利条件。"虽然园林总是与出世和归隐息息相关,但它却是一个能为它的主人积累文化资本和道德资本的存在。园林还能为其主人提供一个与同等甚至更高一等'高洁之士'交游往还的场所"②。明清盐商可以通过园林活动与文士、官员建立社会关系网,建立官商共同体、士商共同体,这是与历代文人园林相比,盐商园林最明显的特征。

正因为上述原因,明清时期,在作为徽商聚集地的扬州,园林兴造蔚然成风。李斗的《扬州画舫录》有"杭州以湖山胜,苏州以市肆胜,扬州以园亭胜,三者鼎峙,不分轩轾"之句,《望江南百调》有"扬州好,侨寓半官场,购买园亭宾亦主,经营盐典仕而商,富贵不归乡"③之描述。当时两淮盐业适逢极盛之时,物力丰富,财力雄厚,所以盐商不惜巨金,争造园林。清代造园更为兴盛,"扬州因清初康、乾二帝数次临幸,又兼地当交通之冲,为文人大贾之所萃。上巳修禊,十里栽花,歌管遏云,园亭夹岸,一经

---

① 文震亨著,陈植校注:《长物志校注》,杨超伯校订,江苏科学技术出版社,1984年,第10页。
② 柯律格:《蕴秀之域:中国明代园林文化》,孔涛译,河南大学出版社,2019年,第88页。
③ 陈恒和辑:《扬州丛刻》,民国刊本。

驻跸题咏，引为殊荣，踵事增华"①。扬州盐商造园成为社会风尚，而且持续数百年，直至清末盐商中落，园林也随之颓败，造园之风才消歇。扬州现代学者朱江在其所著《扬州园林品赏录》一书中，收录诸家著述，记载的明清时期扬州园林达240余所，可以想见当时扬州处处楼阁亭台的景象。

（二）郑氏家族转型与家族造园

扬州郑氏家族是明清时期"由商入士"的典型。郑氏家族的发展和造园活动也正是在以上所述的明代以来"由商入士"的社会潮流与扬州盐商造园成风的背景下展开的。

郑氏是晚明寓居扬州的徽商大族。郑氏世代居于安徽歙县，祖上郑道同是明洪武三年（1370）举人，明建文年间"以进士官御史"②，其兄郑居贞官河南参政，两人皆死于建文之难，从此家族成员"废书而耕于野者近百年"③。明万历年间，因家境穷困衰败，郑景濂被迫迁离歙县，后逐渐扎根于扬州。李斗《扬州画舫录》记载：

> 郑景濂，字惟清，居歙县长龄村，其地有龙潭，潭水清，因自号为"洁清翁"④。旧产为族豪暴占垂罄，夫妇辞家行，生五岁儿不顾，留祖母哺之。越五年，始迁扬州。盐策起家，食指千数，同堂共爨，有张公艺、陆子静之风。郑之彦，字仲隽，号东里，即洁清翁辞家时五岁儿也。七岁，随祖母徒跣数百里，索母于池阳。年十九，补扬州郡秀才，入成均。精于青乌家言，明利国通商之事，比之盐策祭酒、儒林丈人。子四：元嗣、元勋、元化、侠如。⑤

---

① 童寯：《江南园林志》，中国建筑工业出版社，1984年，第2版，第25页。
② 艾南英：《太学东里公行状》，见郑庆祐：《扬州休园志》卷六。
③ 张玉书：《诰赠荣禄大夫洁潭郑太公暨一品夫人元配汪太夫人合葬墓志铭》，见郑庆祐：《扬州休园志》卷五。
④ 郑元勋《媚幽阁文娱》与郑庆祐《扬州休园志》中均作"洁潭翁"，郑氏家族史料更为可信，李斗《扬州画舫录》卷八中"洁清翁"应为笔误。
⑤ 李斗：《扬州画舫录》，汪北平、涂雨公点校，中华书局，1960年，第179页。

郑景濂于万历四年到扬州从事盐业，由于当时盐商多从距离南京较近的仪征出发，而仪征属于扬州辖区，所以在方志中会出现不同记载。例如："郑元勋，扬州籍，歙县人"①；"郑元勋，歙县人，仪征籍"②。故可就此推断，郑氏家族祖籍安徽歙县，后应在仪征经商，之后又迁入扬州。

郑景濂足智多谋，经商颇为成功，据陈继儒《洁潭翁传》记述，郑景濂"饶智略，干局坐，筹贵贱，赢缩之征如指掌上，诸曹耦辐辏归之，悉听部署"③。可见他在盐商中处于领导地位。郑景濂次子郑之彦（字仲隽，号东里，1570—1627）是长龄郑氏最有成就的一位商人，幼年时曾"从季父煮海于场"④，后被众盐商推举为"盐策祭酒"。其是商人和官方之间的中介角色，"散商分隶其下，一切纳课杜私，皆按名责成"⑤，是名副其实的盐商关键人物。

郑氏子孙繁衍，四方为家，其中入籍扬州的有："（郑景濂）子三人：长国贤、次之彦、次之冕。孙九人：元禧、元礼、元祉，国贤出，元嗣、元勋、元化、侠如，之彦出，元亮、元弼，之冕出。"⑥"孙十人：为霖、为霈、为霆、为霓、为雰，元嗣出。为星、为昭，不孝元勋出。为虹⑦、为旭，元化出。为光，侠如出。"⑧根据以上文献资料，可以理出郑氏家族从郑景濂到郑为光四代的世系传承。

郑氏家族"由商入士"的家族历程是从郑景濂、郑之彦开始的。郑景濂"雅慕儒而为贾夺，每闻诵读声辄属耳听之……于是访延孝秀，除馆授

---

① 阿克当阿：《重修扬州府志》卷三九，清嘉庆十五年刻本。
② 赵宏恩修：《（乾隆）江南通志》卷一三〇，清文渊阁《四库全书》本。
③ 陈继儒：《洁潭翁传》，见陈眉公：《陈眉公全集》上册，中央书店，1936年，第230页。
④ 陈继儒：《太学东里郑公传》，见郑庆祐：《扬州休园志》卷四。
⑤ 不著撰者：《两淮鹾务考略》卷一〇，见四库未收书辑刊编纂委员会编：《四库未收书辑刊》第1辑第24册，北京出版社，2000年，第724页。
⑥ 张玉书：《诰赠荣禄大夫洁潭郑太公暨元配汪太夫人合葬墓志铭》，见郑庆祐：《扬州休园志》卷五。
⑦ 穆彰阿：《（嘉庆）大清一统志》（四部丛刊续编景旧钞本）卷九八中"郑为虹，元勋弟"的说法有误。
⑧ 郑元勋：《先妣张太夫人行述》，见郑庆祐：《扬州休园志》卷六。

餐，子孙斌斌庠序间，皆蓝田丹穴"①，郑景濂身为盐商但是"慕儒"，所以开始有意引导子嗣走向儒士道路。郑之彦一方面经营盐业，"操海王之策，策其部伍，佐鹾使者备廷议"②，另一方面也为家族跻身儒士的行列积极筹备，郑熙绩记述："曾祖荣禄公（郑之彦）迁扬州，始以儒术显"③。又郑之彦外孙许承家记述："外王父东里公与先王父士楘公交善，自束发同受书黄世宁先生，及冠同补扬郡弟子员，同数应京兆试，又同入南雍"④。这些都说明郑之彦时期郑氏家族很明显有向儒士阶层迈进的倾向，然而郑之彦本人并未能在科举上取得功名，于是他便将自己对儒士身份的渴望寄托于下一代，"先生教四子读书，性严毅"⑤，倘若读书背诵达不到标准，便会"长跽，与杖，无假贷"⑥。陈继儒曾记述"先世挟盐策称江淮巨商，故公（郑之彦）虽未售，而以其学授超宗兄弟，后先登贤，书其长公长吉，季公赞可入国学，犹视煮海，而超宗士介则业儒"⑦。在他的教导之下，四子在业儒为官的道路上取得了成绩："长翰林院待诏长吉公（郑元嗣），次兵部职方司主事超宗公（郑元勋），三大金吾赞可公（郑元化），四即先大父（郑侠如），任工部司务敕封征仕郎翰林院庶吉士。"⑧天启四年（1624），次子郑元勋考中举人，天启七年（1627）其侄郑元禧中举⑨。其时郑之彦"今又闻元禧之捷音，天祚吾郑氏厚矣，厚矣。吾虽病不瘳，何憾乎？越三日，谈笑沐浴而逝"⑩。对郑之彦来说，子侄的学业有成带给他莫大的欣慰。郑之彦四子郑侠如于崇祯十二年（1639）中省试副榜。郑之彦次子郑元勋为崇祯十六年（1643）进士，郑之彦之孙郑为虹与郑元勋是同榜进士。一门两进士，为郑氏家族在财富

---

① 陈继儒：《洁潭翁传》，见陈眉公：《陈眉公全集》上册，中央书店，1936年，第231页。
② 艾南英：《郑年伯母张太君六十寿序》，见郑庆祜：《扬州休园志》卷二。
③ 郑熙绩：《先大父水部公行述》，见郑庆祜：《扬州休园志》卷六。
④ 许承家：《郑中翰四十寿序》，见郑庆祜：《扬州休园志》卷二。
⑤ 冯元飚：《郑母张太夫人墓表》，见郑庆祜：《扬州休园志》卷五。
⑥ 冯元飚：《郑母张太夫人墓表》，见郑庆祜：《扬州休园志》卷五。
⑦ 陈继儒：《郑母张太君七十寿序》，见郑庆祜：《扬州休园志》卷二。
⑧ 郑熙绩：《先大父水部公行述》，见郑庆祜：《扬州休园志》卷六。
⑨ 赵宏恩修：《（乾隆）江南通志》卷一三〇，清文渊阁《四库全书》本。
⑩ 陈继儒：《太学东里郑公传》，见郑庆祜：《扬州休园志》卷四。

之外又增添了无比的荣耀。从郑元勋、郑侠如这一代开始,郑氏家族正式进入了儒士阶层,这与从郑景濂、郑之彦开始的家族转型意识及行动不无关系。

又《扬州休园志》专门记述郑侠如一支的"迁扬世系",具体内容如下:

一世郑良铎,字世鸣,隐居不仕,享年六十有六,以曾孙元化贵诰;

二世郑景濂,字惟清,隐居不仕,享年八十有二;

三世郑之彦,字仲隽,号东里,洁潭公之仲子由扬州郡庠生改入成均文章德行为世钦,式得年五十有八,以子元化贵诰赠荣禄大夫、右军都督府、都督同知,娶张氏,诰赠一品夫人,子四人:元嗣、元勋、元化、侠如;

四世郑侠如,己卯副榜工部司务;

五世郑为光,顺治丁酉举人,己亥进士;

六世郑熙绩,康熙戊午举人;

七世郑玉珩,贡生国子监典簿候选员外郎;

八世郑庆祜,贡生候选布政司理问加四级,又加顶戴一级。

由此可以看出,在郑元勋、郑侠如这一代,郑氏家族实现了"由商入士"的转型,在此基础上,他们的后辈郑为光、郑熙绩、郑玉珩、郑庆祜的人生导向也是继续沿袭前辈开拓的儒士道路。到了清代,郑侠如一支皆以儒为业。郑为光于清顺治丁酉年(顺治十四年,1657)考中举人,顺治己亥年(顺治十六年,1659)考中进士。郑熙绩于康熙戊午年(康熙十七年,1678)考中举人。郑玉珩与郑庆祜皆是贡生。这也与前文所述扬州徽商"入士"的潮流相合。

郑氏家族在实现"由商入士"的进程中的表现,除了在读书科举中世代努力,取得成就,还体现在以下几个方面。

第一,郑氏家族成员具有儒士的济世情怀和社会担当。"在传统中国社会,商不如士的关键主要在于荣誉——社会的承认和政治的表扬"[①],那么,"商"要实现转型,与儒士拥有同等的社会地位,就需要努力获取社会承认

---

① 余英时:《儒家伦理与商人精神》,广西师范大学出版社,2004年,第176页。

和政治表扬。现在也有不少材料可以看出郑氏家族所具有的儒士风范,即扶弱济困,以义为先。

郑景濂:"食指千数,同堂共爨,有张公艺、陆子静之风"。

郑之彦:"公慷慨好施,豁如也"①,喜欢为人排忧解难,家中"座客常满"②。

郑元勋:"岁庚辰,江淮间大饥,道殣相望。(郑元勋)约族中好义者捐金以济族子,鸠坊郭米麦千余石,为粥于天宁寺,以食饥者"③,"南昌万时华,客死于邗,元勋亲视含殓,附身附棺,勿之有悔,执绋送之江上"④,"时高杰来镇扬州,掠城下,元勋旧兴相议,单骑入杰营,晓以大义"⑤。

郑侠如:"育婴、养老、拯溺、救焚,彰彰人耳目者尤不胜书。"⑥"时分宜袁继咸以御史出为扬州副使,会中官杨显名饬理两淮盐务,御史、转运使以下,跪拜趋谒,继咸独不屈,显名不悦,劾退之。通城喧哗,闭城门遮留者十余日。同官绅衿皆远嫌,惟超宗与士介二人独往,侃侃言地方事,于利弊罔不中,遂出劝城中人启门,继咸乃出,去扬州。庚辰,继咸治郧,以襄事被逮,又黄石斋道周亦以建言被逮,均道扬州,至者益寡,侠如挺身操舟逆之。"⑦

郑熙绩:"如育婴儿、赈贫乏、修圮桥、放禽畜之类,皆先世行而未竟者,君一一踵行。"⑧

顺治三年(1646),清兵进入福建浦城,郑元化之子、郑元勋之侄郑为

---

① 陈继儒:《太学东里郑公传》,见郑庆祐:《扬州休园志》卷四。
② 申维翰:《郑水部配汪太君传》,见郑庆祐:《扬州休园志》卷四。
③ 杭世骏:《明职方司主事郑元勋传》,见杭世骏:《杭世骏集》第2册,蔡锦芳、唐宸点校,浙江古籍出版社,2015年,第421页。
④ 杭世骏:《明职方司主事郑元勋传》,见杭世骏:《杭世骏集》第2册,蔡锦芳、唐宸点校,浙江古籍出版社,2015年,第422页。
⑤ 穆彰阿:《(嘉庆)大清一统志》卷九八,四部丛刊续编景旧钞本。
⑥ 徐元文:《敕封征仕郎翰林院庶吉士任工部司务必崇祀乡贤侠庵郑公暨敕封孺人元配汪太孺人合葬墓志铭》,见郑庆祐:《扬州休园志》卷五。
⑦ 李斗:《扬州画舫录》,汪北平、涂雨公点校,中华书局,1960年,第179—180页。
⑧ 许承家:《郑中翰四十寿序》,见郑庆祐:《扬州休园志》卷二。

虹"纵士民出走，自守空城。无何，被执，与给事中黄大鹏并死"①。这些事迹都体现了他们以义为先，敢于担当的家族品格。

郑氏家族女性也参与地方慈善活动，周济贫民，并创办育婴堂。郑侠如夫人"性仁厚，尤知大义，重气节，尝出粟周闾里困乏，不责偿，又创育婴堂，乳贫家子女之生而不能举者，岁以为常"②。

从以上这些事件可以看出郑氏家族成员作为儒士的道义感和对于社会责任的履行。③

第二，郑氏家族喜好文学，在文学方面亦有杰出成就，也好与文人士子交游。郑氏家族成员好文，代有人才，著述繁富，郑元勋除个人著有《影园诗稿文稿》，举行黄牡丹诗会等文化活动，编《影园瑶华集》，还与其弟郑元化遍征当世名作，编纂成《媚幽阁文娱》。郑侠如一支则每代均有诗集文集问世。（参见本章第三节）郑氏家族也多与当时文人交游，"明天启崇祯间，水部士介公与兄超宗公领袖东南裙屐，文酒宴会无虚日"④。陈继儒、钱谦益、杜濬、冒襄、董其昌这些当时的名士都与郑氏家族有文化交流。到了清代郑熙绩时期，更是将园林文会诗会发扬光大，一百多年来郑氏休园园客多达200余位。（参见第二章）郑氏家族对文化事业的投入，在徽商中是有代表性的。

第三，营造园林也是郑氏家族"入士"的行动之一。在郑氏家族"由商入士"、实现家族转型的内在动因下，营造园林、组织园林文化活动是一个重要举措。郑氏家族因盐业而拥有雄厚的经济实力，这些因素都促成了郑氏家族园林的营造。明代中后期，扬州园林发展兴盛。明正统十三年（1448）工部尚书周忱在瓜洲江岸石堤上建江淮胜概楼；嘉靖十四年

---

① 张廷玉等纂修：《明史》卷二七七，岳麓书社，1996年，第4023页。
② 申维翰：《郑水部配汪太君传》，见郑庆祐：《扬州休园志》卷四。
③ 虽然以上资料大多出自《扬州休园志》中的寿序、墓志、传记，不免有谀美之嫌，但是在明清时期，扬州盐商重德尚义并不鲜见。行善符合儒家的政治理念，也可以间接巩固地方社会的阶层势力，当时扬州商人蔡连创办的育婴社就非常著名。所以，郑氏家族的慈善行为也合乎情理。
④ 吴炜：《郑母仲太君八十寿序》，见郑庆祐：《扬州休园志》卷二。

(1535），监察御史徐九皋在察院内建"一鉴亭"；嘉靖四十五年（1566），江都县训导欧大任在学廨内建造苜蓿园；万历年间，两淮盐运使蔡时鼎，在文津桥上建造文昌阁；知府吴秀浚市河，筑梅花岭，后又建偕乐园等。最早的私家园林是建于永乐九年（1411）的皆春堂，它是其时御医的宅园。宣德年间，进士梁亨建红雪楼，进士张伯鲸建灌木山庄，文士阮玉铉建深柳堂，等等。当时建园风气浓厚，但以官员与文士居多，郑元勋建影园应该是盐商中走在前列的，"影园是该城盐商园林兴起的直接标志"[1]。此外，郑氏家族还有其他园林，郑元嗣构有五亩之宅、二亩之间，又另购王氏园，郑赞可有嘉树园，郑侠如一开始专心读书，后来也购得朱氏园和汪氏园，易名休园，于是四人"各为园亭以奉母"[2]，"兄弟以园林相竞矣"[3]。清代是扬州盐商园林发展的高峰期，著名的有汪士楚的荣园、汪懋麟的爱园、"二马"的小玲珑山馆等，再加上由于康乾南巡，在保障河形成了湖上园林群落，使扬州盐商园林在中国园林史中都能独树一帜。但是从扬州盐商园林史来看，郑氏园林可谓开扬州盐商园林风气之先。在园林品质上，郑氏园林也具有很高的水平，影园是晚明时期颇具盛名的文人园林，休园在清代也因其规模宏大、景观丰富、历时悠久而成为当地名园。

综上所述，郑氏园林营造的外在原因是明清"由商入士"的潮流和扬州造园的风气，内在原因是郑氏家族本身的崇文重德的传统和"好文"的内驱力，当然还有盐商大家族所拥有的雄厚经济实力作为造园的必备条件。以上多种因素的结合，促成了郑氏家族造园活动的实行和发展。

（三）郑氏家族园主情况

郑氏家族体系庞大，支脉繁多，但据现存资料，晚明时期参与造园或者

---

[1] 安东篱：《说扬州：1550—1850年的一座中国城市》，李霞译，李恭忠校，中华书局，2007年，第55页。
[2] 方象瑛：《重葺休园记》，见郑庆祐：《扬州休园志》卷一。
[3] 李斗：《扬州画舫录》，汪北平、涂雨公点校，中华书局，1960年，第179页。

拥有园林的则只有郑元嗣、郑元勋、郑元化、郑侠如兄弟四人。郑元嗣的五亩之宅、二亩之间及王氏园，目前仅见园名，其他资料均无；郑元化的嘉树园，清代张云章提及"其嘉树园仅有存者，已不及休园什之二三矣"①，亦无其他材料，故均不在考察范围内。本节主要考察对象为郑元勋的影园与郑侠如的休园，影园仅历郑元勋一世，休园经历五世传承，故郑侠如一支的休园园主郑为光、郑熙绩、郑玉珩、郑庆祐皆包括在内，以下将简述历代园主情况。

1. 影园主人郑元勋

郑元勋（1598—1644），字超宗，号惠东。关于郑元勋的生年，有不同记载：陈书录在《儒商及文化与文学》中介绍郑元勋生于1604年②；冯剑辉在《明清徽商"脱贾入儒"研究——以歙县长龄郑氏为中心》一文中认为郑元勋出生于1603年③；冒襄在《同人集》中提到，他比郑"仅逊八岁"，冒襄生于1611年，故郑元勋当生于1604年；安东篱在《说扬州：1550—1850年的一座中国城市》中认为郑元勋生于1598年④，依据是苏州博物馆所藏的郑元勋画作《临沈石田笔》中题款"此余辛未冬临沈石田笔也，时年三十有四"，即崇祯四年（1631），郑元勋已经三十四岁，可推知其生年为1598年。综观这几种说法，郑元勋本人亲笔题词的述说，似更为可靠，本书取最后一种。

郑元勋"生而颖异，五岁即能属对"，"天启甲子，领应天乡试第六"。⑤崇祯癸未年（崇祯十六年，1643），郑元勋又考中进士，逝后被南明朝廷追授官职兵部职方，后人亦称其郑职方。

---

① 张云章：《三修休园记》，见郑庆祐：《扬州休园志》卷一。
② 陈书录：《儒商及文化与文学》，中华书局，2007年，第146页。
③ 冯剑辉：《明清徽商"脱贾入儒"研究——以歙县长龄郑氏为中心》，载《黄山学院学报》2008年第4期。
④ 安东篱：《说扬州：1550—1850年的一座中国城市》，李霞译，李恭忠校，中华书局，2007年，第54页。
⑤ 杭世骏：《明职方司主事郑元勋传》，见杭世骏：《杭世骏集》第2册，蔡锦芳、唐宸点校，浙江古籍出版社，2015年，第421页。

郑元勋积极参与社会事务，崇祯二年（1629）加入复社，与复社成员及其他当时的文士名流交往甚多。崇祯四年与方以智、陈子龙、夏允彝"等复社士子数百人虎丘举文会"①。崇祯九年（1636）与梁于涘、强惟良等结竹西续社。崇祯十一年（1638）与黄宗羲、冒襄等140人声讨阮大铖，名列《留都防乱公揭》。崇祯十五年（1642）参加并主持虎丘大会，杜登春《社事始末》记载："壬午春，又大集虎丘，维扬郑超宗先生元勋、吾松李舒章先生雯为主盟，维扬冒辟疆先生襄，暨前所称诸先生之子弟云间之后起，皆与焉。其它各省名流，予不能悉得之。"②郑元勋名震扬州，茅元仪《三君咏》将其与梁于涘、方以智并称"三君"③，《启祯野乘》作者邹漪为他作传时提到"余束发读书即知海内有超宗先生"④，"先生家广陵城，一时词人学士往来京师经此地者必谒君，后虽诸道上计者亦然，京师大人先生闻人从广陵来，必问见郑孝廉否，或愕眙，则心轻之曰：是不识郑超宗者甚，则面唾焉"⑤，可见郑元勋当时在扬州备受尊崇的社会地位。

郑元勋工诗善画，天启六年（1626）为唐志契《绘事微言》作序⑥，崇祯三年（1630）编选《媚幽阁文娱》，崇祯五年（1632）为范文若《梦花酣传奇》题词，崇祯八年为计成《园冶》作序，还与王光鲁辑《左国类函》。他"以绘事名"⑦，与董其昌、姜开先、杨文骢结广陵画社⑧，与方以智等结雪朝兰社⑨，并亲自设计影园，将影园图纸交由书画大家董其昌评定，董称其"得山水

---

① 李圣华：《方文年谱》，人民文学出版社，2007年，第45页。
② 杜登春：《社事始末》，《丛书集成初编》本，中华书局，1991年。
③ 杜濬：《变雅堂遗集》文集卷七《记茅止生〈三君咏〉》，凤凰出版社，2019年，第117页。
④ 邹漪：《启祯野乘》卷一三，明崇祯刻清康熙重修本。
⑤ 张云章：《朴村文集》卷一三，清康熙华希闵等刻本。
⑥ 唐志契《绘事微言》（人民美术出版社，2003年）中录有郑元勋《序唐敷五绘事微言》篇。
⑦ 孙岳颁：《佩文斋书画谱》卷五七《画家传》，清文渊阁《四库全书》本。
⑧ "数年前与超宗、开先结社广陵，玄宰师主之"。"开先"即姜开先，"玄宰"即董其昌，"超宗"即郑元勋。见关贤柱校注：《杨文骢诗文三种校注》，贵州人民出版社，1990年，第398页。
⑨ 方以智：《赴郑超宗雪朝兰社，明月在天，词人毕集，杨龙友后至，张灯作画，余喜甚，为之醉，醉为之歌》，见方以智：《方子流寓草》卷三，明末刻本。

骨性"①。周亮工《读画录》引释无可评论："同辈墨妙，推龙友、超宗、子一，皆以苍秀出入古法"②。现存画作有《临石田山水轴》《为镜月作山水扇页》《纪游山水图册》《山水扇页》等③。

崇祯十七年（即甲申，1644），李自成攻破北京时，崇祯帝朱由检在煤山自缢，"元勋闻变，麻衣哭于圣庙"④，尽管明政权大厦将倾，但郑元勋依然誓死效忠，"捐饷练义勇三千人，昼夜登陴，目不交睫"⑤，守卫扬州城。后在高杰兵围扬州城时，因误会被枉杀。（参见本章第四节）

2. 休园主人

关于休园主人生卒年，除了第五代休园主人郑庆祐，周晓兰《扬州休园考》⑥对郑侠如、郑为光、郑熙绩、郑玉珩的生卒年都已做了可靠的考证。笔者所持观点与周文相同，并在周文基础上补充人物行迹资料，另外对郑庆祐的生卒年详加考证。

一世郑侠如（1610—1673），字士介，号俟庵，生卒年据《先大父水部公行述》记述："生于万历庚戌年十一月十四日寅时，卒于康熙癸丑年十月十四日丑时，享年六十有四。"⑦明代时，郑侠如的文名和社会声望与其兄郑元勋相当，"外曾王父水部公（郑侠如）当明天崇间与兄超宗公齐名，领袖东林，声称远迩"⑧，"生平侃侃多大节，博学能文章，与超宗并著"⑨。当时复社重要人物艾南英、江西豫章社主要人物万时华来到扬州也多慕其名，与

---

① 郑元勋：《影园自记》，见郑元勋辑：《影园瑶华集》中卷。
② 周亮工：《读画录》卷三《杨龙友》，周飞强、王素柳校注，西泠印社出版社，2008年，第159页。
③ 《临石田山水轴》（1631）、《为镜月作山水扇页》（1641）两画藏于苏州博物馆，《纪游山水图册》（1634）藏于南京博物院，《山水扇页》（1642）藏于北京故宫博物院。
④ 阿克当阿：《重修扬州府志》卷四九，清嘉庆十五年刻本。
⑤ 邹漪：《启祯野乘》卷一三，明崇祯刻清康熙重修本。
⑥ 周晓兰：《扬州休园考》，北京林业大学2012年硕士学位论文。
⑦ 郑熙绩：《先大父水部公行述》，见郑庆祐：《扬州休园志》卷六。
⑧ 张学林：《郑母仲太君八十寿序》，见郑庆祐：《扬州休园志》卷二。
⑨ 钟鼎：《郑水部暨汪夫人五十双寿序》，见郑庆祐：《扬州休园志》卷二。

之相交①，万时华在广陵时就住在郑侠如的书舍②。郑侠如常跟随其兄长郑元勋参加社会事务，万时华客居扬州病逝，郑侠如全力负责安葬事宜。他还援助抗清名士袁继咸、黄道周。兄长郑元勋被枉杀后，他又只身前往南京，向南明朝廷申诉。入清后，深得洪承畴赏识，洪欲重用之，郑侠如却辞而不受，"犹忆己庚间，当宁破格求才，诏六曹之淹习者，授京秩如国初故典。当事首举公，将不次用，公泣曰：予有老母，未敢以身许国也，力辞归，宁以志养，不即以仕养"。③晚年不问世事，在休园读书课子为业。

二世是郑为光（1629—1665），字次严，号晦中，顺治丁酉举人，己亥进士，殿试二甲第二人，生卒年据《敕授征士郎翰林院庶吉士授广东道监察御史崇祀乡贤晦中郑公暨敕赠孺人元配汪太孺人继配程太孺人合葬墓志铭》记述："公（郑为光）殁于康熙之乙巳，年仅三十有七。"④与其父郑侠如解组退隐不同，郑为光在清朝积极为官，履行职务，曾先后任翰林院庶吉士、广东道御史⑤。

三世郑熙绩（1650—1705），字有常，号懋嘉，康熙戊午举人，官工部主事，生卒年据《箬溪郑君传》记载："比部公（郑熙绩）即世，箬溪（郑玉珩）年甫十四。"⑥即郑玉珩十四岁时，郑熙绩过世。又同一文章中记载"箬溪生于康熙壬申年五月初七日寅时"，可知郑玉珩生于1692年，十四岁时正好是1705年。又因《扬州休园志·迁扬世系》中记载郑熙绩"得年五十有六"，故可推知其卒年。郑熙绩少时读书为业，考中举人后，重葺休园，并下帷读书。

四世郑玉珩（1692—1738），字荆璞，号箬溪。生卒年可依据《箬溪郑君传》的记述："箬溪生于康熙壬申年五月初七日寅时，卒于乾隆戊午年八

---

① 杜濬：《俟庵先生传》，见郑庆祐：《扬州休园志》卷四。
② 郑元勋：《先妣张太夫人行述》，见郑庆祐：《扬州休园志》卷六。
③ 钟鼎：《郑水部暨汪夫人五十双寿序》，见郑庆祐：《扬州休园志》卷二。
④ 李天馥：《敕授征士郎翰林院庶吉士授广东道御史崇祀乡贤晦中郑公暨敕赠孺人元配汪太孺人继配程太孺人合葬墓志铭》，见郑庆祐：《扬州休园志》卷五。
⑤ 黄叔璥：《国朝御史题名》，清光绪刻本。
⑥ 杨汝毂：《箬溪郑君传》，见郑庆祐：《扬州休园志》卷四。

月初二日未时"①。

五世郑庆祐（1736—?），字受天，号昉村，生年据《先妣李太恭人行述》记载："（郑玉珩）戊午秋八月疽发背，遂不起。""不孝才周晬"②，婴儿满一百天或一周岁为"周晬"。又郑来《书休园图后》记载："余于戊辰岁渡江曾一游览（休园）……受天幼孤，时方十三龄。"③清乾隆戊辰年（乾隆十三年，1748），郑庆祐十三岁，由此推断郑庆祐应出生于清乾隆丙辰（乾隆元年，1736）。"周晬"此处应指一周岁，郑玉珩过世时，郑庆祐已过一周岁，但未满两周岁。郑庆祐又在《扬州休园志序》中称"不幸岁戊午大人见背，余时方三龄耳"④，这个"三龄"是虚岁，也即郑玉珩1738年去世时，郑庆祐才一周岁多，虚龄三岁。郑庆祐卒年不详，他四葺休园，并且辑录《扬州休园志》。

（四）有关郑氏家族园林的基本文献

郑氏家族著述颇丰，每一代园主都有文学作品，有文有诗词，有总集也有别集，其中不少作品涉及园林书写。然而乾隆五十三年（1788）五月，两江总督书麟因"查有违碍、谬妄、感愤语句"，"有钱谦益、沈德潜序文"等原因，将郑元勋《媚幽阁文娱》等九部郑氏家族成员的著作列为禁书，奏请销毁。⑤这对郑氏家族来说可谓飞来横祸。所幸有的著作禁而未绝，现将郑氏家族文献整理，如表1-1：

---

① 杨汝毂：《箬溪郑君传》，见郑庆祐：《扬州休园志》卷四。
② 郑庆祐：《先妣李太恭人行述》，见郑庆祐：《扬州休园志》卷六。
③ 郑来：《书休园图后》，见郑庆祐：《扬州休园志》卷一。
④ 郑庆祐：《扬州休园志序》，见郑庆祐：《扬州休园志》。
⑤ 姚觐光：《清代禁毁书目四种》，见王云五主编：《万有文库》，商务印书馆，1937年，第131—132页。详见本书第61页。

表 1-1 郑氏家族园林文学作品表

文献	著者或编者	版本	馆藏	作品总量	涉及郑氏园林的作品数量
《影园瑶华集》	郑元勋辑	清乾隆二十七年刻本	中国国家图书馆藏	诗139首 文6篇	诗139首 文6篇
《影园诗稿文稿》	郑元勋撰 郑开基辑	清乾隆二十七年刻本	中国国家图书馆藏	诗50首 文10篇	诗15首 文2篇
《休园诗余》	郑侠如撰	聂先、曾王孙编《百名家词钞》，清康熙绿荫堂刻本	中国国家图书馆藏	词作23首	词作13首（宗元鼎《诗余花钿集》录郑侠如园林词作6首）
《休园省录》	郑侠如撰	佚			
《休园迩言》	郑侠如撰	佚			
《湛华阁集》	郑为光撰	佚			
《三峰草堂集句》	郑熙绩撰	佚			
《含英阁诗草》	郑熙绩撰	清康熙含英阁刻本	中国国家图书馆藏	诗534首	诗70余首
《含英阁诗余》	郑熙绩撰	清康熙含英阁刻本	中国国家图书馆藏	词215首	词20余首
《蕊栖词》	郑熙绩撰	清康熙刻名家词钞本《四库禁毁书丛刊补编》第82册	中国科学院图书馆藏	词34首	词7首
《花屿诗钞》	郑熙绩撰	佚			
《晚香词》	郑熙绩撰	佚			
《止心楼诗》	郑玉珩撰	清乾隆郑庆祐刻本	南京图书馆藏	144首	诗21首
《扬州休园志》	郑庆祐撰	清乾隆三十八年察视堂自刻本	中国国家图书馆藏	文85篇 诗246首	文11篇 诗246首
《浮青阁诗》	郑庆祐撰	佚	佚		

除了以上郑氏家族成员著录的园林文学作品，在明清文人别集、总集中也散见有关郑氏影园和休园的文学作品，笔者也做了辑录，见本书附录。

二、郑氏园林的营造与传承历程

目前关于影园的研究多依据郑元勋《影园自记》、李斗《扬州画舫录》中的相关记载，探讨其地理位置、营造历程、设计者、空间方位等问题。笔者无意在建筑学方面做细致探究，仅根据现有材料对已有研究做简单述略，澄清有关影园营建的几个问题。休园经过五代传承、四次修葺，相比影园来说，历时长久，园林景观布置也在每次修葺中有所变化。本节重点考述休园修葺历程，以及每次修葺后休园空间、景观布局等方面的变化。

（一）影园营建及相关问题

以下将对影园营造历程以及营造时间、设计者等问题进行探讨。

1. 影园地理位置

郑元勋《影园自记》记载："卜得城南废圃……前后夹水，隔水蜀冈"。[1]《扬州画舫录》记载："园在湖中长屿上，古渡禅林之北，宝蕊栖之左，前后夹水。隔水蜀冈，蜿蜒起伏，尽作山势，柳荷千顷，萑苇生之。"[2] 岳岩敏等人的《不说迷楼说影园——明郑元勋、计成与扬州影园》对李斗所说的"湖中长屿"做出实地考察："东至二道河、西至头道河、南至荷花池公园（古砚池）石桥、北至双红桥。此地在明崇祯年间正为扬州府城外西南郊的水中长屿。"[3] 影园在扬州城外西南隅，这已基本是学界共识，如图1-1所示。

---

[1] 郑元勋：《影园自记》，见郑元勋辑：《影园瑶华集》中卷。
[2] 李斗：《扬州画舫录》，汪北平、涂雨公点校，中华书局，1960年，第175页。
[3] 岳岩敏、吴昕泽、林源：《不说迷楼说影园——明郑元勋、计成与扬州影园》，载《建筑师》2019年第3期。

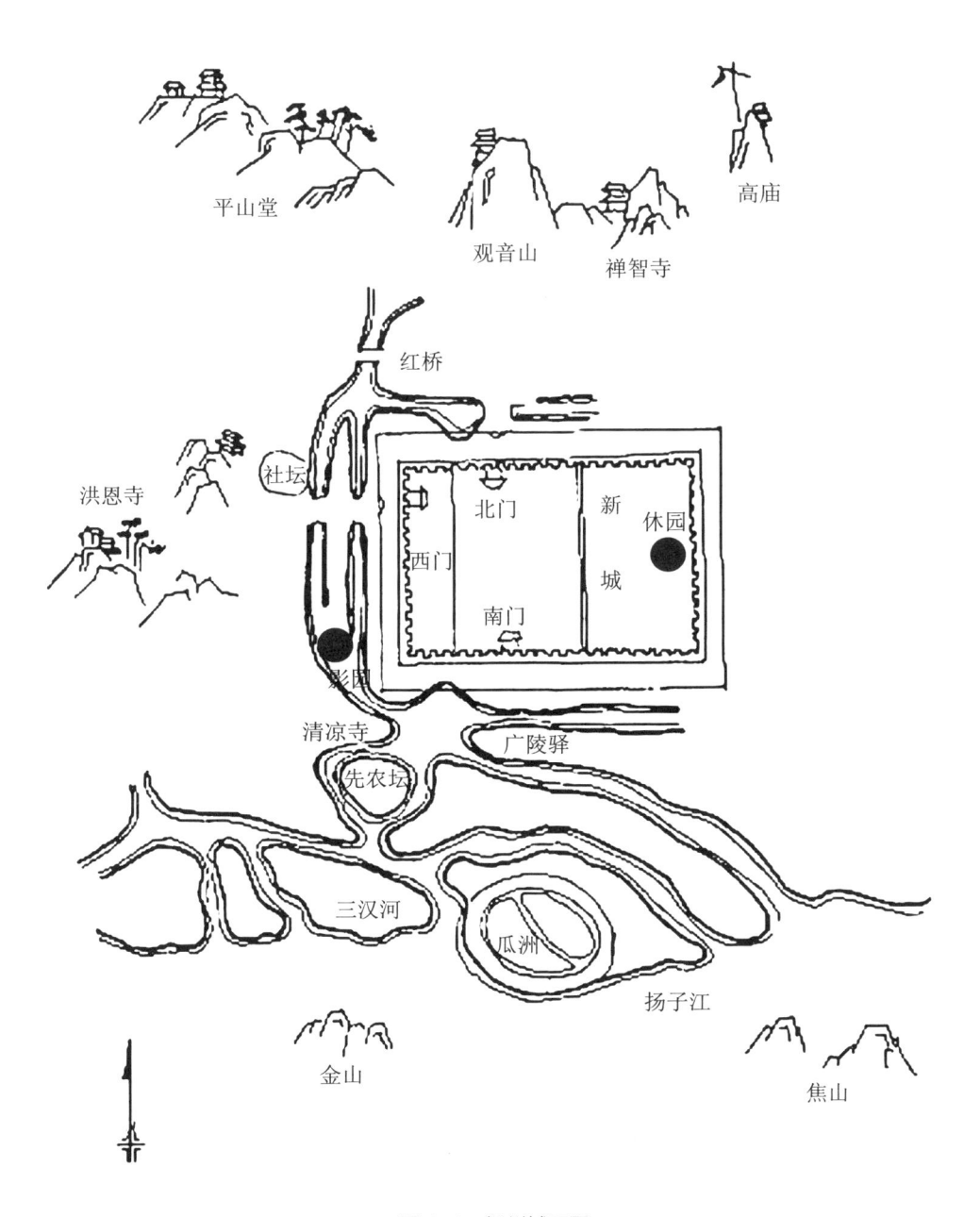

图 1-1　扬州城厢图

（参见吴肇钊、吴迪、陈艳：《借长洲镂奇园——影园复建设计》，载《中国园林》2005年第9期。）

2. 影园营造历程

具体见表1-2。

表1-2 影园营造历程表

时间	郑元勋年龄	事件	文献依据
天启七年前后	三十岁左右	郑元勋得地	《影园自记》："盖得地七八年，即庀材七八年"。
崇祯五年壬申	三十五岁	郑元勋拿园林设计画册向董其昌请教，董为其题额"影园"	《影园自记》："壬申冬，董玄宰先生过邗，予持诸画册请政……书'影园'二字为赠。"《跋郑超宗画卷》："兹余赴阙，过广陵，超宗出示此卷，笔法变幻……"①
崇祯七年甲戌	三十七岁	修建影园	《影园自记》："甲戌放归，值内子之变……家兄弟亦从臾葺此。"
崇祯八年乙亥	三十八岁	影园建成	《影园自记》："是役八月粗具，经年而竣。"

3. 关于影园营建的几个问题

第一，修建时间。学界对于影园修建用时与建成时间文献说法有出入。关于修建用时，李斗《扬州画舫录》云"营造逾十数年而成"①，认为影园营建用时十多年。郑元勋《影园自记》却记载"是役八月粗具，经年而竣"，认为影园营建用时应为八个月。吴肇钊《计成与影园兴造》②、包广龙等《影园考》③都认同第二种说法。笔者认为《影园自记》材料更为可靠，李斗的《扬州画舫录》时隔一百多年，有臆测之嫌，或者是对《影园自记》中"庀材七八年"的误解。至于影园建成的时间，陈从周、蒋启霆选编的《园综》(新版)认为"建成于崇祯七年"④，包广龙等《影园考》认为建成时间是崇祯七至八年(1634—1635)⑤。对于此问题，细读《影园自记》崇祯七年"放归""葺此"，"是役八月粗具，经年而竣"，便可推知，影园修建起始时间为

---

① 李斗：《扬州画舫录》，汪北平、涂雨公点校，中华书局，1960年，第175页。
② 吴肇钊：《计成与影园兴造》，见《建筑师》编辑部编辑：《建筑师》第23期，中国建筑工业出版社，1985年，第167—177页。
③ 包广龙、王婷婷、杨豪中：《影园考》，载《中国园林》2016年第10期。
④ 陈从周、蒋启霆选编：《园综》(新版)上册，赵厚均校订、注释，同济大学出版社，2011年，第39页。
⑤ 包广龙、王婷婷、杨豪中：《影园考》，载《中国园林》2016年第10期。

崇祯七年，建成时间应为崇祯八年。

第二，影园及景观命名时间。郑元勋所购的是"废圃"，崇祯七年在影园营造之前已经存有部分景观，郑元勋编辑《媚幽阁文娱》的时间为崇祯三年，"媚幽阁"的题名来自陈继儒，这说明媚幽阁在影园营建前就存在，另有倪元璐所题"潄翠亭"也是如此①。《影园自记》中记载，郑元勋先画好园图，崇祯五年冬，董其昌路过邗江时，郑持图向董请教，董谓其"得山水骨性"，题名"影园"。这也发生在影园正式营建之前，由此可以推知郑元勋在得到旧园之后，一直在心中筹划造园之事，先有园名，后才建成影园全景。

第三，影园设计者为何人。影园由园主郑元勋设计并得到造园名家计成指点。郑元勋在《园冶》序中说"即予卜筑城南，芦汀柳岸之间，仅广十笏，经无否（计成）略为区画，别现灵幽"②，又在《影园自记》中称"吴友计无否（计成）善解人意，意之所向，指挥匠石，百不一失，故无毁画之恨"③。再结合郑元勋拿着园图向董其昌请教之事，便可知园主郑元勋先设计园图，后计成参与指点。由此可知，郑元勋和计成是影园的共同设计者。

（二）休园修葺历程述略

休园经过五代传承、四次修葺，相比影园来说，历时长久，园林景观布置也在每次修葺中有所变化。以下将探讨休园修葺历程，每次修葺后休园空间、景观布局等方面的变化，以及休园的景观风貌的特征。

关于休园的地理位置，《扬州休园志》所录文献中有不少记载。例如，王藻《止心楼诗序》记载"扬州府城东北隅，入徐宁门半里许为郑氏休园"④，方象瑛《重葺休园记》记载"休园在江都流水桥前"⑤，宋和《三修休园记》记载

---

① 郑元勋：《影园自记》，见郑元勋辑：《影园瑶华集》中卷。
② 计成著，陈植注释：《园冶注释》，中国建筑工业出版社，2017年，第58页。
③ 郑元勋：《影园自记》，见郑元勋辑：《影园瑶华集》中卷。
④ 王藻：《止心楼诗序》，见郑庆祜：《扬州休园志》卷三。
⑤ 方象瑛：《重葺休园记》，见郑庆祜：《扬州休园志》卷一。

"园曰休,地曰扬州流水桥"[①],团昇《扬州休园志序》记载"园在扬州郭内,流水桥东"[②],等等。由此可以确定,休园在扬州城东北角,临近流水桥。

周晓兰《扬州休园考》对于休园的地理位置做了详细考证。(见图1-2)

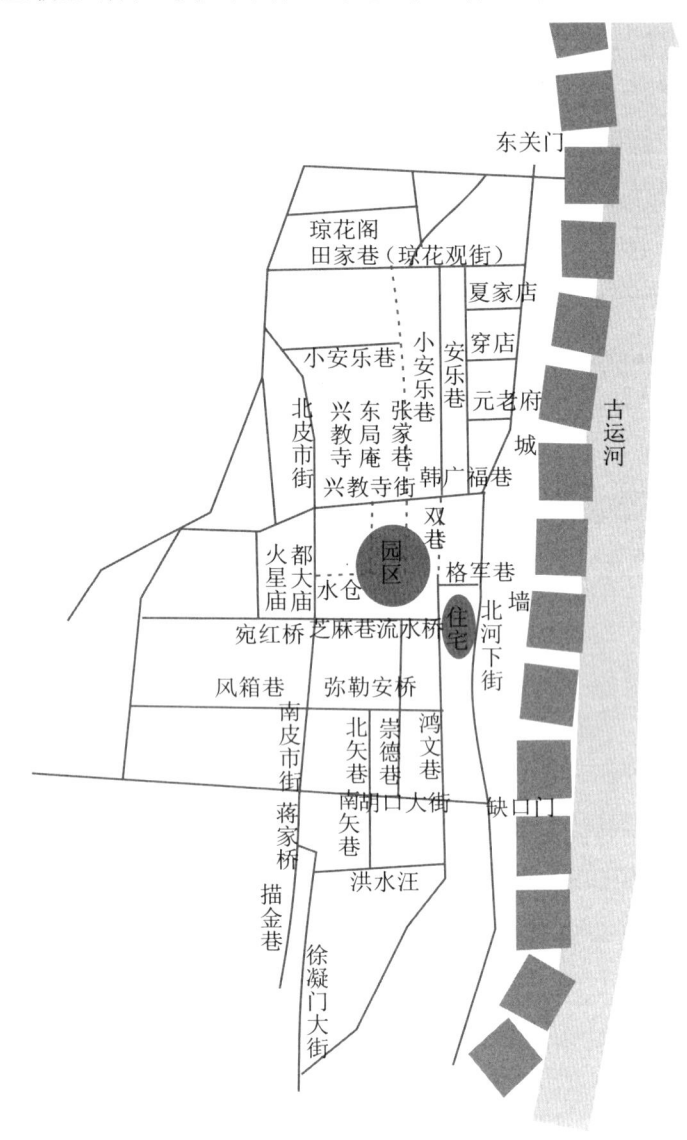

图 1-2 休园位置示意图

(参见周晓兰:《扬州休园考》,北京林业大学 2012 年硕士学位论文。)

---

① 宋和:《三修休园记》,见郑庆祐:《扬州休园志》卷一。
② 团昇:《扬州休园志序》,见郑庆祐:《扬州休园志》。

《扬州休园志·迁扬世系》明确记录了园林修建历程：郑侠如为"建园之祖"、郑熙绩"重葺休园"、郑玉珩"三葺休园"、郑庆祐"四葺休园"。以下将参考《扬州休园志》等文献，对各代修葺的时间、增设景观等情况加以陈述。

顺治十六年，郑侠如合朱氏园、汪氏园，构筑休园。

郑庆祐自序中明确记述："有明末年，先高王父（郑侠如）辞职归里，购朱氏、汪氏园于宅后，以先世洁潭公由歙郡奉母来扬，辛苦成家，昌厥者后世，思所以报者。及我朝定鼎，海宇升平，遂合二园而新之，颜之曰休园"。① 清代学者方象瑛《重葺休园记》也记述："休园在江都流水桥前，水部士介郑公之别业，而其孙懋嘉孝廉读书处也。水部当明季时，与兄长吉、超宗、赞可三先生文章声气重于东南，各为园亭以奉母。长吉公有五亩之宅、二亩之间及王氏园，超宗公有影园，赞可公有嘉树园，士介公年最幼，闭户读书，独无所营，后以司空解组归，始买朱氏址以娱老，因名曰休园。"② 郑侠如曾任南明工部司务，入清后解组还家。顺治二年（1645），设立江南省，扬州府归江南省管辖，也即1645年后，郑侠如购买朱氏园和汪氏园，合并二园，命名为"休园"。郑侠如之甥许承家也记述"本朝四舅氏（郑侠如）始有休园之建"③。综合以上材料，可知郑侠如在1645年后正式营建休园。

前已述及，休园是在朱氏园与汪氏园的故址上构筑的，其中朱氏园为宋代园林。宋代王观《扬州芍药谱》中有："今则有朱氏之园最为冠绝，南北二圃所种，几于五六万株。意其自古种花之盛，未之有也。"④ 孔武仲《芍药谱》记载："种花之家，园舍相望。最盛于朱氏、丁氏、袁氏……"⑤ 郑侠如根据原有景观重新营建，景观名称也沿用以前的名称，许承家记载："园

---

① 郑庆祐：《扬州休园志序》，见郑庆祐：《扬州休园志》。
② 方象瑛：《重葺休园记》，见郑庆祐：《扬州休园志》卷一。
③ 许承家：《重葺休园记》，见郑庆祐：《扬州休园志》卷一。
④ 王观：《扬州芍药谱》，宋百川学海本。
⑤ 许少飞：《扬州园林小史》，广陵书社，2018年，第42页。

故朱氏旧址,舅氏重构新之,有语石堂,有空翠山亭,有淑芳轩,有一拂草亭,有墨池,有樵水、寒碧诸亭榭,而沿宋人旧名。又有云山阁,其中竹石花木之类不可胜数。"①由此可知休园初建时有语石堂、空翠山亭、潄芳轩、云山阁、一拂草亭、墨池等景观。休园建成后,郑侠如将家祠也建于园中,"祀迁扬历代之祖,遂初志也"②。

康熙十八年(1679)至康熙十九年(1680),郑熙绩重葺休园。

郑为光与郑侠如分别于1665年、1673年去世,彼时,休园失去庇护,被外人侵占夺取,"两公相继殁,懋嘉孤幼,几为强有力所夺者数矣。懋嘉心伤之,英年攻苦,焚膏继晷,一出而捷北闱,始复前人之旧而增修之"③。至于休园为何人觊觎,在现存文献中难以获得明确信息,但周本《重葺休园》中有"休园名胜压芜城,争起萧墙几变更"④,郑熙绩《晒休园三友图追忆先大父》中有"亲族反相摧,茕茕莫我恤"⑤,据此推测应该是郑氏家族内部纷争,导致休园险些被夺。

直到郑熙绩康熙戊午年得中举人,休园才得以重葺。郑熙绩记录:"迄己未暮春,绩公车返舍复过休园,载观一草一木皆系先人所手植,某水某丘曾为先人所钓游,未免有情,谁能堪此?由是重加葺治,渐复旧观,移榻下帷"⑥,故推知重葺休园开始时间为康熙己未,即康熙十八年(1679)。又高登先记录:"庚申过广陵,晤令子懋嘉,知其昂霄耸壑,媲美后先,一日以重葺休园诗示余,其清新俊逸,迥迈时流。"⑦此时重葺休园诗已成,当知休园已重葺,故推知休园重葺完成时间为康熙庚申,即康熙十九年。⑧

需要注意的是,郑熙绩不止一次修葺休园,康熙二十一年(1682)郑熙

---

① 许承家:《重葺休园记》,见郑庆祐:《扬州休园志》卷一。
② 郑庆祐:《扬州休园志序》,见郑庆祐:《扬州休园志》。
③ 方象瑛:《重葺休园记》,见郑庆祐:《扬州休园志》卷一。
④ 周本:《重葺休园》,见郑庆祐:《扬州休园志》卷七。
⑤ 郑熙绩:《含英阁诗草》卷三《晒休园三友图追忆先大父》。
⑥ 郑熙绩:《含英阁诗草》卷六《重葺休园有感(有序)》。
⑦ 高登先:《重葺休园(并序)》,见郑庆祐:《扬州休园志》卷七。
⑧ 周晓兰《扬州休园考》推断休园重葺时间为1678年至1687年间的某一时段(见其北京林业大学2012年硕士学位论文)。该推断不够精确。

绩再次修葺休园。1682年郑熙绩参加进士考试落第,暮春,他在《壬戌暮春休园再集》中写道:"黑貂裘敝客初还,三径荒芜久未删。"① 当时他心情郁闷,看到园内荒芜,就又重葺休园。郑熙绩《重葺休园集字得十五首》包括《休园》《语石》《墨池》《樵水》《蕊栖》《得月台》《金鹅书屋》《绕云廊》《逸圃》《一拂草亭》《卫书轩》《云山阁》《不波航》《四香堂》《玉照亭》,另有引:"壬戌暮春,余自南宫被放,初归未免有情,谁能遣此?爰藉休园稍加葺治,删彼草间之榛芜,平我胸中之垒块。"② 郑庆祜《扬州休园志》未将此次修葺专门辑录,原因或为:修葺尺度不大,费时不多;时隔久远被忽略;突显代际,将两次修葺合而为一,以求辑录内容整饬。

至于休园重葺后的景观,方象瑛《重葺休园记》对其有详细的罗列:

> (郑熙绩)始复前人之旧而增修之。其中曰语石堂、曰漱芳轩、曰云山阁。其右曰蕊栖、曰花屿。其左有山,山腰有曲亭,颜曰空翠山亭。其后培植小山丛桂森列,颜曰金鹅书屋。屋后修竹万竿,有轩曰琴啸。由琴啸而左,经竹林,长廊数十间,曲折环绕,曰卫书轩。轩傍有塘,塘植芙蕖数亩,开时清香袭人衣袂,颜曰含清别墅。墅傍有台,名曰得月居。中则为墨池阁,阁前垒石为峰,下为池,架以石桥,峰之前后皆有亭榭,曰玉照、曰不波航、曰枕流、曰九英书坞,结构萧爽,极园林之胜。③

许承家《重葺休园记》也有记录:"懋嘉既以文章名于时,遂据此为抱膝地,复举而更新之。又有三峰草堂、金鹅书屋,有不波航,有玉照亭,有九英书坞,有琴啸、枕流、得月诸台榭,更扩其园后余地,名之曰逸圃。"④ 可见,郑熙绩既翻新祖辈父辈的园林旧制,又扩大园林,增加了新的景观。结合前文所述郑侠如初建时的景观,以及方象瑛与许承家的《重葺休园记》,可知重葺休园后增设的景观有三峰草堂、金鹅书屋、琴啸、卫书轩、

---

① 郑熙绩:《含英阁诗草》卷六《壬戌暮春休园再集》。
② 郑熙绩:《含英阁诗草》卷五《重葺休园集字得十五首(有引)》。
③ 方象瑛:《重葺休园记》,见郑庆祜:《扬州休园志》卷一。
④ 许承家:《重葺休园记》,见郑庆祜:《扬州休园志》卷一。

得月居、玉照、不波航、枕流、九英书坞、逸圃。另外,《扬州休园志》"列景"有郑熙绩为"云径绕花源"的题诗,可见此景观也为重葺休园时设置。

康熙五十三年(1714),郑玉珩三葺休园。

关于三葺休园的时间,张学林《郑母仲太君八十寿序》有明确记载:"两人授室,获有宁居,登上舍,需次铨曹,三葺休园"①,"两人"即为郑玉珩和郑玉璋兄弟。由此可知,第三次修葺休园的时间是他们娶妻安家之后,郑玉璋娶妻比郑玉珩早三年,李氏嫁给郑玉珩,"于归之日,年二十有二矣"②。按照同篇文章中记录的李氏生于康熙壬申年(康熙二十一年,1692)③,可以推出李氏出嫁应在康熙癸巳年(康熙五十二年,1713)。

又郑玉珩记述:

> 休园者,先曾祖水部公所手创,吾父尝扩而新之,以奉板舆,三十年来日就倾圮。当甲午岁,大母登七十,(玉珩)将集亲友奉觞,大母命曰:"尔盍节诸浮费,一葺此园,此三世手泽可念也。"迩者,稍加葺治……④

自从郑熙绩康熙二十一年重葺休园,已经过去三十二年,休园因不加葺治,逐渐颓圮,康熙甲午,即康熙五十三年,郑玉珩祖母雷太恭人七十岁寿辰过后,郑玉珩便三葺休园。

郑玉珩在原有的基础上对休园扩大翻新,李光地《三修休园记》记载:"维扬东南都会也,地居形胜,俗尚风华,自唐宋及今士大夫之家于是者,往往有园林歌舞之适,然俯仰间辄有室是人非之叹。独郑君荆璞守其曾大父水部公、大父侍御公及其父比部公之旧庐,且能廓而新之。"⑤殷誉庆诗《休园赏梅》中也有"多君先业能世守,增其式廓培丘樊"⑥。"廓而新之""增其式廓"均表明郑玉珩又大加开辟和翻新。

---

① 张学林:《郑母仲太君八十寿序》,见郑庆祐:《扬州休园志》卷二。
② 郑庆祐:《先妣李太恭人行述》,见郑庆祐:《扬州休园志》卷六。
③ 郑庆祐:《先妣李太恭人行述》,见郑庆祐:《扬州休园志》卷六。
④ 张恕可:《郑节母雷太恭人行状》,见郑庆祐:《扬州休园志》卷六。
⑤ 李光地:《三修休园记》,见郑庆祐:《扬州休园志》卷一。
⑥ 殷誉庆:《休园赏梅》,见郑庆祐:《扬州休园志》卷八。

在以下有关三葺休园的诗作中，可以看出郑玉珩对休园的一些具体的改动。

"规恢迹未赊"，"语石轩加辟，含英阁再开。添栽彭泽柳，补种法曹梅"。① 在休园原有形制的基础上，对已历四代的语石轩予以扩大，并重新整修含英阁。园内植物又增加了柳树、梅树。

李斗《扬州画舫录》描写其园为："先是住宅后有含英阁、植槐书屋、碧厂耽佳、止心楼诸胜，园中有空翠山亭、蕊栖、挹翠山房、琴啸、金鹅书屋、三峰草堂、语石、樵水、墨池、湛华卫书轩、含清别墅、定舫、来鹤台、九英书坞、古香斋、逸圃、得月居、花屿、云径绕花源、玉照亭、不波航、枕流、城市山林、园隐、浮青诸胜，中多文震孟、徐元文、董香光真迹。止心楼下有美人石，楼后有五百年棕榈，墨池中有蟒，来鹤台下多产药草。"② 李斗所处时代正是郑玉珩三葺休园之后，因此可将《扬州画舫录》中的记述作为三葺休园后的景观依据。

对照郑熙绩重葺休园景观情况，郑玉珩三葺休园增设的景观可能为植槐书屋、碧厂、耽佳、挹翠山房、古香斋、城市山林、浮青阁等。不排除对于已有景观的重新命名，惜现存材料有限，无法进一步考证。

乾隆二十一年（1756）至乾隆二十六年（1761），郑庆祐四葺休园。

目前笔者所见文献中，没有关于四葺休园的具体时间的明确记述，只能推知大致的时间范围。郑庆祐在《扬州休园志序》中写道："不幸岁戊午大人见背，余时方三龄耳，迄今又三十余载，风雨飘摇，乌鼠狼藉，盖人迹罕到之地，摧败零落，往往而然，年来因其旧基，略微整顿……修举废坠，一还池台旧观。"③ 郑庆祐写序并撰写《扬州休园志》时，四葺休园已经完成。那么四葺休园的起止时间是何时？吴桐《四葺休园》记载"画荻丸熊赖贤姥，弱冠名成备甘苦"④，而郑庆祐出生于1736年，吴桐写此诗时郑

---

① 殷王峰：《三葺休园用何将军山林十首韵》，见郑庆祐：《扬州休园志》卷八。
② 李斗：《扬州画舫录》，汪北平、涂雨公点校，中华书局，1960年，第180页。
③ 郑庆祐：《扬州休园志序》，见郑庆祐：《扬州休园志》。
④ 吴桐：《四葺休园》，见郑庆祐：《扬州休园志》卷八。

庆祐已是或过了"弱冠"之年，推知郑庆祐是在 1756 年以后四葺休园。郑侠如族侄郑来在《书休园图后》称自己"辛巳初春，买棹归里……行见受天踵而新之，当必有宇内名人为作四葺休园记"①，由此可知乾隆辛巳，即乾隆二十六年，四葺休园已经完成。

　　四葺休园，不似重葺休园和三葺休园，有专门的园记记载景观增设，却可从《扬州休园志》收录的四葺休园作品中获得一些信息。吴桐云："主人却笃承先志，唯恐平泉瘵后嗣。尺黄寸草力栽培，遂葺园成到其四。"②乔颐孙云："主人为言先世来，阅历年华将二百。园凡四葺费经营，直到于今存树石。"③陈章云："此地经营本前代，多少沧桑见兴废。子真能不坠风流，灵光兀尔依然在。"④休园本就为宋代古园，又从郑侠如到郑庆祐历经五代传承，茂竹古树，尽显古园特色。《扬州休园志》中有"列景"，列出休园三十二景，并配有插图（见图 1-3），但是郑庆祐时期休园不止这三十二处景观。郑庆祐在《扬州休园志》凡例中记述："卷首列景只就园中现在编次，其从前所有，后经改易如寒碧漱芳轩、云山阁、一拂草亭诸额概不列入。"即寒碧轩、漱芳轩、云山阁、一拂草亭虽存但未列入三十二景。这几处景观之名其实在郑侠如时代就已经存在，可参见许承家《重葺休园记》记载："本朝四舅氏始有休园之建，园故朱氏旧址，舅氏重构新之，有语石堂，有空翠山亭，有漱芳轩，有一拂草亭，有墨池，有樵水、寒碧诸亭榭，而沿宋人旧名。"⑤因此，休园中全部的景点除了前面所说的三十二景，还应该包括寒碧轩、漱芳轩、云山阁、一拂草亭等。

---

① 郑来：《书休园图后》，见郑庆祐：《扬州休园志》卷一。
② 吴桐：《四葺休园》，见郑庆祐：《扬州休园志》卷八。
③ 乔颐孙：《四葺休园》，见郑庆祐：《扬州休园志》卷八。
④ 陈章：《初夏集休园》，见郑庆祐：《扬州休园志》卷八。
⑤ 许承家：《重葺休园记》，见郑庆祐：《扬州休园志》卷一。

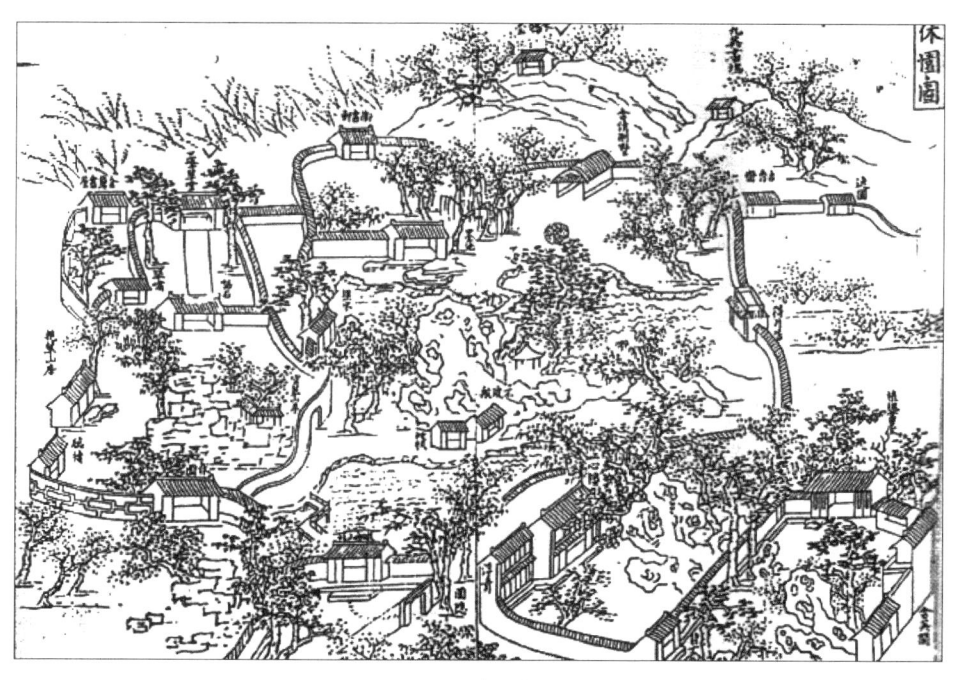

图 1-3 休园全景图

（参见郑庆祐:《扬州休园志》,见四库禁毁书丛刊编纂委员会:《四库禁毁书丛刊》史部第 41 册,北京出版社,1997 年,第 482 页。）

三、郑氏园林景观风貌

影园处于晚明时期,是扬州盐商园林发展的早期。休园建于清初,在郑氏家族手中一直存续到乾隆年间。它们在同时期扬州园林中具有一定的代表性。以下探讨影园与休园的景观风貌。

（一）影园与"南宗画"

目前对于影园风貌的研究虽无专门著述,但零零散散已有不少,多将影园与计成的《园冶》相互联系,互为印证。例如吴肇钊《计成与影园兴造》认为影园具有"巧于因借""以简寓繁""情景相融"的特征[1],许少飞《扬州园林小史》探讨影园"古朴而疏简""静美"的特征[2]。笔者在现有研究基础上,从影园景观和园林美学风貌特点两个方面再做陈述。

1. 影园主要景观

目前学术界研究主要以郑元勋《影园自记》、茅元仪《影园记》、李斗《扬州画舫录》为底本,分析影园主要景观布局特色或绘制影园复原图。从《影园自记》可知,影园主要景观有玉勾草堂、半浮阁、淡烟疏雨、菰芦中、湄荣、一字斋、媚幽阁、柳堤,因此吴肇钊、赵御龙等人绘制的影园复原图也主要体现以上景观[3]。其实,除此之外,郑元勋的《影园诗稿文稿》与《影园瑶华集》对影园景观研究也有重要价值,只是目前相关研究著述对这几部作品有所忽略。笔者依据《影园诗稿文稿》《影园瑶华集》中郑元勋与园客的文学作品推断,除以上景观,影园还有桐院、霞岭、塔影、月梁、梅涧、荷矶、邻圃、佳要堂、青士林。[4]可惜此类景观在目前研究著述中并未涉及。

2. "园与画通"的特征

影园是根据郑元勋设计的影园图纸而营造的。茅元仪在《影园记》中,发出"画者,物之权也;园者,画之见诸行事也"[5]的议论。范景文《北归过影园同钱大鹤职方玩月是夕立秋》称影园"园摹画格形生影"[6],由此可知"画意"是影园的主要特色,这也是目前影园景观研究中的共识,但此类论述对于影园的特征多略提,一笔带过。相比较而言,顾凯《明代江南园林研究》中对影园"画意"的分析较详细,他指出把绘画作为造园的基本原则

---

[1] 吴肇钊:《计成与影园兴造》,见《建筑师》编辑部编辑:《建筑师》第23期,中国建筑工业出版社,1985年,第167—177页。
[2] 许少飞:《扬州园林小史》,广陵书社,2018年,第74页。
[3] 吴肇钊《计成与影园兴造》、赵御龙等《扬州影园的造园艺术与复原思考——兼评吴肇钊先生影园复原(建)图》均作影园复原图。
[4] 《影园瑶华集》中有强惟良、梁应圻、李之实、梁于涘、徐宗道、阎汝哲的《影园即景》,涉及桐院、霞岭、塔影、月梁、梅涧、荷矶、邻圃等景观。另外还有刘同升《超宗招集佳要堂同黄叔暗顾不盈得成字》等作品,涉及佳要堂。《影园诗稿文稿》则涉及青士林等景观。
[5] 茅元仪:《影园记》,见郑元勋辑:《影园瑶华集》中卷。
[6] 范景文:《北归过影园同钱大鹤职方玩月是夕立秋》,见郑元勋辑:《影园瑶华集》下卷。

是对影园营造认识的首要特点,并在文中分析了影园曲折路径设置、对景布置、"藏露"等特点与"画理"一脉相承的关系①,对影园风貌彰显有一定价值。实际上,目前已有研究著述都忽视了"画"也有风格之异的事实,晚明时期画有南宗北宗之论,影园所体现的究竟是何种画风,目前研究鲜有涉及,笔者试做探析。兹举三则论述影园与绘画关系的材料。

郑元勋在《影园自记》中提及自己曾拿影园画册向董其昌请教:

> 予生江北,不见卷石,童子时从画幅中见高山峻岭,不胜爱慕,以意识之,久而能画,画固无师承也。出郊见林水鲜秀,辄留连不忍归,故读书多僦居荒寺。年十七,方渡江,尽览金陵诸胜。又十年,览三吴诸胜过半,私心大慰,以为人生适意无逾于此。归以所得诸胜,形诸墨戏。壬申冬,董玄宰先生过邗,予持诸画册请政,先生谬赏,以为予得山水骨性,不当以笔墨工拙论。②

董其昌《跋郑超宗画卷》:

> 超宗游云间,欲观吾家所收诸画。会余滞留吴门,且迫岁除,不能多待。家有装池未竟二三卷,就裱工阅之,如子猷看竹,不问主人也。兹余赴阙,过广陵,超宗出示此卷,笔法变幻,出入子昂、子久、叔明、元镇间,又如江淹梦中见景纯索锦,恨其裁割都尽,海内画苑添此国能士气作家,当入《邓氏画继》。③

郑元勋在《媚幽阁文娱》中选董其昌《闲窗论画》,并跋曰:

> 国朝画以沈石田、董思白为正派,可以上接宋元,观其立论,故自尚友千古,不堕甜邪坑堑也。④

董其昌评郑元勋绘画"得山水骨性",在《跋郑超宗画卷》中认为郑元勋是"国能士气作家",都体现出他对郑元勋绘画的高度认可。郑元勋对于

---

① 顾凯:《明代江南园林研究》,东南大学出版社,2010年,第167—168页。
② 郑元勋:《影园自记》,见郑元勋辑:《影园瑶华集》中卷。
③ 董其昌:《容台别集》卷二,见严文儒、尹军主编:《董其昌全集》第2册,上海书画出版社,2013年,第819页。
④ 董其昌:《闲窗论画》,见郑元勋辑:《媚幽阁文娱》卷八,明崇祯刻本。

董其昌的绘画与理论也很尊崇，在编选《媚幽阁文娱》时，选入董其昌《闲窗论画》，而且其也是这部选集中唯一一篇画论。郑元勋还与杨文骢、姜开先结画社，以董其昌为师，董其昌对他们"一笔一墨，耳提面命"①。由此可见，郑元勋与董其昌在绘画方面见解一致，有着相似的审美趋向。那么，影园的"画意"、影园图纸的"山水骨性"，就可以从董其昌的画论中寻找解读的途径。

董其昌推崇平淡自然、幽深清远的画作，他曾有画分南宗北宗的议论，推崇南宗画法："南宗则王摩诘始用渲淡，一变勾斫之法，其传为张璪、荆、关、董、巨、郭忠恕、米家父子以至元之四大家。"②他认为郑元勋画作"出入子昂、子久、叔明、元镇间"，即类似赵孟𫖯（字子昂）、黄公望（字子久）、王蒙（字叔明）、倪瓒（字元镇），其中有三位就在"元之四大家"之列，说明郑元勋影园画作颇有"南宗"特点。董其昌还重视遍览山川，"气韵生动。气韵不可学，此生而知之，自然天授。然亦有学得处，读万卷书，行万里路，胸中脱去尘浊，自然丘壑内营，成立鄞鄂，随手写出，皆为山水传神"③。董其昌所述的"行万里路""自然丘壑内营"，与郑元勋所述的游览金陵、三吴诸胜，"形诸墨戏"异曲同工，均指出绘画的前提是要遍览自然山水，对山水有切身的感受。董其昌所言"皆为山水传神"与他评价郑元勋"得山水骨性"内涵一致，皆是强调绘画生动自然的特点。

影园的另一设计者计成在《园冶》中也多体现出对于南宗画风的推崇，"最喜关仝、荆浩笔意，每宗之"④。影园风貌必然也体现着计成的审美观念。如此看来，根据郑元勋图纸建成的影园也应具有董其昌所说的南宗"画意"。影园应是符合南宗画审美的典型园林，以下笔者结合郑元勋《影园自记》以及《影园瑶华集》中园客题咏作品，对影园的"画意"进行分析。

---

① 关贤柱校注：《杨文骢诗文三种校注》，贵州人民出版社，1990年，第398页。
② 董其昌：《容台别集》卷四，见严文儒、尹军主编：《董其昌全集》第2册，上海书画出版社，2013年，第598页。
③ 董其昌：《容台别集》卷四，见严文儒、尹军主编：《董其昌全集》第2册，上海书画出版社，2013年，第595页。
④ 计成著，陈植注释：《园冶注释》，中国建筑工业出版社，2017年，第63页。

首先，影园营造充分利用其所处地理位置的环境特点，营造出自然生动的景观。影园造园符合计成《园冶·江湖地》的描述："江干湖畔，深柳疏芦之际，略成小筑，足征大观也。悠悠烟水，澹澹云山，泛泛渔舟，闲闲鸥鸟。漏层阴而藏阁，迎先月以登台。"[1] 即充分利用水边的地理优势，在有茂密柳林、稀疏芦苇的地方造园，并稍微修建，便可以借景，形成大观之境。郑元勋《影园自记》描述："背堂池，池外堤，堤高柳，柳外长河，河对岸，亦高柳，阎氏园、冯氏园、员氏园，皆在目。园虽颇而茂竹木若为吾有。河之南通津，津吏闸之。北通古邗沟、隋堤、平山、迷楼、梅花岭、茱萸湾，皆无阻，所谓'柳万屯'，盖从此逮彼，连绵不绝也。鹂性近柳，柳多而鹂喜，歌声不绝，故听鹂者往焉。临流别为小阁，曰'半浮'，半浮，水也，专以候鹂"[2]。利用周围植物造景，让堤岸边的柳树，别家园林的竹木都可尽收影园。柳树可以吸引黄鹂驻足，又用鹂歌营造了影园独特的声景。整个园在山影、水影、柳影之间，充分发挥了园林的借景功能，园内处处彰显自然的欣欣生意。

其次，追求天然之美，虽然园林是人工与自然的结合，但是影园尽量做到"虽由人作，宛自天开"[3]，不露人工痕迹，"山径不上下穿，而可坦步，皆若自然幽折，不见人工，一花、一竹、一石，皆适其宜"[4]。而且园内建筑呈点式分布，数量不多，疏朗开阔，且与自然之景组合，形成"花间隐榭，水际安亭"[5]的审美效果，建筑的硬朗线条、人工痕迹完全融于山水植物的自然秀美。"别为一廊，在入门之右。廊凡二周，隙处或斑竹、或蕉、或榆以荫之"，"入门曲廊，左右二道，左入予读书处，室三楹，庭三楹，虽西向，梧、柳障之，夏不畏日而延风"，"室内通外一窗作栀子花形，以密竹帘蔽之，人得见窗，不得门也"，"阁三面水，一面石壁，壁立作千仞势，顶植剔牙松"。[6] 所

---

[1] 计成著，陈植注释：《园冶注释》，中国建筑工业出版社，2017年，第97页。
[2] 郑元勋：《影园自记》，见郑元勋辑：《影园瑶华集》中卷。
[3] 计成著，陈植注释：《园冶注释》，中国建筑工业出版社，2017年，第75页。
[4] 郑元勋：《影园自记》，见郑元勋辑：《影园瑶华集》中卷。
[5] 计成著，陈植注释：《园冶注释》，中国建筑工业出版社，2017年，第106页。
[6] 郑元勋：《影园自记》，见郑元勋辑：《影园瑶华集》中卷。

谓"荫""障""蔽""植",都是园林障景手法的运用,通过植物的运用使得园内建筑不会一览无余,从而达到幽曲深邃的效果。所以梁于涘在《题影园》中写道:"隐见楼台草树间,竹门松径覆花殷"①,就是在描述影园内植物的配备化解了建筑的人工痕迹,从而让园内处处流动自然的神韵。

最后,营造古淡清幽的境界。一方面是因为营造影园材质选择及造型颇有古意。"楣楯皆异时制","隔涧疏竹百十竿,护以短篱,篱取古木槎牙为之。围墙甃以乱石,石取色斑似虎皮者,俗呼'虎皮墙'。小门二,取古木根如虬蟠者为之"。②另一方面,由于园中植物种类繁多,茂密繁盛,园中境界清幽宁静。通过郑元勋与园客们的书写可以看出这一特点。郑元勋自述:"盛暑卧亭内,凉风四至,月出柳梢,如濯冰壶中。"③梁于涘《题影园》其四:"每入区中咫尺迷,花廊石窦草烟齐。生成水树无穷碧,久住林莺自在啼。"④陈肇曾《寄题影园》:"一水萦回草树繁,行人呼作小桃源。藏烟宿鹭荷千顷,叫月穿鹂柳万屯。种得好花通是囿,生来古木傍为门。广陵绝胜知何处?不说迷楼说影园。"⑤这些都体现了影园清幽雅静的特点。

董其昌关于南宗的画论,恰好为解读影园风貌提供了途径,影园中追求天然之美,自然天成、清幽雅静的美学特征也符合当时文人所推崇的南宗"画意"。

晚明园林中也有符合北宗"画意"的,比如张岱在《西湖梦寻·青莲山房》写"台榭之美,冠绝一时。外以石屑砌坛,柴根编户,富贵之中,又着草野。正如小李将军作丹青界画,楼台细画,虽竹篱茅舍,无非金碧辉煌也"⑥。小李将军,即唐代画家李昭道,他与父亲李思训都是董其昌所认为的北宗画派的鼻祖,以金碧著称,作画往往先用墨线勾勒,再着上青绿颜色,笔力遒劲,线条匀称,工整艳丽。张岱所述之园林正体现了北宗的画

---

① 梁于涘:《题影园》,见郑元勋辑:《影园瑶华集》下卷。
② 郑元勋:《影园自记》,见郑元勋辑:《影园瑶华集》中卷。
③ 郑元勋:《影园自记》,见郑元勋辑:《影园瑶华集》中卷。
④ 梁于涘:《题影园》,见郑元勋辑:《影园瑶华集》下卷。
⑤ 陈肇曾:《寄题影园》,见郑元勋辑:《影园瑶华集》下卷。
⑥ 张岱:《陶庵梦忆 西湖梦寻》,夏咸淳、程维荣校注,上海古籍出版社,2001年,第190页。

风，注重楼台轩敞精美。虽然计成个人倾心于南宗画代表人物五代荆浩、关仝的山水画境，在《园冶·选石》中也说："小仿云林，大宗子久。"但他也吸收其他风格画家的画境，所以《园冶》中也有"刹宇隐环窗，仿佛片图小李"的说法，认为景观设置和叠山的意境可以效仿唐代李昭道。这与董其昌推崇的讲究自然、气韵生动的南宗画风格迥异。文震亨论及园林也说"最广处可置水阁，必如图画中者佳"[①]，"高堂广榭，曲房奥室，各有所宜"[②]。可见在具体的园林实践中，北宗画建筑阔朗严整，花木搭配艳丽的风格也有所运用。这些园林理论与影园的审美、景观风貌形成对照。由以上论述可知，在研究园林与绘画关系时，还需要注意绘画风格对于造园的影响。

（二）休园风貌

休园在清代的扬州颇负盛名，目前学界的相关研究对于休园的景观特色和美学风貌鲜有涉及，笔者根据现有图绘材料进行分析，探究休园的空间流动性特征以及古朴自然的美学风貌。

休园占地较广，据宋和《三修休园记》所记"宽五十亩"，是明清时期扬州园林中规模较大的园林，由东、中、西三部分组成，结构复杂，营造艰巨。都铭在《扬州园林变迁研究——人群与风景》中认为"18世纪开始，复杂的建筑空间乃至园林空间，成为扬州园林的表现重点"[③]。偌大空间，若不精心构筑，极易流于杂乱无章。其实建筑空间的复杂性在休园已见端倪，如此规模庞大的园林如何经营？其空间规划上有无规律可循？根据宋和、张云章、李光地的《三修休园记》，以及其他有关休园的文学作品和图绘材料，可知休园在空间布局上具有流动性特征。关于园林的流动性特征，张家骥在《中国造园论》中说："中国园林在空间上的高度艺术性，就在它的连续和流动。整个园林就是创造出一系列不同空间，使它始终处在时间的

---

① 文震亨著，陈植校注：《长物志校注》，杨超伯校订，江苏科学技术出版社，1984年，第103页。
② 文震亨著，陈植校注：《长物志校注》，杨超伯校订，江苏科学技术出版社，1984年，第347页。
③ 都铭：《扬州园林变迁研究——人群与风景》，同济出版社，2014年，第221页。

流动之中……往复循环视觉无尽的时间流动之中。"①彭一刚在《中国古典园林分析》中指出："园林中的廊，不仅可以用来连接建筑物并使之具有蜿蜒曲折和高低错落的变化，而且还可以用来分隔空间并使其两侧的景物互相渗透，以丰富空间的层次变化。"②园林空间的流动性就在于随着游览时间的累积和空间的变化，在时空融合中，形成人与园林的互动、对话，展现园林空间的无限性，同时也带给人丰富无尽的审美感受。

休园空间的流动性在于其营造凭借山水、廊设置导引路线，人在空间游走中，步移景异，从而感受空间的流动变化。宋和《三修休园记》有两段记载：

> 是园之所以胜，则在于随径窈窕，因山行水。堂（语石堂）之东有山，障绝伏行其泉于墨池。山势不突起，山麓有楼曰"空翠"，山趾多窍穴，即泉源之所行也，楼东北则为墨池……阁右有居曰樵水者，亦墨池之所注也。池之水既有伏行，复有溪行，而沙渚蒲稗亦澹泊水乡之趣矣。溪之南皆高山大陵，中有峰峻而不绝其顶，可十人坐，稍下于顶，有亭曰"玉照"。

> 此园雨行则廊，晴则径，其长廊由门曲折而属乎东，其极北而东则为来鹤台，望远如出塞而孤，此亦如画法，不余其旷则不幽，不行其疏则不密，不见其朴则不文也。此园占地既广，山水断续，由来鹤台之西而南屋于池北，如舟芦荻水鸟泊之，自是而西，又廊行也，则为墨池之北，沃壤而多树。③

第一段文字指出休园"随径窈窕，因山行水"的特色。水流所经之处，因地制宜，营造出不同的景观：以语石堂为起点，堂东有山，因为山的阻挡，泉水就山势流向墨池；山下建空翠山亭，墨池之水又注入地势更低的地方，可营造景观樵水；游人顺这条山水组合的路径，可以领略不同

---

① 张家骥：《中国造园论》（修订本），山西人民出版社，2003年，第174页。
② 彭一刚：《中国古典园林分析》，中国建筑工业出版社，1986年，第64页。
③ 宋和：《三修休园记》，见郑庆祐：《扬州休园志》卷一。

的水景。第二段文字指出休园的两条游观路径,即"廊"与"径",雨天可以经行长廊,晴天可以漫步小径。该文着意强调休园的长廊。计成在《园冶·廊》中指出廊"随形而弯,依势而曲。或蟠山腰,或穷水际"[1]的特点,休园长廊颇能体现这一特色。休园长廊由门曲折,最北处向东就是来鹤台,登台眺望远方,呈现的是"如出塞而孤"的旷远景象;由来鹤台西再走向池北,则又是"舟芦荻水鸟泊之"恬淡的水乡景象;再向西到墨池之北,又是"沃壤而多树"幽寂深邃之景。三种不同风貌的景观由长廊贯穿,既体现景观的丰富性,又能使游人在沿长廊观赏中避免单调重复的体验,步移景异,领略休园的无限韵味。正因为景观由既定路线串联,又体现流动变化的特征,才有"一曲一幽致,无嫌坐屡更"[2]的游观体验。

  古朴自然也是休园的一大特色。清代文人王藻在《止心楼诗序》中描述休园风貌:"其地乔木戛云,曲池汀黛,奇石修竹,燠馆凉台,皆苍郁饶古致,盖扬州园圃虽盛,而蔚然深秀,翛然远尘者,独推此园为甲矣。"[3]休园的古朴自然体现在以下几个方面:第一,休园中建筑与花木树石所历时间久远。休园本就是在宋代朱氏园上构筑而成,原有植物或景观有所存留,比如园内有"五百年棕榈",可以想见其枝繁叶茂的形象。而且休园建成后又历经一百多年传承,园内树木愈发苍郁,自有古朴风味。这一特点在书写休园的作品中多有体现,例如:"古槐深荫屋,高柳远连天"[4],"古藤垂架远,老树覆垣多"[5],"古木绿到天,奇峰峭拔地"[6]。苍古的植物成为休园显著的特色,故而团昇称赞休园"复阁重楼,金碧炫耀,诚不逮近时园亭什一,而修篁古树如倪迂马远之画"[7]。第二,休园也留下几代以来的人文印记,根据"列景"记载,休园内有明代唐寅、文震亨、董其昌的题额与题

---

[1] 计成著,陈植注释:《园冶注释》,中国建筑工业出版社,2017年,第128页。
[2] 袁于令:《休园宴集八首》,见郑庆祐:《扬州休园志》卷七。
[3] 王藻:《止心楼诗序》,见郑庆祐:《扬州休园志》卷三。
[4] 汪长德:《春暮集休园二首》,见郑庆祐:《扬州休园志》卷八。
[5] 张兆雷:《春暮过休园》,见郑庆祐:《扬州休园志》卷八。
[6] 蒋仕:《过休园》,见郑庆祐:《扬州休园志》卷八。
[7] 团昇:《扬州休园志序》,见郑庆祐:《扬州休园志》。

联，而且每代园主皆有笔墨留存，到了郑庆祐时期，"壁嵌吴计文，屏列王董字"①，处处可见时代久远的印记，游园者睹此，也生出厚重历史之感。第三，休园具有自然质朴、不事雕饰之美。清代文人吴炜曾提及："出扬州郭远近数十里间以园名者，盖亦不下数十，若池台林木不假雕饰，岿然独秀于城市中，则无出吾乡郑氏休园之右者。"②休园园客诗作中也写到休园的这一特点，例如："园留山水意，无饰乃真园。遥望临池树，浑疑隔岸村。画图于内得，诗料此中存。胜地文人有，何须辨谢墩。"③"粉饰时方尚，繁华此独删。矮墙饶竹色，瘦石长苔斑。"④休园古朴自然的风格在当时追求雕饰的园林中独具特色。

总体来看，郑氏的影园和休园都延续了传统文人园林注重天然气韵的特征，这与传统印象中充满"扬气"的扬州盐商园林有很大不同。

四、郑氏园林的命运

郑氏家族兴盛持续时间并不长久，在明清鼎革的大时代背景下，郑氏家族也被裹挟于历史的洪流之中。郑氏家族在时代变迁中的遭际直接影响到了影园和休园的命运。

（一）易代中的影园命运

1644年，分别驻守江北四镇的总兵黄得功、刘良佐、刘泽清、高杰争占扬州。高杰先到扬州城下，其兵士一路烧杀抢掠，扬州城岌岌可危。扬州

---

① 蒋仁：《过休园》，见郑庆祐：《扬州休园志》卷八。
② 吴炜：《郑母仲太君八十寿序》，见郑庆祐：《扬州休园志》卷二。
③ 袁于令：《休园宴集八首》，见郑庆祐：《扬州休园志》卷七。
④ 汪玉枢：《过休园三首》，见郑庆祐：《扬州休园志》卷八。

城的兵士和民众守城不纳。

郑元勋与高杰是旧识，据清代学者张云章《郑超宗传》记载，高杰曾经是南明总督王永吉的裨将，"得罪将付法，适君（郑元勋）在永吉座，壮其状貌，力请得释，以是德君特甚"①。因为郑元勋对高杰有恩，所以此番他只身前往高杰军营斡旋。

《明季南略》载：

> 五月初七甲午，扬州士绅王传龙奏："东省附逆，河北悉为贼有，淮、扬人自为守。不意贼警未至，而高兵先乱。自杰渡河掠徐，至泗、至扬，四厢之民，何啻百万，杀人则积尸盈野，淫污则辱及幼女。讵奈杰之必得，在新旧之城，环围绝粮，已经月余，何不恢已失之州邑，而杀自有之良民也？"十六癸卯，杰顿兵扬州城下。淮抚黄家瑞漫无主张，守道马鸣騄昼夜督民守城，集众议事。进士郑元勋与杰善，亲诣高营解纷，遂入城劝家瑞放高兵入城，便可帖然，谓"杰有福王札，命驻扬州，宜善御之，毋撄其暴乱"。士民哗曰："城下杀人如是，元勋不见耶？"元勋强为杰辩。众怒，指为杰党，且曰："不杀元勋，城不可守。"遂寸斩之城楼。②

郑元勋前往高杰军营解决矛盾，并劝说守城将领黄家瑞等放高杰入城。但是因为高杰兵劣迹斑斑，众人不信，还称郑元勋与高杰是一党，杀了他才能守城，最终郑元勋被寸斩于城楼。另外《（嘉庆）大清一统志》中补充了一个细节：高杰为推卸责任，说以前的事情都是副将所为，命令诛"杨成"，结果被传为"诛扬城"，从而激起众怒，导致郑元勋被杀。③此外冯梦龙《甲申纪事》④、杭世骏《明职方司主事郑元勋传》⑤、李斗《扬州画舫录》⑥等文献皆对此事有记载。

---

① 张云章：《朴村文集》卷一三，清康熙华希闵等刻本。
② 计六奇：《明季南略》，任道斌、魏得良点校，中华书局，1984年，第33页。
③ 穆彰阿：《（嘉庆）大清一统志》卷九八，四部丛刊续编景旧钞本。
④ 冯梦龙：《甲申纪事》，上海古籍出版社，1993年。
⑤ 杭世骏：《杭世骏集》第2册，蔡锦芳、唐宸点校，浙江古籍出版社，2015年，第421页。
⑥ 李斗：《扬州画舫录》，汪北平、涂雨公点校，中华书局，1960年，第178页。

郑元勋的惨死也给家族带来了灾难，不久，郑元勋五岁的幼子郑为昭也被"倡乱者"杀害[1]。1645年四月，清兵铁蹄踏入扬州，史可法战死沙场，多铎率领清兵在扬州展开了一场疯狂的杀戮："扬州初被高杰屠害二次，杀人无算。及豫王至，复尽屠之。总计前后杀人凡八十万，诚生民一大劫也。"[2]整个扬州生灵涂炭，郑氏家族难逃劫难，影园"洊遭兵燹"，郑氏家族"门祚寝衰"。[3]此后关于影园的文献记录出现了空白。据现存资料推断，在数十年间，影园先是易主，然后逐渐凋零，最后彻底颓败。

影园大约在康熙十一年（1672）前易主，归方氏所有。清代诗人田雯（1635—1704）有《方氏园亭杂诗》四首[4]、《方氏园林四首》[5]、《方氏园林后四首》[6]。吴嘉纪（1618—1684）次韵奉答《方氏园亭杂诗》，作有《田纶霞先生见示方园杂诗次韵奉答》，《影园瑶华集》亦收录此诗："影园即此地，何处认荆扉？冷落废墟在，一双新燕飞。草香过细雨，峰远带余晖。回首思贤主，宾来每似归。"其诗中自注云："壬子春同孙豹人游方园，时堂前牡丹发花一百枝。"[7]壬子，即康熙十一年，影园已更名方园。郑熙绩《含英阁诗草》中有《夏日友人招饮方园集字》《友人招饮方园赏牡丹即席限湖字》《建远家叔招饮方园祖饯即席赋别共用先字》等诗，根据《含英阁诗草》体例，推断这些诗应作于1682年前后，此时方园"池开容鹭浴，柳茂任莺藏"[8]，"翠积万重连北郭，波涵千顷拟西湖"[9]，影园过去的景色也有存留，尚未凋零。

关于方园（影园）颓败的时间也可从一些文学作品中获取信息，郑熙绩

---

[1] 《钦定大清一统志》卷六八《扬州府》，见《景印文渊阁四库全书》集部第475册，台湾商务印书馆，1986年。
[2] 计六奇：《明季南略》，任道斌、魏得良点校，中华书局，1984年，第205页。
[3] 张学林：《郑母仲太君八十寿序》，见郑庆祐：《扬州休园志》卷二。
[4] 田雯：《古欢堂集》卷三，清文渊阁《四库全书》本。
[5] 田雯：《古欢堂集》卷九，清文渊阁《四库全书》本。
[6] 田雯：《古欢堂集》卷九，清文渊阁《四库全书》本。
[7] 吴嘉纪：《陋轩诗》卷一一，清道光二十年重刻本。
[8] 郑熙绩：《夏日友人招饮方园集字》，见郑熙绩：《含英阁诗草》卷五。
[9] 郑熙绩：《友人招饮方园赏牡丹即席限湖字》，见郑熙绩：《含英阁诗草》卷六。

《读〈影园瑶华集〉有感得十二韵（有序）》云："曾几何时遂遭兵燹，影园一木一石荡然无存，虽欲问诸土人觅其故址，亦不复记忆矣。嗟乎！盛极而衰，一至此乎。"诗云：

  文章声气足千古，池馆繁华有几时？今昔升沉云变幻，盛衰欣戚梦迷离。

  当年艺苑推英俊，举世名流属指麾。家在芜城称阀阅，园成西墅甚委蛇。

  樽开北海宾朋满，乐奏东山丝竹随。却鄙玉津徒纵酒，复嗟金谷漫成诗。

  瑶华汇句奇葩显，玉笋分班品藻奇。嘉会正传才子赋，彼都忽叹哲人萎。

  干戈满地园亭废，烽火连天台榭移。燕麦兔葵生曲槛，乌啼鸱啸集枯枝。

  姚黄已入庄生梦，泡影空教释氏悲。幸有咏歌终不朽，名花胜地总堪思。[1]

郑熙绩此诗序所述"一木一石荡然无存""亦不复记忆矣"及诗"干戈满地园亭废，烽火连天台榭移。燕麦兔葵生曲槛，乌啼鸱啸集枯枝"，与他在《夏日友人招饮方园集字》《友人招饮方园赏牡丹即席限湖字》《建远家叔招饮方园祖饯即席赋别共用先字》中描述的影园景象完全不同，笔者以为郑熙绩述及影园必会因家族情感因素，而有所夸张。清汪楫（1626—1689）《寻影园旧址》诗有"园废影还留，清游正暮秋"之句，汪楫《悔斋集》与郑元勋《影园瑶华集》均录此诗。可见最晚在1689年前，更名为方园的影园已荒废了。此后文人作品中提及的影园皆为废园，例如孔尚任（1648—1718）[2]《影园》云："牡丹状元诗，相传事颇韵。至今潦倒人，闲步夕阳问。"下有注释："郑超宗园，黎美周咏黄牡丹擅场，今园废。"[3]另外，马曰琯《初

---

[1] 郑熙绩：《读〈影园瑶华集〉有感得十二韵（有序）》，见郑熙绩：《含英阁诗草》卷八。
[2] 陈万鼐：《孔尚任研究》，台湾商务印书馆股份有限公司，1971年，第1页。
[3] 孔尚任：《湖海集》卷七，古典文学出版社，1957，第169页。

夏集休园》[1]、郑录《休园挹翠山房重新二首》[2]等作品中的影园也是废园形象。

然而李斗在《扬州画舫录》中认为影园即郑御史园,在清代亦为名园,此说法错误。李斗生于1750年,此时的影园早已荒废,不可能再入当时名园之列。对此,明光《扬州八大名园历史演变》[3]中也有辨析。

乾隆三十五年(1770),郑元勋玄孙郑澐为了纪念郑元勋和影园,请人为影园作图赋诗,试图通过文字和图画重新建构影园。郑澐(?—1795),字晴波,时为内阁中书,乾隆壬午(乾隆二十七年,1762)举人,最后官至浙江粮道。郑澐曾请王宸作《影园图》,并请施朝干、程晋芳为图赋诗。施朝干诗序云:"园为郑超宗先生别业,其址在今天宁门外,乾隆庚寅,先生元孙内阁中书澐,请王蓬心宸作图,且为余述当时文酒宴集之盛,爰赋此诗。"[4]此诗吟咏郑元勋忠义事迹、影园盛景及影园兴废历史,但图已佚。诗辑录于《淮海英灵集》。此外程晋芳也作《郑晴波同年索题其先祖职方公影园图记为赋一首》[5],王嵩高(1735—1800)有《影园图歌为郑晴波中翰作》[6]一诗。在郑元勋逝世一百多年后,影园因其后代的纪念又在文字中留下一瞥。

(二)"文字狱"与休园命运

晚明时期,郑元勋、郑侠如、郑为虹都坚持拥护明朝政权的政治立场,郑元勋和郑为虹在易代中亡故。入清后,作为明遗民的郑侠如拒绝出仕,

---

[1] 马曰琯:《初夏集休园》,见郑庆祐:《扬州休园志》卷八。
[2] 郑录:《休园挹翠山房重新二首》,见郑庆祐:《扬州休园志》卷八。
[3] 明光:《扬州八大名园历史演变》,载《扬州教育学院学报》2018年第4期。
[4] 阮元辑:《淮海英灵集》丁集卷四,见王云五主编:《丛书集成初编》第1803册,商务印书馆,1935年,第527页。
[5] 程晋芳:《勉行堂诗文集》,魏世民校点,黄山书社,2012年,第513页。
[6] 王嵩高:《小楼诗集》,见《清代诗文集汇编》编纂委员会:《清代诗文集汇编》第387册,上海古籍出版社,2010年,第661页。

隐退休园，坚持了郑氏家族拥明抗清的态度。

虽然郑侠如的后代积极参加新朝的科举，但是在郑侠如去世一百余年后，郑氏家族在明末清初的政治立场与社会活动还是影响到了休园的命运。乾隆五十三年五月，"文字狱"政策继续执行，特别是江苏、浙江、江西等"素称人文之薮，民间书籍繁多"的省份，搜查力度进一步加大。五月四日，乾隆传谕两江总督书麟等"各严饬所属，悉心查察。如应禁各书，该省尚有存留之本，即行解京销毁，务宜实力查办，俾搜查净尽"[1]。在这次查禁中，郑氏家族的多部著述被列为禁书，包括郑元勋《媚幽阁文娱》、郑侠如《休园省录》《休园诗余》、郑熙绩《含英阁诗草》《花屿诗钞》《晚香词》《蕊栖词》、郑玉珩《止心楼诗》、郑庆祐《扬州休园志》。乾隆五十四年（1789）五月，乾隆在谕旨中再次向地方官施压："据称现在各属缴到书籍为数无多，似已搜罗殆尽，惟续查出之《休园省录》等书饬行未久，恐穷乡僻壤或未周知，不敢以年限已满遽停查办"[2]，将郑侠如的《休园省录》当作此批禁书的典型，专门指出。

两江总督书麟奏报郑氏家族数部著作被禁的原因有二：其一，"查有违碍、谬妄、感愤语句"；其二，"有钱谦益、沈德潜序文"[3]。所谓"违碍、谬妄、感愤语句"应是郑氏家族作品中或隐或显的对于明政权的捍卫和对于清朝政权的排斥。（参考第二章）至于钱谦益和沈德潜的序文，在郑氏家族文献中也确有存录。例如：《媚幽阁文娱》辑录钱谦益《黄侍御游恒诗序》《赠蓬莱令左君擢西台序》《建文忠编引》《赠太仆寺卿周公神道碑铭》《特赠太仆寺少卿姬公墓志铭》[4]，《扬州休园志》辑录沈德潜《郑节母高恭人

---

[1] 《乾隆五十三年五月初四日谕》，见中国第一历史档案馆编：《乾隆朝上谕档》第14册，档案出版社，1991年，第286页。
[2] 《乾隆五十四年五月十七日谕》，见中国第一历史档案馆编：《乾隆朝上谕档》第14册，档案出版社，1991年，第883页。
[3] 姚觐光：《清代禁毁书目四种》，见王云五主编：《万有文库》，商务印书馆，1937年，第131—132页。
[4] 分别见于郑元勋辑《媚幽阁文娱二集》卷一、卷二、卷二、卷五、卷八，明崇祯刻本。

五十寿序》《止心楼诗序》①。

　　这次查禁给郑氏家族带来了灭顶之灾，此后休园也因郑氏家族的凋零而易主。自从乾隆三十八年（1773）郑庆祜辑录《扬州休园志》，此后再未见郑氏家族对于休园的记录。目前大多说法是休园归于陈氏。《重修扬州府志》于"休园"条下作："明工部司务郑侠如别业，在流水桥，今归苏州陈氏，改名曰徵源。"②《甘泉县续志》记载："近转属陈氏犹不甚失其旧"。③林苏门（1748—1809）《邗江三百吟》录有《休园留古树》诗，其序记述："出售于陈姓，改名澂园④……昔年郑氏居于此，其匾额皆大名工⑤人手笔，及归于陈，则尽易之，惟树而已。远迩来游者不问澂园，而仍称曰休园"。⑥清代道光年间进士孙宗礼《忆旧游》词记述："吾郡休园，国初郑君归隐地也，后为陈氏别墅，修葺一整，门闼四辟，长松郁苍。曩余读书楼中颇极徙倚之乐，戊秋重过，竟成荒蔓。"⑦笔者又另外搜到钱泳《履园丛话》的一则资料："陈见山，苏州人，尝卖药邗上，以此起家，开有青芝堂药材，为扬城第一铺。得郑侍御休园为别业"⑧。由此可以推断诸文献所言之"陈氏"即为"陈见山"。清代石韫玉曾游归于陈见山的休园，作有《休园八咏》，有《三峰草堂》《云峰阁》《空翠山亭》《希夷花径》《竹深留客处》《来鹤台》等⑨，可见休园在转为陈氏所有后，园内自然景观部分得以留存，原有人文景观则被抹去痕迹。

　　也有考证云，该园于道光二十三年（1843），"售于仪征魏氏"。⑩由于

---

① 分别见于郑庆祜撰《扬州休园志》卷二、卷三。
② 阿克当阿：《重修扬州府志》卷三一，清嘉庆十五年刻本。
③ 陈观国：《甘泉县续志》卷二，清嘉庆十五年刻本。
④ 该文献中两处"澂园"疑为《重修扬州府志》所录之"徵源"。
⑤ "工"，疑为衍文。
⑥ 林苏门：《邗江三百吟》卷一，见《清代诗文集汇编》编纂委员会编：《清代诗文集汇编》第799册，上海古籍出版社，2010年，第505页。
⑦ 丁绍仪辑：《国朝词综补》卷三九，清光绪刻本。
⑧ 钱泳：《履园丛话》，张伟点校，中华书局，1979年，第557—558页。
⑨ 石韫玉：《独学庐稿》卷六，清写刻独学庐全稿本。
⑩ 朱江：《扬州园林品赏录》，上海文化出版社，2002年，第3版，第228页。

材料所限,目前无法确切知其间之转易变换。同治年间,蒋超伯《阅李艾塘〈画舫录〉有感》,咏休园:"休园兴废剧堪悲,血渍山亭药草肥。台畔棕榈池畔蟒,可怜都作劫灰飞。"并自注:"休园本郑侠如园,后归程氏,咸丰初,包氏修之,未几付兵火"[①]。

生产力是塑造地理空间的重要因素,郑氏家族的实力在一定程度上决定了园林的兴废。影园和休园的营建反映了明清时期郑氏家族在经营盐业和科举方面取得的成功。同样,影园和休园的易主衰落也随着郑氏家族在明清之际经历的战争、灾祸、"文字狱"等劫难而来。总体来看,郑氏园林与郑氏家族呈同频发展,两者的变迁共同勾勒出"园"与"家"交织并存的历史脉络。

---

① 许少飞:《扬州园林小史》,广陵书社,2018年,第90页。

第二章　郑氏园林文化活动

　　园林是独特的人文景观，可以为文人举行文会等文化活动提供舒适优美的环境和浓厚的文化氛围。在园林中举行雅集活动可以反映文人生活意趣，也是文人身份的标配。法国社会学家列斐伏尔的空间理论认为空间与形塑土地的生产力有关，也与弥漫在其中的社会关系有关。[①] 实际上，郑氏园林也是社会活动空间，其中弥漫着社会关系。郑氏园林文化活动在一百多年的历程中几度兴盛。据笔者统计，一百多年来参加郑氏园林文化活动的园客共有200余位，他们共同促成了郑氏园林文化活动的发展与繁荣。本章拟从以下几个方面进行探讨：考察园客籍贯、身份等信息，分析园客群体构成及彼此之间的交谊；按照活动主体，将园林中的文化活动分为园主个人活动和主客雅集活动；通过梳理郑氏园林文化活动的具体事实乃至细节，勾勒郑氏园林文化活动的动态过程，分析其在不同阶段的特征，从而显示郑氏园林文化活动发展的真实状况；具体考察影园交游对郑氏举业的铺垫作用，以及黄牡丹诗会的多重意义。

---

① 包亚明主编：《现代性与空间的生产》，上海教育出版社，2003年，第48页。

一、郑氏园林之园客

园客是郑氏园林文化活动不可或缺的主体。园客的身份、地位、才华、影响力等也是成就园林名声、积淀园林文化底蕴的重要因素。特别是私家园林的园主，他们享有园林的产权和使用权，对进入自家园林的园客也具有选择权，据《云林遗事》记载，明代画家倪瓒筑清闷阁、云林堂，对来客设定门槛，"客非佳流，不得入"[1]。园客的选择标准能彰显主人的地位和品位，从这个角度看，园林活动本就具有一定的阶层性。郑氏园林是明清时期文人墨客的雅集场所，当时的文人对此多有记述，例如："天启崇祯间，水部士介公与兄超宗公领袖东南裙屐，文酒宴会无虚日"，"络绎东南，主持文事，海内鸿巨，以影园为会归"[2]，"郑氏世为文盟主，凡名流之著者，莫不来集于斯园"[3]。影园和休园在文化活动的举办方面发挥着地域公共空间的作用。园客也是影响郑氏园林名气和积淀其文化底蕴的重要因素，以下将探讨郑氏园林园客群体的构成，以及主客之间、园客彼此之间的关系，并对影园和休园的园客名录进行梳理。(参见附录"郑氏园林园客名录")

郑氏园林园客多为有一定社会地位或者文化成就的文人士大夫，"四方冠盖名流，巾舄交错其中"[4]，其身份多为地方名士、文人、官员，总体来看，呈现出地域性、家族性、累世交往的特征。这也说明了郑氏园林文化活动具有一定的阶层性和稳定性。由于时代差异，笔者将对影园和休园园客分而述之。

---

[1] 屠隆：《考槃余事》卷四，秦跃宇点校，凤凰出版社，2017年，第99页。
[2] 冒襄辑：《同人集》卷一《郑慭嘉中翰诗集序》，见四库全书存目丛书编纂委员会编：《四库全书存目丛书》集部第385册，齐鲁书社，1997年，第41页。
[3] 宋和：《三修休园记》，见郑庆祐：《扬州休园志》卷一。
[4] 张云章：《朴村文集》卷一三，清康熙华希闵等刻本。

（一）影园园客群体构成

主要有三类：复社成员、竹西续社成员、其他文人士子。郑元勋时期是郑氏家族"由商入士"的关键期，需要积极与文士交往，提升个人及家族社会地位和影响力，促进家族由商贾向儒士的转型。

第一类是复社成员。影园园客以复社成员居多，郑元勋于崇祯二年即入复社，崇祯十一年，还与冒襄等人声讨阮大铖，名列《留都防乱公揭》，崇祯十五年春又主持复社虎丘大会[1]，是复社中的活跃分子。有些复社成员就此与郑元勋相交，也成为影园的常客，笔者根据《影园瑶华集》《影园诗稿文稿》中的文化活动，考证所涉园客身份，其中复社成员有冯元飏、冒襄、钱位坤、陈肇曾、徐遵汤、黎遂球、万时华、陈名夏、甘元鼎、姜垓、周正儒、周镕、刘同升等[2]。

第二类是竹西续社成员。崇祯九年竹西续社成立，《影园诗稿文稿》录有《李大生、姚永言招同梁君土、梁饮光、阎明之、徐性之、强真长、姜开先、顾不盈、高五聚诸子起竹西续社即席同用时字》[3]，可见竹西续社成员包括郑元勋、李之椿、姚永言、郑为虹、梁应圻、阎汝哲、徐宗道、强惟良、姜承宗、顾尔迈、高五。李之椿即李大生，梁应圻即梁君土，阎汝哲即阎明之，顾尔迈即顾不盈。另外《忠臣梁饮光传第三》[4]也有此记述。竹西续社成员也是参与影园文化活动和文学书写的园客，如梁应圻、阎汝哲、徐宗道、强惟良均作有《影园即景》[5]；顾尔迈有《同冯留仙兄弟影园探梅分得秋字》《题佳要堂和刘晋卿韵》《超宗春日招同汪善卷徐巢友李芳生集影园石上待月调得庆春泽》《同饮光愚公集影园看芙蓉分赋》[6]；郑元勋有《四月

---

[1] 杜登春：《社事始末》，《丛书集成初编》本，中华书局，1991年。
[2] 复社成员根据吴山嘉《复社姓氏传略》（中国书店，1990年）以及丁国祥《复社研究》（凤凰出版社，2011年）确定。
[3] 郑元勋撰，郑开基辑：《影园诗稿文稿》。
[4] 焦循：《扬州北湖小志》，成文出版社，1983年，第101页。
[5] 郑元勋辑：《影园瑶华集》下卷。
[6] 郑元勋辑：《影园瑶华集》下卷。

初七夜李大生携朱姬天葪过影园看月即订姻盟》①，李之椿作《咏黄牡丹二首》②。由此可见，竹西续社也是参与影园文化活动的重要力量。

除复社成员和竹溪续社成员外，影园园客还包括其他文人士子。郑元勋本身也是扬州文坛盟主，具有一定的号召力。影园也是社交圈子的中心，文人士子多往来于影园。清宋实颖《冒辟疆先生八袠乞言》云："而先生与郑超宗、梁湛至立坛墠于广陵之影园，联络上下江，驿骑东南八省。故云间之几社，魏塘之忠孝，以及豫章、南海、归德、秦、晋、闽、蜀，无不为先生倾诚结纳于其间。"③张恕可谓："南州王君于一，白田王君筑夫，楚阳李公小有、映碧，广陵郑职方公超宗、水部公士介，诸先辈俱为直社冠冕。诸公既以文章声气主盟坛坫，尤同德比义，而相师友。"④刘肇国云："职方（郑元勋）敦笃知交，如恐不及，海内宾至如归，其未第也，公卿以下造门请谒，咨访天下之士，职方留心推引。"⑤可见，郑元勋既与有一定社会地位的人交往，也与尚未取得功名的文士相交，并为他们铺设科举之路。

以上三类园客形成了以影园为中心的文化交往圈。

（二）休园园客群体构成

按照园客之间以及园客和园主之间的交谊关系可分为以下几类，即同年之交、累世相交与姻亲关系、文字之交、盐商群体。

第一，同年之交。参加乡试或会试同榜考中的人都称同年，也是古代文人士子重要的社会关系。"夫同年者，四海九州之人而偶同科第耳。然自唐以迄于今，士君子之交游于其同年，尤加厚焉。"⑥"同年者，同时而出，同

---

① 郑元勋撰，郑开基辑：《影园诗稿文稿》。
② 郑元勋辑：《影园瑶华集》上卷。
③ 冒襄辑：《同人集》卷三，见四库全书存目丛书编纂委员会编：《四库全书存目丛书》集部第385册，齐鲁书社，1997年，第99页。
④ 张恕可：《郑节母雷太恭人行状》，见郑庆祐：《扬州休园志》卷六。
⑤ 刘肇国：《郑水部暨汪夫人五十双寿序》，见郑庆祐：《扬州休园志》卷二。
⑥ 何乔新：《椒邱文集》卷九《同年燕集诗后》，清文渊阁《四库全书》本。

途而进,实兼朋友兄弟之义而有之。"[1] 由此文人士子可以形成一个同年交往圈。科举考试中的同年缘分为文人士子日后交往奠定了基础,所以参加科举考试也是一种社交经历,"连续数周的时间与其他考生同住一个屋檐下、饮酒酬酢,甚至结下深厚的友谊。一旦你中举,与你同榜的举人便成了你的'同年',是可以终身相与往还,甚至求助的对象"[2]。郑氏家族几代重视举业,参加科举考试,因科举结交的士子也前来郑氏园林,成为郑氏之园客。参加休园雅集的园客中有不少和园主是同年关系,也有园客之间互为同年关系。

例如:

其一,郑为光与计东同为顺治丁酉举人。郑为光"丁酉举顺天乡试"[3],计东是"顺治丁酉举人"[4]。

其二,郑为光与方象瑸、常时泰、高登先、卢士登、张湛逢、周渔、吴升东、黄与坚是同年,都是顺治己亥科进士。[5]

在郑氏园林文献中,有的园客也点出他们之间的关系,如高登先《重葺休园(并序)》记"余于己亥附晦中年兄谱末"[6],计东在《休园记》中称"同年郑侍御"[7]。

其三,郑熙绩与鲁衷淑[8]、张恕可[9]、吕履恒[10]、马教思[11]为同年,同为康熙十七年举人。

---

[1] 李东阳:《李东阳集》,周寅宾校点,岳麓书社,2008年,第458页。
[2] 卜正民:《哈佛中国史·挣扎的帝国:元与明》,潘玮琳译,中信出版社,2016年,第144—145页。
[3] 李斗:《扬州画舫录》,汪北平、涂雨公点校,中华书局,1960年,第181页。
[4] 沈德潜等编:《清诗别裁集》,上海古籍出版社,2013年,第168页。
[5] 朱保炯、谢沛霖:《明清进士题名碑录索引》,上海古籍出版社,1980年,第2646—2648页。
[6] 高登先:《重葺休园(并序)》,见郑庆祜:《扬州休园志》卷七。
[7] 计东:《休园记》,见郑庆祜:《扬州休园志》卷一。
[8] 《扬州府志》卷二一,清雍正十一年刻本。
[9] 赵宏恩修:《(乾隆)江南通志》卷一三二,清文渊阁《四库全书》本。
[10] 王士俊修:《(雍正)河南通志》卷四六《选举三》,清文渊阁《四库全书》本。
[11] 何绍基:《(光绪)重修安徽通志》卷二二二,清光绪四年刻本。

其四，汤正垣、姚士甝、夏九叙同为康熙十六年（1677）举人。①

其五，唐建中、陈溥、景考祥同为康熙五十二年进士。②

这些"同年"也往往参加同一次园林雅集。例如，康熙二十一年八月二十一日，夏九叙、汤正垣等休园集会。乾隆二年（1737）陈溥、李炳石、景考祥在休园雅集。[参见附录"郑氏园林文化活动编年（部分）"]

第二，累世相交与姻亲关系。

首先，累世相交，意即或前辈的交情延续至后代，或一人与几世相交。比如：

其一，冒襄与郑元勋、郑侠如兄弟，以及郑侠如之子郑为光、之孙郑熙绩都有交往。冒襄曾参加郑元勋的影园黄牡丹诗会，冒襄《含英阁诗序》记述："忆前丁卯与郑超宗、李龙侯、梁湛至三公结社邗上。"崇祯十三年（即庚辰，1640），影园黄牡丹盛开，"余（冒襄）为征集其诗"；二十余年后，冒襄再过扬州，经过兵燹，影园已为寒烟衰草，"晤超老弟水部士介公（郑侠如），相与感慨涕泣"；康熙二十五年（即丙寅，1686）年秋天，七十六岁的冒襄再次来到扬州，在休园"得晤懋嘉（郑熙绩）"。③该文陈述了冒襄与郑氏几代相交的事情。冒襄与郑为光也有诗歌唱酬，称赞郑为光"此时谏草最驰名"④，郑为光逝世亦作《哭郑次严侍御四首》悼念⑤。

其二，杜濬与郑元勋、郑侠如、郑熙绩均有交往。1640年，杜濬过扬州，郑元勋嘱咐其咏黄牡丹，未果，杜濬作《雨中至邗沟不得晤超宗，超宗遣人问劳遗酒脯，约以明早过余，余即夕解缆矣，怅然怀之》，诗尾有注："嘱余咏黄牡丹未果。"⑥杜濬《俟庵先生传》言："余每客邗江，公（郑侠如）

---

① 赵宏恩修：《（乾隆）江南通志》卷一三二，清文渊阁《四库全书》本。
② 朱保炯、谢沛霖：《明清进士题名碑录索引》，上海古籍出版社，1980年，第2683—2684页。
③ 冒襄：《含英阁诗序》，见郑庆祐：《扬州休园志》卷三。
④ 冒襄：《巢民诗集》卷五，见《清代诗文集汇编》编纂委员会编：《清代诗文集汇编》第37册，上海古籍出版社，2010年，第441页。
⑤ 冒襄：《巢民诗集》卷三，见《清代诗文集汇编》编纂委员会编：《清代诗文集汇编》第37册，上海古籍出版社，2010年，第414页。
⑥ 杜濬：《变雅堂遗集》诗集卷七，见《清代诗文集汇编》编纂委员会编：《清代诗文集汇编》第37册，上海古籍出版社，2010年，第326页。

辄置酒，招同西江王于一饮于石畔……因其孙熙绩孝廉之请，为录其大节梗概，而为《俟庵先生传》。"① 以上可见杜濬与郑元勋、郑侠如相交的往事，以及郑熙绩请他为郑侠如作传的事情。

其三，顾宸与郑元勋交往，其子顾彩与郑熙绩交往。《影园瑶华集》录陈名夏《庚辰初夏集影园同秦子韬、顾修远、周我容送万茂先应诏北上限高程二字》，其中顾修远即顾宸（字修远，号荃宜）。《扬州休园志》录顾彩《重葺休园四首》《重过休园八首》，皆为郑熙绩时期所作，可见顾彩与当时园主郑熙绩有交谊。

其四，姚士藟之父与郑为光交往，姚士藟与郑熙绩相交。姚士藟《晚香词跋》云："癸酉岁，余渡江游广陵，与郑子懋嘉交，称莫逆。缘郑子尊大人晦中年伯与先太史公有己亥同谱之雅故也。时值季秋，郑子招余宴集休园……赋得五言近体六章并为书以贻之。"② "晦中年伯"即郑为光，"先太史公"为姚士藟之父，名不详，"郑子"即郑熙绩。

其五，黄与坚与郑侠如、郑为光、郑熙绩几代都有交往。黄与坚《含英阁诗序》言："余与郑晦中先生少而投分，同籍有三，已与其父士介先生、其子懋嘉，往复二十年交好滋甚，盖已情盘景遽，三世于兹矣。"③ "郑晦中"即郑为光，"士介先生"即郑侠如，"懋嘉"即郑熙绩。

其六，郑侠如与高翔曾祖父（名字无考）相交，郑玉珩与高翔之父高玉桂及高翔有交谊。高翔《三月晦日，巘谷昆季招诸同人游郑氏休园有怀》写道："缅怀有先达，家公得屡顾（注：谓士介④先生与曾先祖治安公友善，日夕倡酬其间）。"可见郑侠如（士介）与高翔的曾祖父有过交往。又："郎署间见招，阿父时往赴。宴集留篇章，七字诗曾赋。（注：谓箬溪郎中招家君宴集分赋有'百折回廊依涧曲，四围古木拥楼尊'之句）"⑤ 可见郑玉珩（箬溪）与高

---

① 杜濬：《俟庵先生传》，见郑庆祐：《扬州休园志》卷四。
② 姚士藟：《晚香词跋》，见郑庆祐：《扬州休园志》卷三。
③ 黄与坚：《含英阁诗序》，见郑庆祐：《扬州休园志》卷三。
④ 原文为"介士"，疑为笔误，应为"士介"。
⑤ 上海图书馆所藏高翔书法手迹。

玉桂有交谊。《扬州休园诗》辑录高玉桂《休园雅集》一首，有"一望林峦循涧出，四围山木拥楼尊"①句，与高翔诗中笺注略有不同，疑收录时有改动。

其七，吴绮与郑为光、郑熙绩父子交往。吴绮《和周太史梦郑侍御诗序》中言："侍御郑君晦中与予生同维梓，学共编蒲，鹗荐一经并入扶风之帐，鳣飞六馆偕看洛下之碑。"②吴绮在《重葺休园（并序）》中记"郑水部俟庵年伯所营之菀裘也"③。郑熙绩称吴绮为"年伯"，曾作《喜吴园次年伯雨过休园》④。

其次，以家族或姻亲关系为基础的交往形成了比较稳定的交往群体。郑氏园林的园客中有的与园主是姻亲关系，如：许承家是郑士介的外甥，许承家《重葺休园记》称郑氏为"余母家也"，称郑元嗣、郑元勋、郑元化、郑侠如为"舅氏"⑤；张恕可是郑熙绩的妹丈，张恕可《郑岳母雷太君七十寿序》称郑熙绩之母为"岳母"⑥；郑吉士（字有章）、郑叔元（字建远）是郑熙绩的族叔，郑岇（字视公）是郑熙绩的族兄，郑熙绩《含英阁诗草》有"季夏下帷休园，时值有章家叔祖过访"⑦，"秋夜偕……家叔建远家兄视公"⑧。也有的园客为同一家族或者姻亲关系，他们往往会参加同一次雅集活动。例如，园客中，兄弟关系的有马曰璐与马曰琯、江春与江昉、吕履恒与吕谦恒、陈皋与陈章；父子或叔侄关系的有马振仲是马曰璐之子、马曰琯之侄；程梦星是程文正之子、程文蔚之侄，程名世是程梦星之侄；汪楫是汪焯之子；汪长馨、汪长德是汪玉枢之子。园客是姻亲关系的，如汪耀麟是程梦星的外叔祖。

第三，文字之交。明清园林雅集中有一批活跃的文士，也成为扬州私家园林和公共园林雅集中的重要力量，比如休园文化活动中的鲍皋、闵华、

---

① 高玉桂：《休园雅集》，见郑庆祐：《扬州休园志》卷八。
② 吴绮：《和周太史梦郑侍御诗序》，见郑庆祐：《扬州休园志》卷三。
③ 吴绮：《重葺休园（并序）》，见郑庆祐：《扬州休园志》卷七。
④ 郑熙绩：《含英阁诗草》卷四。
⑤ 许承家：《重葺休园记》，见郑庆祐：《扬州休园志》卷一。
⑥ 张恕可：《郑岳母雷太君七十寿序》，见郑庆祐：《扬州休园志》卷二。
⑦ 郑熙绩：《含英阁诗草》卷四《夏日休园对雨集字（有序）》。
⑧ 郑熙绩：《含英阁诗草》卷六《秋夜偕高小邻鲍孟次钱目天家叔建远家兄视公雨集休园共用秋字》。

陈皋、陈章等文士。

鲍皋，"字步江，号海门，镇江丹徒人，幼以诗见知尹䢿使，极称赏之，举博学鸿词，辞疾不就，公延之署中，著《海门集》"①。与余京、张曾合称"京口三诗人"，出身布衣，一生耽溺于诗，不事科举。"尹䢿使"即当时两淮盐政尹会一，鲍皋与其交情甚笃。由于他的延誉，鲍皋在扬州的声名日显，经常参加扬州盐商的集会，并曾在诗中称"广陵十日九游宴，高堂日暮罗英彦"②，他参加过广陵桂馆主人的聚会③，郑氏休园也是鲍皋在扬州参加集会的一个场所。

闵华，是扬州小有名气的诗人、画家、书法家，多次参加扬州"韩江吟社"的集会④、盐商汪玉枢九峰园的雅集活动⑤，也在郑氏休园与马曰璐等雅集。

陈章与陈皋是兄弟，浙江钱塘人，寓居扬州，两人俱以诗名，世人称之为"陈氏二难"⑥、"二应二谢"⑦，"时广陵社事繁兴，争以得其兄弟为胜"⑧。陈章与陈皋客于扬州小玲珑山馆，与马氏兄弟交情甚厚，与扬州文人群体多有唱和。⑨除了参加郑氏休园的雅集活动，还参加江春康山草堂的雅集活动。⑩

第四，儒商群体。清代扬州盐商与儒士交往，亦商亦儒已成为普遍的

---

① 李斗：《扬州画舫录》，汪北平、涂雨公点校，中华书局，1960年，第230页。
② 鲍皋：《海门诗钞》卷二，见《清代诗文集汇编》编纂委员会编：《清代诗文集汇编》第310册，上海古籍出版社，2010年，第32页。
③ 鲍皋：《海门诗钞》卷五《春夜广陵闻薛生度曲，触忆彩云旧事，醉书桂馆主人"桃荚新咏卷"二律》，见《清代诗文集汇编》编纂委员会编：《清代诗文集汇编》第310册，上海古籍出版社，2010年，第58页。
④ 全祖望：《韩江雅集》，清乾隆十二年刻本。
⑤ 闵华：《澄秋阁集》三集卷三《过汪椒谷昆季林亭》，清乾隆十七年刻本。
⑥ 葛嗣浵：《爱日吟庐书画补录》卷五，民国二年葛氏刻本。
⑦ 李斗：《扬州画舫录》，汪北平、涂雨公点校，中华书局，1960年，第91页。
⑧ 潘衍桐编纂：《两浙輶轩续录》第2册，夏勇、熊湘整理，浙江古籍出版社，2014年，第282页。
⑨ 如与杭世骏交游，可见杭世骏《扬州过访余元甲濡雪堂留饮招同厉鹗闵华陈皋》（见杭世骏：《杭世骏集》第3册，蔡锦芳、唐宸点校，浙江古籍出版社，2015年，第736页）。与马氏兄弟交往，见陈章《孟晋斋诗集》（清乾隆四十四年勤有堂刻本）卷一二《送嶰谷半查北行》《同太鸿西畴泛舟红桥有怀嶰谷昆季即次西畴韵》《喜闻嶰谷昆季南归之信》等。
⑩ 陈章与陈皋在康山草堂参加雅集活动可见陈凤秀《江春交游考》[载《内蒙古农业大学学报（社会科学版）》2012年第4期]。

风气，休园园客中，当时扬州地区有名气的盐商多有参与，比如马曰璐、马曰琯、江春、程梦星等。而且这些盐商也各有园林，二马有小玲珑山馆，江春有康山草堂，程梦星有筱园，汪玉枢有荭湄园、九峰园。《扬州画舫录》中记载：

> 扬州诗文之会，以马氏小玲珑山馆、程氏筱园及郑氏休园为最盛。至会期，于园中各设一案，上置笔二、墨一、端研一、水注一、笺纸四、诗韵一、茶壶一、碗一、果盒茶食盒各一，诗成即发刻，三日内尚可改易重刻，出日遍送城中矣。每会酒肴俱极珍美。一日共诗成矣，请听曲。邀至一厅甚旧，有绿琉璃四，又选老乐工四人至，均没齿秃发约八九十岁矣，各奏一曲而退。倏忽间命启屏门……诗牌以象牙为之，方半寸，每人分得数十字或百余字，凑集成诗，最难工妙。①

小玲珑山馆、筱园、休园都是他们举行文会的私家园林。

盐商不仅是郑氏休园的园客，他们各自的私家园林也是进行文化活动的重要场所。如：《韩江雅集》中涉及的小玲珑山馆聚会达八十多次，涉及的人物有厉鹗、胡期恒、唐建中、陈章、闵华、张四科、方士庶、方士庹、杭世骏；江春康山草堂涉及宗元鼎、曹仁虎、蒋士铨、金农、陈章、郑板桥、戴震、金兆燕、吴烺、沈大成、杭世骏②；程梦星筱园有厉鹗、全祖望、杭世骏、马曰琯、马曰璐、卢见曾、胡期恒、张四科、方士庶、方士庹、陈章、闵华、江春、程名世③；汪玉枢九峰园有王藻、闵华、马曰琯④。由此可以看出杭世骏、闵华、陈章、马曰璐、马曰琯等往来于各个园林参加雅集活动。商人士大夫雅集活动或在私家园林，或在竹西亭、平山堂等扬州公共园林，形成一个个以园林为据点的士商的文化交流平台，从而形成以园林为据点的

---

① 李斗：《扬州画舫录》，汪北平、涂雨公点校，中华书局，1960年，第180—181页。
② 陈凤秀：《清代寓扬徽州盐商社会网络研究——以江春为中心》，安徽师范大学2013年硕士学位论文。
③ 王娟娟：《程梦星研究》，安徽大学2010年硕士学位论文。
④ 明光：《从荭湄园到九峰园——扬州盐商诗人汪玉枢父子考略》，载《扬州大学学报（人文社会科学版）》2010年第4期。

士商社交网络。目前由于材料所限,盐商通过园林集会促进商业往来无从证实,但是盐商们亦商亦儒的身份特征,园林活动中盐商之间、士商之间以文相交的情形不言而喻。

总体而言,通过考察郑氏园林园客们的身份、籍贯等信息(参见附录"郑氏园林园客名录"),可以发现这些园客群体具有一定的地域性、稳定性、阶层性。从园客们的籍贯来看,主要以扬州人和徽州人为主。从园客身份来看,士、商、官皆有,其中不乏李光地、方象瑛之类品阶较高的官员,江春、程梦星、马曰璐、马曰琯之类富甲一方的盐商,计东、吴绮之类的文化名人,可谓各界精英汇集,形成了以郑氏园林为中心的文化圈。从文化传播的角度来看,郑氏园林优雅的环境与园主的声望,以及园客群体的参与,形成了独特的文化景观,而园客中社会名流所产生的名人效应和其作品的文化水平,都能够对郑氏园林的文化积淀和名气传播产生积极的作用。从横向看,在当时就能引起更广泛的社会关注,吸引更多的园客前来或者参与书写;从纵向时间轴上看,这些名流的作品也相对有留存的价值,为郑氏园林存留史册添加了重要的一笔。

二、郑氏园林文化活动内容与召集形式

郑氏园林文化活动内容较为丰富,因园主与园客身份不同,各自与园林的关系也不同,所以园主与园客文化活动内容也有所差异,以下将分别对园主个人文化活动与主客雅集活动的内容进行梳理,并分析主客雅集活动的召集形式。

(一)园主个人文化活动

影园和休园都是郑氏家族的私家园林,园主是日常文化活动的主体,

园主个人及家族园居活动是园林文化活动的一部分，其主要内容包括经营观览园林、日常吟咏、读书课子、养老娱亲等。

第一，营葺园林。园主可以亲自设计和营造园林，并参与园林的日常经营与观赏。画图、相地、选材、营造、修葺，有关园林的每一个环节都是人与大自然的沟通对话，改造自然的同时也在陶冶个人性情，激发审美感受。郑元勋亲自设计影园图纸，将自己对山水的体悟融于影园的设计，以造园为"乐事"[1]。郑侠如"闭门不出，居数年，累石营小园，种诸异卉。公芒鞋竹杖，时偕孺人婆娑清泉翠槛间，以是心通意得于草木之性。兴至则援箫鼓而歌之，一时见者咸以公与孺人为至乐"[2]。郑侠如经营休园，在园内添置物品，与孺人行走于休园清泉树荫间，体察自然，涵养性情，也形成了一道独特的园林文化风景。郑熙绩、郑玉珩、郑庆祜对休园几番修葺，并在日常观赏游览中，体悟先人造园的心意，感悟园林的亭台楼阁之措意、山水花木之真意。经营园林能让园主与园林建立亲密的关系，园林的风景也给予园主诗意的居住体验。

第二，日常吟咏。园主居于园中，有意无意间观览园林，吟赏园中美景，抑或体物兴怀，抒发情志，形成了园主日常吟咏，这也是园主主要的文化活动。郑氏历代园主均有园林书写作品（第一章已述），保留他们个人园林文化活动的体验。"守拙甘恬淡，闭门伐木丁丁。日长人静浑无事，移柳待山莺"[3]；"端居何所事，惆怅晚春时。疏竹摇书案，飞花点砚池"[4]；"曲巷逶迤远市尘，萧斋静掩乐吾真。人情莫测多翻覆，天道难知任屈伸。草木欣欣犹似旧，亭台历历喜重新。穿池引水非无意，拟向桥头下钓纶"[5]。园林的山水花木，进入园主的视野，成为文学表达的题材，也为他们提供了丰富的"卧游"与神思的空间。

---

[1] 郑元勋：《影园自记》，见郑元勋辑：《影园瑶华集》中卷。
[2] 许之渐：《郑水部暨汪夫人五十双寿序》，见郑庆祜：《扬州休园志》卷二。
[3] 郑侠如：《圣无忧·卧游》，见宗元鼎：《诗余花钿集》卷首，清康熙东原草堂刻本。
[4] 郑熙绩：《含英阁诗草》卷五《园居》。
[5] 郑熙绩：《含英阁诗草》卷六《园居有感》。

第三，读书课子。园林因其环境幽静舒适，也常作读书之处。郑氏家族重视教育，在园林中辟一方天地，读书课子，传承家风。影园中的一字斋为"课儿读书处"[1]。郑侠如在休园内"以图史诗赋自娱"[2]，"以教儿为事"[3]。郑熙绩在考中举人后，正式在休园下帷读书，休园为"懋嘉孝廉读书处"，"闲则开卷自怡，倦则抛书熟卧，虽居城市中，颇有山林之意"[4]。而且休园内还设有家塾，团昇在《扬州休园志》序言中述及"予因为其家塾师得日夕园居者两年"[5]，还延请当时名士来授书，韩魏《重葺休园》注释中有"王筑夫先生下帷休园，子曾依讲席"[6]，从中可见进行读书活动是郑氏园林的重要功能。园内读书讲学活动也为园林营造了浓厚的书香氛围。

第四，敬老娱亲。郑氏家族也充分发挥园林敬老娱亲的功能，"板舆奉母""捧觞上寿"都是晚辈践行孝道的途径。"初太君（郑元勋母）为少女时不得欢于后母，虽园有花果，未敢攀弄。至是影园成，太君睹之如二十年前梦中事，缓步扶杖，率诸子游宴，极人生母子之乐。"[7]郑元勋建造影园的目的就有"养母读书终焉之计"[8]，影园建成后，郑元勋请母亲入园观赏"且预期八月十六日家园赏桂"[9]。郑侠如营建休园也有"姑买朱氏址以娱老"[10]的说法。郑熙绩"侍先大父于休园"[11]。郑熙绩词《喜团圆·中秋侍家慈休园玩月口占》写道："天青露白，夜凉人静，桂子香浮。家园行乐，潘舆莱舞，胜似封侯。"[12]用潘岳在园林奉母的典故，描述自家休园行乐图，可以想见其天

---

[1] 郑元勋：《影园自记》，见郑元勋辑：《影园瑶华集》中卷。
[2] 杜濬：《俟庵先生传》，见郑庆祜：《扬州休园志》卷四。
[3] 钟鼎：《郑水部暨汪夫人五十双寿序》，见郑庆祜：《扬州休园志》卷二。
[4] 郑熙绩：《含英阁诗草》卷五《休园雅集十首（有引）》。
[5] 团昇：《扬州休园志序》，见郑庆祜：《扬州休园志》。
[6] 韩魏：《重葺休园》，见郑庆祜：《扬州休园志》卷七。
[7] 陈继儒：《郑母张太君七十寿序》，见郑庆祜：《扬州休园志》卷二。
[8] 郑元勋：《影园自记》，见郑元勋辑：《影园瑶华集》中卷。
[9] 郑玉珩：《先妣许太恭人行述》，见郑庆祜：《扬州休园志》卷六。
[10] 方象瑛：《重葺休园记》，见郑庆祜：《扬州休园志》卷一。
[11] 郑熙绩：《三峰草堂集句自序》，见郑庆祜：《扬州休园志》卷三。
[12] 郑熙绩：《含英阁诗余》。

伦之乐事。郑玉珩三葺休园后,对祖母"复捧觞上寿如昔日"[①]。园林优美的环境可以让长辈身心舒适,新建园林或者修葺一新的园林代表着家族当时的经济实力,长辈目睹后也会感到欣慰。可以说,在影园和休园内举行寿宴、侍奉长辈赏景等敬老活动都是郑氏家族践行孝道的表现。

(二)主客雅集活动

明清时期,在园林内进行文人雅集是社会风尚,郑氏园林的雅集活动便在其中。总体来说,郑氏园林主客雅集活动内容包括游园赏景、诗文酬唱、品书论画,以及一些其他文化活动。

第一,游园赏景。影园是郑元勋与造园名家计成联手设计而成,"得山水骨性"。休园本身在宋代园址基础上修建,环境古朴优雅,其园林景观和造景艺术在当时都颇有特色,而且文化底蕴深厚,极具观赏价值。主客处于其中,耳目熏染,可以怡情养性。当然,游园赏景也是园主、园客雅集的重要内容。姚士藟就记述了在休园观景时所见之情形:

> 癸酉岁,余渡江游广陵,与郑子懋嘉交,称莫逆。缘郑子尊大人晦中年伯与先太史公有己亥同谱之雅故也。时值季秋,郑子招余宴集休园。维时青女降霜,白鹤警露,茉萸绽紫,篱菊舒黄。余偕郑子登山眺远,指点琼花台榭,玉勾洞天,其旧迹犹隐约在望;中层折而下,扳石磴,渡危桥,如行山阴道上,令人应接不暇;转入回廊,月桂含香,冉冉袭人衣裾,倚栏留连不忍去;俯瞰清池,文鸳、锦鲤往来残荷密藻间络绎弗绝。俄而,夕阳西下,明月东升,暮霞拖紫,晚峰含翠,烟霭变幻万状。[②]

深秋时节,园客偕园主遍览休园。登上山峰,可以观览指点扬州城的山川台榭;攀石磴,过危桥,巧妙的叠石使人如在山阴道上行走;曲折回廊内,桂香袭人;俯瞰墨池,文鸳、锦鲤游戏于残荷、密藻间。夜幕降临,明月初

---

① 张学林:《郑母仲太君八十寿序》,见郑庆祐:《扬州休园志》卷二。
② 姚士藟:《晚香词跋》,见郑庆祐:《扬州休园志》卷三。

升时，整个休园更是弥漫在烟霭之中。

明清文人雅集多有清赏活动，扬州自古又花木繁盛，梅花、芍药最为著名，宋代词人姜夔就咏叹过"桥边红药"。《扬州画舫录》记载：每当园中花开时，筱园园主程梦星，就带着诗牌酒杯，偕同社游赏，一时成为"风雅之宗"。[①]在郑氏园林作品中，以观赏花木为主题的作品较多，例如，在影园赏梅，顾尔迈有《同冯留仙兄弟影园探梅分得秋字》。影园黄牡丹盛开时，文人云集，争相吟咏，根据《影园瑶华集》统计，有19人参与赏花吟咏。休园四时花木也是观赏和吟咏的对象，在《扬州休园志》中就有高铣《春日雪后休园观梅》、鲍峰《休园待月观梅》、张师孔《休园赏梅》、段誉庆《休园赏梅》、吴志祖《休园赏梅》、古典《休园看芍药四首》、唐建中《雨中休园赏牡丹》、王藻《四月八日雨中休园赏榴花》、汪潢《过休园看榴花》、郑涟《休园赏桂》等共计14首。

第二，雅集酬唱。雅集诗文唱和是古代园林常见的文化活动，郑元勋身处晚明文人结社风气高涨之时，他本人是竹西续社和复社的成员，影园也是社集地点之一。社集活动多事先约定时间和地点，在园中相聚，在集会中分韵限韵，唱和赠答。例如：刘同升作《超宗招集佳要堂同黄叔暗顾不盈得成字》，顾尔迈、黄裳吉均作《题佳要堂和刘晋卿韵》，梁于涘作《轻利船同孙大宣顾不盈赴超宗招影园看梅分得七阳》，徐颖作《三月十五夜同李芳生汪善卷顾不盈集影园待月石上共用称字》，李之实作《社集影园赋得今日良宴会》，茅元仪作《五日社集影园分韵》。郑元勋《影园诗稿文稿》中亦可见彼此唱和的记录，比如《三月晦日影园和袁田祖韵》《和强真长留题玉勾草堂二韵》等。

休园作品中可见的雅集酬唱诗作更多，根据《扬州休园志》辑录考察，在诗题目中出现"宴集""雅集"的诗作就有袁于令《休园宴集八首》，邓汉仪《休园宴集四首》，吴升东《休园宴集》，马教思《道过邗江宴集休园》，卓允基《休园雅集二首》，许承家《休园宴集》，蔡廷治《休园宴集四首》，姚士

---

① 李斗：《扬州画舫录》，汪北平、涂雨公点校，中华书局，1960年，第345页。

蕺《休园宴集六首》，汤右曾《夏日休园宴集》，谈维《春日重集休园》，王民《休园宴集》，沈白《休园雅集》，郑吉士《重葺休园雅集十首》，郑叔元《春日重集休园》，郑锵《休园宴集》，江湄《休园雅集》，李溁仁《休园雅集》，程文蔚《休园宴集》，魏盥《休园宴集二首》，高玉桂《休园雅集》，程梦星《休园宴集》《春日重集休园五首》，朱星渚、蒋衡、潘宁、郑昂《闰九日休园雅集仿香山体分赋》各1首，蔡嘉、汪宏《闰九日同人休园雅集》各1首，陈溥《休园宴集》，李炳石《休园宴集次陈南陔韵二首》，景考祥《将之楚同人宴集休园》，刘震《休园小集四首》，张学林《休园七夕小集》，刘师恕《休园宴集》，杭世骏《休园小集二首》，马曰琯、马曰璐、陈章、方士庶、闵华《初夏集休园》各1首，黄裕《休园雅集》，鲍皋《首夏集休园二首》，陈皋、徐柱、沈大成、吴烺、刘玉麟、江春、江炎、王儆、吴镗、江昉《首夏集休园》各1首，沙维杓《初夏雨中休园宴集二首》，徐维《秋日休园雅集》，吴迪《初冬休园雅集二首》，汪长馨《春暮集休园二首》，汪长德《春暮集休园二首》，方英《秋暮重集休园》，汪锡祚《秋日休园小集》，郑柟《首夏雨中休园小集》等，参加休园集会人数59人，产生诗作103首。

第三，品赏琴棋书画。除了酬唱赋诗，主客雅集活动还有许多内容，"赋罢短长篇，人各得所欲。有客并鼓琴，有客参棋局。有客笔如椽，挥毫纪心曲。有客妙丹青，当筵摹尺幅"[1]。写园客们在雅集中各逞才艺，在休园中进行鼓琴、下棋、书法、绘画等活动。徐维《秋日休园雅集》也写道："名园闲日几过从，清宴今来臭味同。坐对高山迎户牖，静听流水入丝桐。当筵夜漏销银蜡，压帽秋香冷桂丛。莫遣胜游轻负却，画图留记月明中。""静听"句后注"时听省斋弹琴"，"画图"句后注"主人属予绘图"。[2] 吴迪《初冬休园雅集二首》云："聊将弦外意，临水为君挥。"后注"时客属予鼓琴"。[3] 休园园客们多才多艺，在雅集活动中也多有展示，使得雅集活动内容丰富多样。

---

[1] 郑涟：《休园赏桂》，见郑庆祜：《扬州休园志》卷八。
[2] 徐维：《秋日休园雅集》，见郑庆祜：《扬州休园志》卷八。
[3] 吴迪：《初冬休园雅集二首》，见郑庆祜：《扬州休园志》卷八。

第四,除以上主要文化活动,郑氏园林还有一些其他文化活动,如观剧。明清时期,昆曲迅速发展,在江南一带流播甚广,许多私家园林都有戏曲演出活动,如无锡寄畅园,在明朝万历年间就组织观看了屠隆的《昙花记》,清康熙年间,秦松龄、余怀、顾天石等也在秦氏园林举行曲会雅集。郑氏园林也有观剧活动,郑熙绩《含英阁诗草》录《中秋后二日集语石堂观剧即席共用楼字》,《含英阁诗余》录《齐天乐·语石堂观演吴越春秋即事》。所述皆为在休园内观剧的活动。《吴越春秋》即明代戏剧作家梁辰鱼的《浣纱记》,这是明清私家园林戏剧演出常见的曲目,由此可看出休园文化活动在当时紧随社会时尚的特征。园客唐建中诗中也写道"何来箫鼓斗芳丛",后注释"时两邻皆演剧"。①再如品尝园中蔬果,也是举办主要文化活动时的附加活动。休园规模大,占地五十余亩,园内有逸圃,园中蔬果可自给,"林亩供杯案,菘畦足菜羹。浇书摊饭罢,负杖一经行。稚笋编篱护,风花插竹支"②。在文人雅集时能"盘浮五色瓜"③。园主、园客亦可以在城市的园林中享受农家田园的乐趣。

郑氏园林文化活动的内容继承了历来文人园林雅集的传统,以体现文人雅趣的琴棋书画、诗文唱和为主,又因明清时期社会环境的改变和文学艺术发展,以及园林本身的特色增添了新的内容,故而园林文化活动能既遵从传统又紧趋时尚,既符合当时文人园林雅集的普遍潮流,又能展现郑氏园林自身的特色。

(三)雅集活动的召集形式

园主作为园林的主人,享有园林的所有权和使用权,郑氏家族"由商入士"的需求、传承园林的家族理想,以及主人的文化意趣等因素,促成了园主对于文化活动的热衷,并逐渐形成郑氏家族的文化传统。郑氏历代园主

---

① 唐建中:《雨中休园赏牡丹》,见郑庆祐:《扬州休园志》卷八。
② 殷王峄:《三葺休园用何将军山林十首韵》,见郑庆祐:《扬州休园志》卷八。
③ 郑吉士:《重葺休园雅集十首》,见郑庆祐:《扬州休园志》卷七。

均召集过园林文化活动。郑元勋本身是社会活动家，亦是扬州文坛盟主，他经常召集影园文化活动，以下作品如刘同升《超宗招集佳要堂同黄叔暗顾不盈得成字》、杜濬《雨中至邗沟不得晤超宗，超宗遣人问劳遗酒脯，约以明早过余，余即夕解缆矣，怅然怀之》、申佳允《郑超宗孝廉同姚永言都谏招饮影园赋赠》①，从题目就可知是园主郑元勋主动召集园客在影园集会。休园主人召集文化活动更是频繁，通过园客们的诗句即可窥得：张师孔《休园赏桂》有"主人置酒招客尝"②；殷誉庆《休园赏梅》有"主人对花动吟兴，偶集胜侣浮清樽"③；魏盩《休园宴集二首》有"宅有名园久系思，殷勤相召复何辞"④；李钦《冬日过休园二首》有"得共招携听履声"⑤；吴志祖《休园赏梅》有"贤主殷勤召高会"⑥。主人须有足够的经济实力才能支撑文化活动的运行，也要有相当的社会声望，才能在园客中间拥有号召力，郑氏家族几代园主均具备这些条件，所以能够频繁召集园林文化活动，聚集众多园客，从而留下不少文化活动的记录和作品。

在休园作品中有部分是园客召集而产生的，可见园客也可以在郑氏园林召集文化活动。乾隆六年（辛酉，1741），马曰琯等聚集休园，马曰璐《南斋集》中有《初夏闵玉井邀集休园》⑦，即《扬州休园志》卷八所录之《初夏集休园》，内容完全相同。根据题目推断，此次集会并非园主召集，应是闵华（玉井）召集马曰琯、马曰璐、方士庶、陈章在休园雅集，他们这次集会的作品在《扬州休园志》中均有收录。还有乾隆二年闰九月，朱星渚、蒋衡、潘宁与郑昂四人在休园集会，四人各作《闰九日休园雅集仿香山体分赋》1首，朱诗云："四人三百十一岁，有约登高过曲楼。"蒋诗云："四人

---

① 申佳允：《申忠愍诗集》卷三，清文渊阁四库全书补配清文津阁四库全书本。
② 张师孔：《休园赏桂》，见郑庆祐：《扬州休园志》卷八。
③ 殷誉庆：《休园赏梅》，见郑庆祐：《扬州休园志》卷八。
④ 魏盩：《休园宴集二首》，见郑庆祐：《扬州休园志》卷八。
⑤ 李钦：《冬日过休园二首》，见郑庆祐：《扬州休园志》卷八。
⑥ 吴志祖：《休园赏梅》，见郑庆祐：《扬州休园志》卷八。
⑦ 马曰璐：《南斋集》卷一，商务印书馆，1935年，第14页。

三百十一岁,同赴邗江第一园。"①可见也是四人相约在休园参加集会,并非园主召集。程梦星《今有堂诗集》录《初夏玉井邀集休园》《李存田司马招集休园四首》,可见是由闵华、李存田召集。由此可见虽然休园是私家园林,但是园客们也可以在此召集文化活动,但是也不是任何园客都可以随意进入休园的,此类文化活动应该是在园主许可的情况下进行的。当然也有不约而至的,如郑有章,郑熙绩《休园雅集十首(有引)》序言云:"壬戌之夏,六月晦日,余方避暑荒园,独坐萧斋……一日剥啄声闻,乃有章叔祖将之任桐乡,过余言别,偕友携樽张灯"②。郑有章是郑熙绩家族里的叔父,所以不请自来也是可以理解的。

以上是对郑氏园主个人文化活动以及园主、园客文化活动内容和召集形式的探究。郑氏园林的文化活动是明清江南文人园林雅集的缩影,可以就此管窥其他明清文人园林活动的内容与形式。

三、郑氏园林文化活动的发展

郑氏家族对于园林的守护,除了保护园林的物质形态,还注重园林文化活动的发展,伴随着郑氏园林一代代的营造和修葺,出现了一次次以营葺为主题的文化活动。综观郑氏园林营造修葺轨迹与郑氏园林文化活动发展轨迹,可以发现园林营造与文化活动呈同频发展的态势,通过考察郑氏园林相关文献即可看出这一规律。以《扬州休园志》为例,书中诗作部分分为"重葺休园""三葺休园""四葺休园",大多作品均是每次营葺不久后所作,每一次建园、葺园,园主都会召集以园林营建为主题的文化活动,一批批文学作品就此产生。当然园林能否营葺,除了主人的主观愿望,还由家族综合实力所决定。郑氏园林每次营葺并且进行相关文化活动,背后皆因

① 郑庆祜:《扬州休园志》卷八。
② 郑熙绩:《含英阁诗草》卷五《休园雅集十首(有引)》。

郑氏家族显达昌盛，由此便形成了在明清之际，郑氏家族的文化活动、园林营葺、家族显达三者相互联系、同频发展的态势。以下将考察郑氏园林文化活动的发展历程，以及在此发展过程中其园林社会文化角色的嬗变。

（一）郑氏园林文化活动在明清之际的发展历程

从郑元勋营建影园到郑庆祐四葺休园，郑氏园林经历了一百三十多年历程，在此期间，郑氏园林的命运随着郑氏家族的发展兴衰而浮沉，其文化活动的发展历程可以分为开创期、重创期、高峰期、延续期、总结期五个阶段。

第一阶段：郑元勋时期——郑氏园林文化活动开创期。晚明文人交流频繁，结社集会成风，天启、崇祯年间，各种文人社团近一百三十家[1]，受时代氛围影响，影园文化活动也很频繁。郑元勋"络绎东南，主持文事，海内鸿巨，以影园为会归"。"明天启崇祯间，水部士介公与兄超宗公领袖东南裙屐，文酒宴会无虚日"。其中最为著名的是黄牡丹诗会，崇祯十三年，影园内黄牡丹绽放，郑元勋召集诗会，冒襄记述此事："名士飞章联句，余为征集其诗，缄致虞山，定其甲乙，一时风流相赏，传为美谈。"[2]张云章记述："会者数十人，既就坐，各赋诗，辄得百篇。其他邮筒传致，数复倍之"[3]。钱谦益文集中也有相关记录："姚黄花世不多见。今年广陵郑超宗园中，忽放一枝。淮海、维扬诸俊人流传题咏，争妍竞爽，至百余章，都人传写，为之纸贵。"[4]郑元勋特意制作金杯，镌刻"黄牡丹状元"给黎遂球，还举行了隆重的仪式，"揭晓时，一甲一名则美周，遂得金罍之赉。超宗共诸名士用鲜

---

[1] 何宗美：《明末清初文人结社研究》，上海三联书店，2016年，第20页。
[2] 冒襄辑：《同人集》卷一《郑懋嘉中翰诗集序》，见四库全书存目丛书编纂委员会编：《四库全书存目丛书》集部第385册，齐鲁书社，1997年，第41页。
[3] 张云章：《朴村文集》卷一三《郑超宗传》，清康熙华希闵等刻本。
[4] 钱谦益：《牧斋初学集》卷二九《姚黄集序》，钱曾笺注，钱仲联标校，上海古籍出版社，1985年，第885页。

服锦舆饰美周,导以乐部,徜徉于廿四桥间,士女骈阗,看者塞路"①。黄牡丹诗会"一时传为美谈。故有过广陵而不识郑超宗先生者,人以为俗不可医"②。这次园客之横溢才华与园主之极力宣传相结合的文化活动所产生的社会效应让影园声名远播,也为影园文化内涵积淀增添了光彩。而且黄牡丹诗会也具有重要的社会意义和文化意义(参见本章第四节"黄牡丹诗会的多重意义")。

郑元勋还与梁于涘、李大生等人成立竹西续社,《影园诗稿文稿》中留有竹西续社社集的记录③。影园文化活动筹办还有重要的社会作用,英国学者柯律格认为明代园林是权力场,是权力储存和汇聚之地。④郑元勋是复社成员,郑氏家族又处于"由商入士"的转型期,建立相应的人脉关系,对于郑元勋及其家族至关重要。名士的社会担当与文化家族的形塑该如何实现呢?其一,发挥自身作用,在科举道路上搭桥引荐,建立社交网络;其二,评论时政,积极参与社会事务,展现儒士的社会担当。影园在这两方面都起到了重要作用。

郑元勋营建了影园,也开创了郑氏园林文化活动的传统,无论是园林文化活动的内容,还是参与活动的园客身份,都为后世园林文化活动的举行和发展树立了典范。

第二阶段:郑侠如、郑为光时期——郑氏园林文化活动重创期。郑侠如"以司空解组归,始买朱氏址以娱老,因名曰休园。子侍御晦中公继之,园乃益盛"⑤。

郑侠如与郑元勋相同,喜结交天下名士,钟鼎说他"天性孝友,生平侃侃多大节,博学能文章,与超宗(郑元勋)并著"⑥。杜濬记载:"公方键户

---

① 檀萃:《楚庭稗珠录》,杨伟群校点,广东人民出版社,1982年,第56页。
② 郑熙绩:《读影园瑶华集有感得十二韵(有序)》,见郑熙绩:《含英阁诗草》卷八。
③ 郑元勋《影园诗稿文稿》有《李大生、姚永言招同梁君土、梁饮光、阎明之、徐性之、强真长、姜开先、顾不盈、高五聚诸子起竹西续社即席同用时字》。
④ 柯律格:《蕴秀之域:中国明代园林文化》,孔涛译,河南大学出版社,2019年,第88页。
⑤ 方象瑛:《重葺休园记》,见郑庆祐:《扬州休园志》卷一。
⑥ 钟鼎:《郑水部暨汪夫人五十双寿序》,见郑庆祐:《扬州休园志》卷二。

读书名亦与之相亚,当时名士若东乡艾千子、南昌万茂先来游广陵,莫不慕公文行,结研席交焉。"① 艾千子即艾南英,复社重要人物;万茂先即万时华,江西豫章社的主要人物。他们是郑元勋与郑侠如共同的交往对象,只是郑元勋名声更高,使得郑侠如的光芒略逊一筹。

晚明社会动荡,接着明清易代,时代的洪流将整个扬州城卷入,郑氏家族也难逃劫数。郑元勋惨死后,顺治三年,清兵进攻福建,在浦城任职的郑元勋之侄郑为虹守城拒降,被清兵所杀。郑元勋与郑侠如曾经营救过的黄道周、袁继咸也拒降清兵而亡……整个社会都陷入兵火乱离之中,郑氏家族也被裹挟其中,休园主人郑侠如的处世姿态也随之发生了变化。王猷定说:"余知公以来,及见公壮年慷慨论列,时天下之变,骨肉之所存,友朋之相见有几而?公与夫人转徙兵戈中若而年"②。这道出了郑侠如生活的变化,从"壮年慷慨论列"到"转徙兵戈"。在经历了明清鼎革,亲人罹难,整个扬州生灵涂炭后,郑侠如解组归田,合并朱氏园和汪氏园,居于其中,"以著述自娱,闲构亭阁池榭,为习静之地,扁曰休园"③,这一行为除了是自己心之所愿,也无疑是对其兄长影园情怀的承继,更是郑氏家族"由商入士"转型的延续。入清后的郑侠如"急流而勇退"④,一改往日慷慨陈词的形象,专心治学,"既谢官归里,日坐园中校史籍,间葺唐宋来名书画以自娱乐"⑤。用隐居固守取代了往日指点江山的意气,郑侠如在休园"与南北往来士大夫题咏其中,论者谓不减司空表圣之高致"⑥,将郑侠如居休园与唐代司空图隐居中条山相提并论,其隐逸的成分多于社交的成分,诚如郑侠如在《渔家傲·夏园即事》中的自述:"闭门自觉捐诸累,忽听鹂声惊午睡,添清思,悠悠不问千秋事。"⑦此时休园内的主客交往已与影园时期有所

---

① 杜濬:《侯庵先生传》,见郑庆祐:《扬州休园志》卷四。
② 王猷定:《郑水部暨汪夫人五十双寿序》,见郑庆祐:《扬州休园志》卷二。
③ 吴绮:《百家词钞引》,见聂先、曾王孙编:《百名家词钞》。
④ 钟鼎:《郑水部暨汪夫人五十双寿序》,见郑庆祐:《扬州休园志》卷二。
⑤ 许承家:《重葺休园记》,见郑庆祐:《扬州休园志》卷一。
⑥ 吴绮:《百家词钞引》,见聂先、曾王孙编:《百名家词钞》。
⑦ 郑侠如:《休园诗余》,见聂先、曾王孙编:《百名家词钞》。

不同。郑侠如之子郑为光积极参加清朝科举考试，考中进士，刘肇国记有"公子孝廉次严（郑为光）交天下士"。清代文人许承家记载："其子晦中侍御（郑为光）时家居，又于其（休园）中，博习一切典制及古今理乱兴衰之故，于是来休园者皆宇内名人，或相聚击筑歌诗，或与筹划世务，以为昔伯氏影园之盛不能过也。"①相比郑侠如，郑为光结交园客更为活跃，所以许承家认为此时的休园文化活动足以与当年的影园文化活动相媲美。然而即使郑为光着力恢复园林文化活动，但他于康熙四年（1665）过世，比其父郑侠如早八年（郑侠如卒于1673年），其着力筹办的休园文化活动持续时间并不长久。

郑侠如、郑为光时期，是郑氏园林文化活动的重创期，在实现家族园林文化活动传统复归的同时，也有所变化：一方面，经历了易代伤痛的园主社交活动由外向转为内倾；另一方面，清初政府对于文化的管制较严格，文人园林活动已经失去了晚明时期相对开放的政治环境，干预社会政治的社团色彩逐渐淡化，大多是以文会友的个人交往（后文将对此问题详述），休园文化活动内容实现了从参与时政到研习学术、文艺的转变。

第三阶段：郑熙绩时期——郑氏园林文化活动高峰期。休园诗文中对于郑熙绩重葺休园，恢复休园文化活动的记录颇多："两公相继殁，懋嘉孤幼，几为强有力所夺者数矣。懋嘉心伤之，英年攻苦，焚膏继晷，一出而捷北闱，始复前人之旧而增修之。""两公既即世，懋嘉孤幼，所谓园亭竹树，几鞠同茂草矣。懋嘉过而伤之，手加整葺，与二三同志唱酬其中，于是休园之盛，复倍于前。"②"谓令祖俟庵水部尊公晦中侍御园，为水部著书处，中为他姓所据，懋嘉近修复之。"③父亲、祖父相继过世，休园荒芜，且为他人所夺取。郑熙绩发奋读书，考中举人，取得官职和社会地位，收回休园，重振祖业，修葺并增设园景，让郑氏园林再度焕发生机，并延续了郑元勋影园文化活动的传统。

---

① 许承家：《重葺休园记》，见郑庆祐：《扬州休园志》卷一。
② 方象瑛：《含英阁诗序》，见郑庆祐：《扬州休园志》卷三。
③ 邓汉仪：《休园宴集四首》，见郑庆祐：《扬州休园志》卷七。

郑熙绩一改其祖父散淡的处世态度，利用个人科举取得功名，以取得功名所带来的社会地位与社会效应，促进休园文化活动的发展。他请翰林编修方象瑛为休园作《重葺休园记》，与吴绮、顾彩等当时的文化名士交往密切，提升休园名气，扩大休园的影响力。在《扬州休园志》中，"重葺休园"诗作117首，所涉园客62位，"三葺休园"与"四葺休园"诗作共116首，所涉园客81位，可见郑熙绩时期的文化活动远比其后两代园主时期频繁。

故而黄与坚赞赏郑熙绩："今懋嘉天资卓迈，家学渊深，更出其性情，从事于三百篇之旨，假以追溯康成。而通德之门不又代起乎？噫！此懋嘉所以求其志且将推行于天下，而亦故人之所乐得而称也。"① 关于郑熙绩重葺休园并且恢复休园文化活动之盛，在《扬州休园志》卷七"重葺休园"诗作中还可见不少园客的记述评论，比如：

休园者，郑水部俟庵年伯所营之菟裘也。中为他姓所据，懋嘉复而新之，先业得以弗坠，盖仁孝之意存焉。[吴绮《重葺休园（并序）》]

懋嘉事业行方大，坐看园中集响臻。隋家选胜江都地，龙渠神山皆不訾。足知为园于此中，占尽城中多奇致。郑生好客莫言贫，郑生述先不辞累。日下香醪载百斛，海上腥肴储千器。从此高轩过维扬，人人思向休园醉。（常时泰《重葺休园》）

前人乐此志平生，想见当年止足情。绳武肯堂无世济，平泉绿野亦榛荆。废兴惟视诗书力，点缀堪同藻绘争。镂户但劳耽著述，不知此外更何营。（陈琼仙《重葺休园二首》其一）

沧桑世业几消磨，堂构重新乐事多。才藻翩翩称济美，簪缨奕弈继鸣珂。花迎旧主偏呈媚，鸟识欢颜亦解歌。聚首故人须尽醉，辋川名胜许频过。（张湛逢《重葺休园二首》其一）

---

① 黄与坚：《含英阁诗序》，见郑庆祜：《扬州休园志》卷三。

虽然《扬州休园志》仅存留郑熙绩1678年中举后修葺休园的记录，但是根据郑熙绩作品集《含英阁诗草》内容可知，郑熙绩在1682年再次修葺休园[参见附录"郑氏园林文化活动编年（部分）"]，由此可见郑熙绩时期对于园林的重视程度。休园失而复得，重开三径，园客徜徉其中，眼前美景激发他们思考郑氏休园历史，故而在这些诗文中反复提及休园失而复得的盛事，称赞郑熙绩重新修葺休园的事迹，并对其忠孝行为大加颂扬。可见休园重葺在当时的影响力，以及对于郑氏家族的意义。

总之，从郑熙绩经营休园文化活动的心态，举行文化活动的频次、园客数量、作品数量、休园文化影响力等方面来看，郑熙绩时期是郑氏园林和园林文化活动发展的高峰期。

第四阶段：郑玉珩时期——郑氏园林文化活动延续期。郑玉珩三葺休园，并延续休园文化活动传统。

郑熙绩去世后，郑玉珩成为休园园主，根据郑熙绩之甥张学林《郑母仲太君八十寿序》记述：郑熙绩两子中，郑玉珩"以孤僮绍绪"，郑崐贻过继给郑圣臣，当时"外侮之叠至倍甚"，此时郑玉珩年幼，整个郑氏家族依靠其祖母雷太恭人苦苦支撑，直至郑玉珩与郑崐贻两人成家后，康熙五十三年，郑玉珩才三葺休园，举行文会。清代文人王藻在《止心楼诗序》中详尽评论郑玉珩三葺休园的盛事：

> 先生（郑玉珩）既耽好吟咏，居则擅家园林壑之胜，出则一瓢一笠，问水寻山，常西帆彭蠡陟匡庐，南游吾吴抵钱唐，蜡屐所届，一泉一石必有诗写之，盖其胜情诚有不可及者。余未尝识先生，然读其诗恍然想见其高风雅度焉。考之先生先世则水部侯庵公，有《休园集》，侍御晦中公则有《湛华阁集》，比部懋嘉公则有《含英阁集》，而明末职方超宗公尝筑影园于城南，召集海内名流，结黄牡丹诗社为艺林所艳称，盖几于六朝王谢二姓之人各有集矣。郑氏既世亲风雅，至今余风未堕，则先生继往开来之功伟矣，宜其上溯高曾之芳躅，而下启哲嗣之弓裘也。①

---

① 王藻：《止心楼诗序》，见郑庆祐：《扬州休园志》卷三。

郑玉珩在郑氏园林文化活动的发展过程中有"继往开来"之功,他继承了曾祖郑侠如、祖父郑为光、父亲郑熙绩保护园林物质形态的行为,也继续发扬休园文会传统。虽然依旧以"葺园"为话题,举行文会,但是相比前几代的文化活动,郑玉珩时期的园林活动在主题方面更为明晰。这点通过分析《扬州休园志》中"三葺休园"的相关作品,便可看出。

休园景观匾额和楹联中有董其昌和王铎的书法真迹,根据《扬州休园志》"列景"记录,王铎书"琴啸"的楹联:"巫山夜雨弦中起,湘水晴波指下生。"董其昌书写"三峰草堂"对联"树德务滋,为仁由己"和"含英阁"对联"倾群言之沥液,漱六艺之芳润",以及"湛华"匾额。从董其昌(1555—1636)、王铎(1592—1652)生活的年代可以看出,休园内的笔迹应是郑侠如时期或更早时期所留。然而,在郑侠如、郑为光和郑熙绩时期的园客作品中从未提及休园存有董、王二人书法,但在郑玉珩以及这个时期园客们的"三葺休园"诗文中却多次出现相关记录。

枕石结孤榭,悬颜曰湛华。华亭善书法,水木乃复佳。(郑玉珩《湛华》)

门联董华亭书,书屏王孟津书。(宋和《三修休园记》)

左孟津而右华亭。(朱骧《三修休园赋》)

松妒笔锋雄。(樊经《过休园二首》。注释:屏间有董华亭王孟津墨迹。)

旧雨留题墨沈存。(高玉桂《休园雅集》。注释:屏间有董华亭王孟津墨迹。)

花底鹤驯依短杖,壁间字古恋衰颜。(李钦《冬日过休园二首》。注释:屏间有董华亭王孟津墨迹。)

董王草圣镌于壁，字迹神妙非等夷。（吴志祖《休园赏梅》）

　　华亭董宗伯，尚书王觉斯。墨迹均足贵，宝光动罘罳。（刘震《休园小集四首》）①

　　为何郑熙绩重葺休园时，园主、园客的诗作都未曾提及，而郑玉珩时期的作品中却反复写董、王笔迹？有一种可能，即郑玉珩在修葺园林时对原有字迹进行翻新，并且有意引导园客书写，强化董、王书法印象。所以，郑玉珩时期，休园文化活动中的主题更为明确，目的性更强。董、王笔迹也成为后代追忆休园历史的线索，"睹壁间董华亭、陈云间、王孟津诸人手书，未尝不叹息歔欷于休园前事也"②。还有一个重要原因，即园主郑玉珩为了打造休园的名园形象，完成对郑氏文化型家族的形塑，也需反复强调董、王的笔迹。董其昌和王铎的书法晚明时已颇有名气，在清代，其真迹更是异常珍贵。董、王的笔迹，能为郑氏休园增添光彩，也是郑氏休园文化辉煌的明证。

　　根据郑庆祐《扬州休园志序》，郑玉珩时期还刻有"三修休园诗文"③，但已亡佚。

　　几代先人苦心经营文化活动，郑玉珩踵武前辈，延续了郑氏园林的文化传统，但是由于其未能在科举考试中取得其父、其祖父那样的成就，因此在他作为园主期间，休园文化活动的筹办无论从频次上，还是规模上，都未能超越前人。但是其个人志趣在山水林园间，三五好友唱和于休园之中也是常有之事，故而郑玉珩时期可视为休园文化活动的延续期。

　　第五阶段：郑庆祐时期——郑氏园林文化活动总结期。郑庆祐克绍先业，继续坚持园林文会传统，他主要做了三方面的努力。

　　第一，四葺休园。郑庆祐自序云："不幸岁戊午大人见背，余时方三龄耳，迄今又三十余载，风雨飘摇，乌鼠狼藉，盖人迹罕到之地，摧败零落，

---

① 以上文献均出自郑庆祐《扬州休园志》。
② 郑庆祐：《先祖妣仲太恭人行述》，见郑庆祐：《扬州休园志》卷六。
③ 郑庆祐：《扬州休园志序》，见郑庆祐：《扬州休园志》。

往往而然，年来因其旧基，略为整顿。"郑玉珩去世后，休园再度凋零，直到乾隆二十一年后，郑庆祐修葺休园［参见附录"郑氏园林文化活动编年（部分）"］。

第二，园林文化活动按照祖辈们的文化传统进行。团昇序中云："日抱一编，间有余闲，唯鼓琴瀹茗，集朋好三五人以诗相倡（唱）和。"① 宫焕文记载："受天（郑庆祐）性恬退，不妄交游，每旦盥栉后，即手一编坐园中，或与老苍朋辈三数人赋诗弹琴煮茗以相娱。"②

第三，整理休园相关文献，刊刻存世。郑庆祐深感"休园之名岿然比灵光鲁殿矣，若不急为保护，则先人创业苦心与名人游览盛事将并就消歇"，因此他整理并刊刻《扬州休园志》以求园林长存于文字之中。"是集略仿志书之体，绘图列景于卷首，园图之外复绘祠图，以见园因祠重，非徒为游玩而设也。"③ "《休园志》者，歙（县）长龄郑生昉村既守其先人家园，因录诸先达所为园记，详载其池台亭馆先后建置之由，而并辑远近士大夫游览宴会投赠之作，及有关先人懿行之文，都为一集，以传之家乘者也。"④

郑庆祐承继先辈葺园传统与文化传统的同时，最突出的贡献是撰写了《扬州休园志》，将休园历史、休园文学、休园文化活动与家族成员的生平经历、家族发展史相联系，缔结了休园史与家族史交融、彼此不可分割的文本结构，在自觉的"存园"意识驱动下，有意为后世留下全面的文字资料，并以此作为家族的"史志"。故而郑庆祐时期可视为休园文化活动的总结期。

影园的易主和颓败是郑氏家族永恒的伤痕，郑元勋、郑侠如的后辈们以此为戒，用代代修葺的方式，与外力抢夺，与自然风吹雨淋的力量进行对抗，努力捍卫休园的物质形态，甚至在先人基础上再进一步扩建，完成

---

① 团昇：《扬州休园志序》，见郑庆祐：《扬州休园志》。
② 宫焕文：《郑节母高恭人五十寿序》，见郑庆祐：《扬州休园志》卷二。
③ 郑庆祐：《扬州休园志》凡例。
④ 团昇：《扬州休园志序》，见郑庆祐：《扬州休园志》。

守护祖业的责任。这已非单纯的园林营造活动,而是具有象征意义的家族文化活动。同时郑氏家族园主积极组织园林文化活动,积淀园林文化内涵,提升园林名气,这种"以文存园""以园传家"的意识,是郑氏园林物质形态与文化传统得以传承的内在动因,正是这样强烈的家族使命感与自身的经济实力共同促成了郑氏园林文化活动一百多年的发展。

(二)郑氏园林社会文化角色的嬗变

影园和休园不仅是客观的地理空间,也是充满社会关系的社会活动空间。列斐伏尔认为空间"永远是政治性的和策略性的"[①]。从晚明至清初,郑氏园林在社会文化活动中扮演的角色也在随着历史变迁而发生嬗变,这跟郑氏家族的情况及晚明至清中期的社会环境密不可分。一方面,"园以人名""园以文名",郑氏园林文化活动与园林营建呈同步发展的态势,园林能否营建和修葺的背后关系到园主或家族是否显达,且文化活动举行的规模、频次和园客的社会阶层等都与园主的社会地位与影响力密切相关。郑氏家族历代成员用科考的方式,在举业的道路上取得成就,以实现振兴家族的愿望,从而带来郑氏园林文化活动的兴盛。另一方面,郑氏园林文化活动的发展脉络与晚明至清中期文人活动发展的轨迹暗合。前者前文已经涉及,不再赘述,以下分析后者。

影园文化活动的背景是晚明思想解放、复社运动高潮时期。复社活动内容以研习编选时文为主,成员之间互通有无,特别是在举业中取得成就的成员可以提携后进。另外,在研究学术外,复社成员也评论时事,表达政治观点,参与政治斗争,有强烈的历史责任感和忧患意识。对此,学界已有论述,比如:"它首先是一个科举会社,其次是一个政治宗派,再次是一个文学社团"[②]。"复社是具有鲜明的政治性质的文人团体"[③]。影园是复社

---

① 包亚明主编:《现代性与空间的生产》,上海教育出版社,2003年,第62页。
② 廖可斌:《明代文学复古运动研究》,商务印书馆,2008年,第375页。
③ 何宗美:《明末清初文人结社研究》,南开大学出版社,2003年,第95页。

成员重要的活动场所之一，其基本文化活动内容与性质也与复社文化活动内容一致。当时复社时文大家艾南英、万时华均与郑元勋、郑侠如兄弟有密切交往，虽然现存材料无法证明他们在影园内研习时文，但是其在文士中的影响力是显而易见的。郑氏家族是扬州盐商大家族，郑元勋对后进提携，成就其功名，也符合复社士子的一般晋升路径。通过现有诗文，可以看出他们对于时事的评论，而且郑元勋具有强烈的社会责任感，他本人也参与了与阮大铖的政治斗争，名列《留都防乱公揭》，复社名士"身无寸戈"，发挥清议的影响，维持社会秩序走上正道[①]。以上均说明影园文化活动不是纯粹的诗酒文会，而是牵扯关系较多、交流内容颇为复杂、政治性较强的文化沙龙。

休园初建于清顺治时期，该园在郑氏手中一直存续到清乾隆时期。园主的遗民心态、清政权的文化政策都是影响休园文化活动的因素。清代以来，文人不再以"社"的名义出现，为了巩固新政权，清政府禁止民间结社。顺治九年（1652），礼部定条约严禁生员立盟结社[②]，给事中杨雍建又于顺治十七年（1660）上疏"约束士子，不得妄立社名，其投刺往来。亦不许仍用社盟字样，违者治罪"[③]，从此，"家家闭户，人人屏迹，无有片言只字敢涉会盟之事矣"[④]。文人社团式微，随之而来的是文人雅集活动的变化。由于没有社团规章的制约，文人群体活动较晚明时呈现组织松散化和目的模糊化的态势。

清代休园文化活动与晚明影园文化活动相比，具体的变化在以下几个方面：

园客参加影园活动集中在晚明时期，当时正值文人结社风起云涌的时期，文人士大夫们参与社会活动积极性高。影园则因为园主郑元勋的名

---

① 谢国桢：《明清之际党社运动考》，北京出版社，2014年，第152页。
② 《松下杂钞》卷下，见孙毓修编：《涵芬楼秘笈》第3集，北京图书馆出版社，2000年，第373页。
③ 杨雍建：《杨黄门奏疏》，见四库全书存目丛书编纂委员会编：《四库全书存目丛书》史部第67册，齐鲁书社，1996年，第228页。
④ 杜登春：《社事始末》，《丛书集成初编》本，中华书局，1991年。

气,以及影园园客群体的名气,吸引了更多的文士、生员前来。就影园园客籍贯所涉地域范围而言,园中除了扬州、徽州两地的园客,还包括全国各地的文人,例如:广东的黎遂球,江西的万时华、刘同升、李陈玉、丁孕乾、甘元鼎,湖北的袁彭年,湖南的黄裳吉,福建的陈肇曾,山东的姜垓、赵进美,陕西的梁应圻,河南的梁云构,江苏的范凤翼、马是龙,河北的范景文。而休园园客主要来自安徽、江苏、浙江,其中以常住或侨居扬州的人居多,总体来说,相对影园,休园园客籍贯所涉地域范围缩小。

影园园客主要是复社成员、竹西续社成员、其他文人士子。复社作为政治性的社团,成员参政意识强烈,在社会事务中也有一定话语权;竹西续社虽然以诗文相交,但是也有很强的政治色彩;来往于影园的文人士子,也多出于建立社交圈子、在科举中获得捷径的目的。休园园客身份可从两个时段考察,即郑侠如时期、郑熙绩及其以后的时期。郑侠如时期园客多是复社遗民,如冒襄、杜濬、王猷定,但是由于清初政治高压,以及郑氏家族在易代之际的遭遇,郑侠如并未延续影园时期文人社团干预时政的风气,休园交往仅限于叙旧或诗艺交流。到了郑熙绩及其以后的园主时期,休园园客则多为地方文人雅士、儒商群体或姻亲世交。

活动内容除了园林文学活动常见交往内容,比如诗酒唱和、雅集交流,影园和休园活动内容最大的不同在于影园对于政治事务的参与。在复社的政治倾向的影响下,影园文化活动不可避免地涉及时局,虽然《影园瑶华集》中的作品对于政治态度含蓄隐晦,但通过其他外围材料可知,影园文会远非谈诗论文那么简单纯粹。影园为复社团体发声,传达士大夫阶层公共的声音,它有公共园林的性质[1]。入清以后,也有不少遗民文人组织文化

---

[1] 本书关于公共园林的定义,是以园林作为文人士大夫公共交往的场所,传达公共的声音,展示某一阶层共同的形象为根据而设定的。此前学界对于公共园林的定义多从园林所有权、使用权角度入手,认为公共园林是不属于私人所有的、公共游览的场所。如曹林娣认为的公共园林有寺观园林,地方官员在各地建设的公共游豫场所(曹林娣:《江南园林史论》,上海古籍出版社,2015年,第183页),都铭认为公共园林包括官衙园林、风景名胜园林、茶肆酒家园林(都铭:《扬州园林变迁研究——人群和风景》,同济出版社,2014年,第44页),均与本书对公共园林概念的界定不同。

活动，冒襄组织反清复明的秘密活动，郑侠如也与复社遗民冒襄、杜濬、王猷定等有所来往，但是比起同时代其他遗民，郑侠如更多展现的是消极和保守的态度。休园文化活动内容则是较为纯粹的文人诗酒风流，休园园客对社会的参与度要远远小于影园。郑侠如逝后，其后代经营的休园之中，文学活动中的书写视角也有所转变，更多关注园林美景、园林修葺、园主事功。在郑熙绩和郑玉珩时期，还发展"真率会""怡老会"①之类传统的文人交往活动，书写内容与影园时期相比也是逐渐窄化，休园逐渐成为完全的私人性的园林。

两园并置，考察其文化活动发展历程，可发现郑氏家族园林在朝代更替和政治变化中，角色也随之发生嬗变，即从兼有私人与公共双重性质的园林，到吟赏个人性情、关注个人和家族内倾式发展的私人性园林。从某种意义上讲，郑氏园林文学活动的变化也可视为晚明至清中期扬州文人群体活动的缩影。

四、郑氏园林文化活动的作用与意义

空间不是一个简单的容器，而是充满各种各样的社会关系，正如法国学者列斐伏尔认为空间"永远是政治性的和策略性的"②。在郑氏家族从盐商家族迈向儒士行列的进程中，以影园为据点的交游为其在科举道路上的发展做了一定的铺垫。影园黄牡丹诗会不仅具有重要的文化意义，而且还具有重要的社会意义。

---

① 郑庆祜《扬州休园志》卷八录朱星渚、蒋衡、郑昂、潘宁《闰九日休园雅集仿香山体分赋》各1首。以上四位年龄都在七十五岁以上，诗的开头有"四人三百一十一岁"。朱星渚题下有说明：蒋湘帆（蒋衡）七十八岁，潘陋夫（潘宁）七十七岁，郑耕岩（郑昂）七十六岁，余（朱星渚）八十四岁。郑熙绩《含英阁诗草》卷五录《夏日偕杨西亭高小邻鲍孟次谈孝先诸子集玉照亭订真率会五篇约限九青韵》。
② 包亚明主编：《现代性与空间的生产》，上海教育出版社，2003年，第62页。

（一）影园交游与郑氏举业

晚明时期，扬州盐商造园渐成风气。私家园林对于盐商的意义日趋重要，可以作为盐商的"游寓宴聚之所""会友交际议事之地"[1]。以影园为据点的交游对郑氏家族扩大人脉圈、在当地形成影响力起到了一定的作用。

在影园园客中，复社成员居多（参见本章第一节）。晚明时期复社门墙日广，在科举选政中逐渐发挥作用，《复社纪略》记载全国各地几十位复社名宿提携后学：

> 社事以文章气谊为重，尤以奖进后学为务。其于先达所崇为宗主者，皆宇内名宿：南直则文震孟、姚希孟、顾锡畴、钱谦益、郑三俊、瞿式耜、侯峒曾、金声、陈仕锡、吴甡等；两浙则刘宗周、钱士升、徐石麟、倪元璐、祁彪佳等；山东则范景文、张凤翔、高弘图、宋玫等；福建则黄道周、黄景昉、蒋德璟、刘长等。诸公职任在外，则代之谋方面；在内，则为之谋爰立，皆阴为之地而不使之知，事后彼人自悟乃心感之。[2]

其中文震孟、钱谦益、倪元璐、范景文、黄道周，均与郑氏有交往。除复社成员外，郑元勋与当时的社会名流如陈继儒、董其昌等人也有交往。

园林是综合艺术品，晚明时期文人对于园林共同的雅好，使得影园成为郑元勋与复社名士、文化名人之间交流的场所和媒介。郑元勋拿影园图纸向董其昌请教，董为郑题写园名，并评论郑元勋绘画水平堪称"国能士气作家"；陈继儒为郑景濂作《洁潭郑翁传》，题写影园中的"媚幽阁"；倪元璐题写影园中的"漷翠亭"；艾南英前往影园为郑元勋母祝寿，并作《郑年伯母张太君六十寿序》。值得一提的是，这些名士的官职或社会地位与科举考试有着千丝万缕的联系。董其昌曾担任江西乡试主考官、湖广学政，明天启四年任礼部左侍郎，天启五年（1625）任南京礼部尚书，崇祯五年任北京礼部尚书。倪元璐在崇祯二年任国子监司业。艾南英是晚明复社

---

[1] 阮仪三：《扬州盐商与扬州园林》，载《扬州大学学报（人文社会科学版）》2015年第5期。
[2] 陆世仪：《复社纪略》卷二，清光绪宣统间上海国家保护会排印国粹丛书本。

时文大家，陈继儒是晚明名士。无论在时文指点上，还是在人脉圈构建上，或者在身份名气的提升方面，他们都可以为郑元勋提供帮助。郑元勋从天启四年中举到崇祯年间中进士，相隔十余年，其间一直为科考准备，专心研修时文，他选编的《媚幽阁文娱》中也辑录有时文，如倪元璐的《江西乡试录序》、艾南英的《前历试卷自叙》等。

此外郑元勋、郑侠如兄弟还与江西豫章社联系密切，豫章社一度操持时文选政，除了艾南英，与郑氏交游密切的还有万时华，万时华参加过影园集会，后客死扬州，由郑氏兄弟安葬，可见交谊之深厚。由此可以看出，郑氏家族成员通过编选时文，与时文大家交游的动向也就不言自明。

郑元勋在崇祯十六年中会试第三，同榜与影园有关的有四位，即陈丹衷、陈名夏、梁于涘、郑为虹。郑为虹是郑元勋的侄子、郑元化之子，竹西续社成员，其他三人都是影园的园客。回溯到崇祯十三年影园的诗会，就会发现这五人同榜亦非偶然。崇祯十三年，影园内黄牡丹盛开，郑元勋在影园召集诗会，参加者有冒襄、李之椿、程邃、万时华、黎遂球、梁于涘、王光鲁、顾尔迈、茅元仪、陈丹衷、陈名夏等。诗会产生的诗作采用科举考试"糊名"的方式，交由钱谦益评定，"十三年庚辰……广陵郑超宗元勋以黄牡丹诗送先生品"[①]。黎遂球被评为"黄牡丹状元"。这次诗会引发了当时文人雅士的创作热情，"其他邮筒传致，数复倍之"，"淮海、维扬诸俊人流传题咏，争妍竞爽，至百余章，都人传写，为之纸贵"。一场名花盛事，固然能吸引文人，但是其所引发的社会反响表明这不单是文人雅士纯粹的吟咏消遣，特别是钱谦益在这次诗会中的作用不可忽视。晚明时期，钱谦益既是东林魁目，又是当时文坛盟主。那么，文人们期待借这次盛会得到钱谦益在时文创作方面的指点或者借机与钱谦益结交就有极大的可能。

再看钱谦益与崇祯癸未榜的关系。崇祯癸未主考为陈演和魏藻德，其实《国榷》卷九九记载："时推四人：陈演、蒋德璟、黄景昉、魏藻德。"蒋德璟和黄景昉是与复社关系密切的东林党，陆世仪《复社纪略》提到提携后

---

① 葛万里编：《牧斋先生年谱》，一筼斋绿丝栏钞本。

学的复社名宿中也有此二人，二人虽未最终当选，但是能被推举，也可见当时朝中复社力量依然在努力掌控科举选士。而且钱谦益与首辅周延儒一直有矛盾，崇祯癸未周延儒因蒙蔽明思宗被逮囚禁，陈演和魏藻德得到重用，所以，此二人顾及复社的影响力，拉拢复社成员，在选举的时候有意提携，钱谦益在暗中推波助澜，这种可能性也不排除，以上各种因素促成包括郑元勋在内的与影园相关的五位文士同年中进士。其中复社的作用不可忽略。另外有一则旁证，癸未榜中一甲第三名为陈名夏。陈名夏在入清后与钱谦益关系密切，顺治五年（1648）四月，钱谦益牵连黄毓祺案，逮讯江宁，陈名夏曾暗中通过马国祥的关系，解救钱谦益。[1]这不能不让人联想到晚明时期作为影园园客的陈名夏曾在科考中胜出是得益于钱谦益，由此可以推测钱谦益当是崇祯癸未榜的幕后推手。换言之，影园黄牡丹诗会为郑元勋、郑为虹中进士做了极大的铺垫。

结合郑元勋以影园为媒介的交游活动，以及郑氏家族与影园园客取得的科举成绩，可以发现影园诗酒风流的背后还有现实的功用，那便是为郑氏举业起到了一定的铺垫作用。

（二）黄牡丹诗会的多重意义

崇祯十三年，影园内黄牡丹盛开，郑元勋特地召集黄牡丹诗会，如皋冒襄、李之椿，安徽程邃，江西万时华，广东黎遂球，扬州梁于涘、王光鲁、顾尔迈，浙江茅元仪等，共同在影园聚集，写下题咏黄牡丹的诗作。钱谦益对此事记述道："广陵郑超宗家园有牡丹之祥，盛集文士，宴赏赋诗，糊名驰书，属余题首。余推南海黎美周第一，超宗镌赠金爵以旌异之。"[2]诗会产生的所有诗作最终采用"糊名"的方式，交由钱谦益评定，广东黎遂球被评为"黄牡丹状元"，郑元勋特意制作金杯，镌刻"黄牡丹状元"字样，奖给

---

[1] 张升：《论陈名夏与钱谦益之交往》，载《江海学刊》1998年第4期。
[2] 钱谦益：《牧斋有学集》卷二〇《徐子能黄牡丹诗序》，钱曾笺注，钱仲联标校，上海古籍出版社，1996年，第853页。

黎遂球,并为之举行了隆重的仪式。"超宗共诸名士用鲜服锦舆饰美周,导以乐部,徜徉于廿四桥间,士女骈阗,看者塞路"①,"一时佳话播江南,名士名花齐不朽"②。园客的名气与文学才华,以及园主的极力宣传,诸种因素相结合,产生了广泛的社会效应,让黄牡丹诗会声名远播。冒襄记述此事:"名士飞章联句,余为征集其诗,缄致虞山,定其甲乙,一时风流相赏,传为美谈。"钱谦益文集中也有相关记录:"淮海、维扬诸俊人流传题咏,争妍竞爽,至百余章,都人传写,为之纸贵。"

历来对黄牡丹诗会的研究,多集中于文化层面,例如朱丽霞《一个文化事件与一场文学运动——"黄牡丹状元"事件的文学史意义》探析黄牡丹诗会对于岭南文坛的持久影响。③然而细究这一场盛会:影园牡丹开放,邀众名士题咏,极为风雅;采用科举糊名的方式,由文坛盟主钱谦益评定,极为庄重;镌刻金杯,很是阔绰;黎遂球锦舆鲜服,极为风光。种种因素表明这不是一次单纯的文人雅集。郑元勋为何花费财力、精力去营造这一场盛会?恐怕不仅是一次文人的雅兴所至。郑元勋对于黄牡丹诗会的操办、宣传,远远超出了文人诗酒风流的层面,这背后的原因应从郑元勋出身、参加黄牡丹诗会的园客、黄牡丹诗会诗作内容,以及黄牡丹诗会的影响进行探究。

1. 家族文化形象的展示

明清时期,由于商人财富的集聚,其经济实力远远超出文人,所以在园林营造方面也极尽奢华,明人黄省曾记述:"至今吴中富豪,竞以湖石筑峙,奇峰阴洞,至诸贵占据名岛以凿琢,而嵌空妙绝,珍花异木,错映阑圃,虽闾阎下户,亦饰小小盆岛为玩。"④唐顺之感叹道:"余尝游于京师侯家富人之园,见其所蓄,自绝缴海外奇花石,无所不至"。⑤商人园林的奢靡和传统文人园林的雅洁形成鲜明对比,伴随商人造园成风,园林的雅俗

---

① 檀萃:《楚庭稗珠录》,杨伟群校点,广东人民出版社,1982年,第56页。
② 钱鲲:《莲须阁黄牡丹诗事歌》,见阮元:《学海堂集》卷一四,清道光五年刻本。
③ 朱丽霞:《一个文化事件与一场文学运动——"黄牡丹状元"事件的文学史意义》,载《河南大学学报(社会科学版)》2017年第2期。
④ 杨循吉等:《吴中小志丛刊》,陈其弟点校,广陵书社,2004年,第176页。
⑤ 唐顺之:《唐顺之集》,马美信、黄毅点校,浙江古籍出版社,2014年,第552页。

之别问题便开始凸显。在文人的眼中,园林的豪奢与文化品位的高雅并不相容,文人范濂描述明中后期建筑用材奢靡的现象:"纨绔豪奢,又以椐木不足贵,凡床橱几榻,皆用花梨、瘿木、乌木、相思木与黄杨木,极其贵巧,动费万钱,亦俗之一靡也。"[1] 顾起元在《客座赘语》中道:"近日留都风尚往往如此,奢僭之俗,在闾左富户甚于搢绅。"[2] 张岱自称:"少为纨绔子弟,极爱繁华,好精舍,好美婢,好娈童,好鲜衣,好美食,好骏马,好华灯,好烟火,好梨园,好鼓吹,好古董,好花鸟"[3]。"精舍"即园林,张岱将园林与其他声色享受并列,可以看出,明代以来商人园林与财富缔结,时人沉迷于声色犬马的形而下的物质享受,这与文人园林清雅闲适的传统特征大相径庭,一座座豪华奢靡的园林林立,无疑带给传统文人园林以巨大冲击。掌握园林评判话语权的文人势必要对这一现象进行论断,他们不愿与"四民"之末的商人为伍,也不允许自己的园林与商人的园林相提并论,因此必须在文人园林和商人园林之间划清界限。文震亨在《长物志》中就从园林陈设、园林品位等方面对文人园林和商人园林进行区隔,彰显文人园林的品位,其深层心理动因也是为了捍卫文人的社会阶层。文震亨《长物志》评判园林豪奢"如入贾胡肆中"[4]、"宁必金钱作垆,乃称胜地哉"[5],对重视金钱堆砌打造的园林进行抨击。陈继儒在《园史序》中也讲到"主人不文易俗"[6]。这些文人的种种评论说明,由于固有的阶层观念和文化品位的差异,掌握园林文化话语权的文人对商人园林抱有拒斥的态度。

在这样的文化环境中,商人要想让自己的园林与文人园林处于同一层面,就需要在园林文化方面下功夫。"若不是因为富有而是因文化情趣而得

---

[1] 范濂:《云间据目钞》卷二《记风俗》,见《笔记小说大观》第13册,江苏广陵古籍刻印社,1983年,第111页。
[2] 顾起元:《客座赘语》,南京出版社,2009年,第110页。
[3] 张岱:《琅嬛文集》,云告点校,岳麓书社,1985年,第199页。
[4] 文震亨著,陈植校注:《长物志校注》,杨超伯校订,江苏科学技术出版社,1984年,第135页。
[5] 文震亨著,陈植校注:《长物志校注》,杨超伯校订,江苏科学技术出版社,1984年,第34页。
[6] 陈从周、蒋启霆选编:《园综》(新版)下册,赵厚均校订、注释,同济大学出版社,2011年,第229页。

到好评，他们就深感受宠。"①园林评判的话语权掌握在文人手中，慕尚儒风的商人必须提升自己园林的文化品位，获得文人阶层的认同。盐商家庭出身的郑元勋深谙此理，他本人在文学、绘画各方面都有造诣，编有《媚幽阁文娱》，绘画"得山水骨性"，又通过科举考试中进士，可谓完全实现了"由商入士"的转型，所以必然会对自己的儒士身份进行标榜。召集园内文化活动便是郑元勋标榜身份的契机。地理空间上的园林对于一个家族的经济实力的呈现显而易见，园林文化品位的彰显则需要文化活动来支撑。影园作为晚明扬州文化聚集地，其文化活动频繁，可谓"文酒宴会无虚日"。黄牡丹诗会则是影园规模最大、影响最广的一次盛会，"一时传为美谈。故有过广陵而不识郑超宗先生者，人以为俗不可医"。毋庸置疑，黄牡丹诗会标志着一种身份的确立，昭示郑氏家族的文化形象和影园的文人格调。郑元勋通过这一次诗会实现了对商人家族的文化进阶，黄牡丹诗会也是郑氏家族"由商入士"成功转型的宣言。

在儒家传统中，士的形象往往在物质生活方面贫乏，如颜回"一箪食，一瓢饮，在陋巷"(《论语·雍也》)，子思"居贫"(《论语·公仪》)，陶渊明更是"瓶无储粟"(《归去来兮辞并序》)。黄牡丹诗会中郑元勋以儒士形象闪亮登场，背后又因财富的支撑，而备受关注。郑氏家族作为盐商拥有的雄厚的经济实力为这一次文士风雅提供了物质上的支持，黄金杯与"黄牡丹状元"的结合，对历来文士多贫困的印象产生了冲击。这一别样的儒士形象，也是明代文化转型的产物。而且物质财富与文化情趣结合能让文化活动更加耀眼，郑元勋镌刻金杯作为"黄牡丹状元"的奖励，金杯因"黄牡丹状元"创作诗文而得，丰厚的物质奖励与文人的文化品位相得益彰。

这次诗会的参加者、评定者基本都是当时的文化名人，郑氏家族处于"由商入士"的转型期，建立相应的人脉关系，对于郑元勋及其家族至关重要。"黄牡丹状元"黎遂球本身就小有名气，他是明天启七年举人，粤中地区"南园五子"之一。黎遂球被贴上了"黄牡丹状元"这一标签，相当于影

---

① 童寯：《园论》，百花文艺出版社，2006年，第51页。

园文化使者,这样的名人效应所带来的影响广泛且持久,为影园和郑氏家族带来的名气和人脉是不可比拟的。这些人中,除黎遂球之外,钱谦益是万历年间的进士、崇祯时期的礼部侍郎,而且也是当时文坛的掌舵者;冒襄出身仕宦之家,是晚明时期江南有名的文人;万时华是江西豫章社的主要人物;程邃是书画家,善篆刻;等等。郑元勋充分发挥社会活动家的作用,召集文化名人,实现文化资本的运作,其园客身份本身就有重要的意义,他们的加盟为郑氏影园名气传扬助力,使影园成为一种文化符号。

黄牡丹诗会是郑元勋作为儒士的一次精彩的文化展示,也是郑氏家族"由商入士"成功转型的形象呈现,文化活动为影园增添了浓厚的文化氛围,使影园成为当时有名的文化交流场所。

2. 复社影响力的发挥

英国学者柯律格说"明代园林是一个权力场,它首先是一个权力储存之地,同时又是一个权力汇聚之地"[1]。从这个角度来看,举行黄牡丹诗会的影园也是一个权力的场所。郑元勋本人是复社成员,晚明时期复社活动主要内容以研习时文、制艺为主,也参与政治活动,以清议的方式干涉政治。吸纳和培养科举考试文人也是壮大复社实力的渠道,因此复社成员们也借结社集会,广交地方权势,为科举道路铺设基石。晚明科举考试分童试、乡试、会试,其中童试是在地方上举行的资格考试,考中童试方能取得生员资格,"因此地方势力、乡里评议可以渗透其中,这就使其在某种意义上具有较强的可操纵性。复社及其领导者,正是在这一级考试中发挥了重要作用"[2]。郑元勋名震扬州,茅元仪《三君咏》将其与梁于涘、方以智并称"三君",《启祯野乘》中作者邹漪为他作传时提到"余束发读书即知海内有超宗先生","先生家广陵城,一时词人学士往来京师经此地者必谒君,后虽诸道上计者亦然,京师大人先生闻人从广陵来,必问见郑孝廉否,或愕眙,则心轻之曰:是不识郑超宗者甚,则面唾焉","络绎东南,主持坛坫,海内鸿巨,以影园为会归"。可见郑元勋当时在扬州备受尊崇的地位,他完

---

[1] 柯律格:《蕴秀之域:中国明代园林文化》,孔涛译,河南大学出版社,2019年,第88页。
[2] 王恩俊:《复社研究》,东北师范大学2007年博士学位论文。

全可以在科举中发挥作用。"职方(郑元勋)敦笃知交,如恐不及,海内宾至如归,其未第也,公卿以下造门请谒,咨访天下之士,职方留心推引",即郑元勋作为地方名士,对于造访的文士也极力推举引荐,为其科举之路奠定基础。所以影园内多汲汲于科举考试或者在科举考试中胜出的园客。

郑元勋于崇祯二年加入复社,组织活动是复社成员的职责。郑元勋所结交的对象也多为复社名士,杜濬记述:"郑氏鼎盛,诸昆皆通显,负才望,而超宗职方名尤藉甚,自为孝廉时已遍交海内贤豪,门多长者车"。[1]海内贤豪、长者名士都是有一定社会地位和权力的人,比如复社艾南英、万时华、冒襄、钱谦益等,还有沈寿民、徐世溥、方以智等人,都是影园的常客。《影园诗稿文稿》有《沈眉生征士应召入都上书触忌,却组还山,有终焉之志,朝野高之,过余草堂,小饮作歌》,徐世溥为《影园诗稿》作序,方以智《方子流寓草》中有多处提及与郑元勋唱和相交的记录[2],艾南英为郑元勋之母作《郑年伯母张太君六十寿序》,为郑元勋之父作《太学东里郑公行状》[3],万时华和冒襄也是影园的常客,都参加了黄牡丹诗会,在平时也与郑元勋多有往来,这些情况都说明郑元勋是复社的重要成员,与复社其他成员和复社的领导者关系密切。郑元勋能够结交上层,引荐下层,故而影园门庭若市,发挥着地域性公共空间的作用,"四方冠盖名流,巾舄交错其中"。晚明士人于此往来,品诗论文也建立交际圈,由此可见影园文化活动具有一定的社会功利性。

复社主要人物"皆喜容接后进,标榜身价,人士奔走,辐凑其门",复社成员"裁量人物,讥刺得失,执政闻而意忌之,以为东林之似续也"[4]。郑元勋也积极参与社会事务。崇祯十一年,为了防止魏忠贤的党羽阮大铖死灰

---

[1] 杜濬:《侯庵先生传》,见郑庆祐:《扬州休园志》卷四。
[2] 方以智《方子流寓草》(明末刻本)卷三有《赴郑超宗雪朝兰社,明月在天,词人毕集,杨龙友后至,张灯作画,余喜甚,为之醉,醉为之歌》、卷四有《题画怀郑超宗》《有感寄郑超宗》、卷六有《郑超宗王在明过访留步月下即送在明暂之京口》等。
[3] 分别录于《扬州休园志》卷二和卷六。
[4] 黄宗羲:《刘瑞当先生墓志铭》,见沈善洪主编:《黄宗羲全集》第10册,浙江古籍出版社,1986年,第326页。

复燃,影响政局,顾杲、吴应箕、黄宗羲、冒襄等140人联名声讨阮大铖,作《留都防乱公揭》,郑元勋也在其中,这是复社作为清流对时政的干预。崇祯十五年,郑元勋参加并主持虎丘大会,杜登春《社事始末》记载:"壬午春,又大集虎丘,维扬郑超宗先生元勋、吾松李舒章先生雯为主盟,维扬冒辟疆先生襄,暨前所称诸先生之子弟云间之后起,皆与焉。其它各省名流,予不能悉得之。"这次大会也是复社历史中规模盛大的集会之一。

尽管现有文献并没有关于复社成员在影园内如何举行社内活动,具体参与了哪些社会活动的记录,但是通过知人论世可知当时影园文会与复社,以及晚明时代政治局势的密切关系。郑元勋心怀匡扶社稷的理想,诚如他在《丁丑榜后留别夏彝仲陈卧子诸子》中所写:"荣遇君无愧,放归吾有辞。但能扶社稷,不必任安危。应谢雕虫技,宁忘伏骥悲。忠怀虽莫禁,且勿犯时宜。"[1]黎遂球黄牡丹诗会后作《与郑超宗》:"则愿仁兄诸公努力大业……吴中米贵,人心纷然,其君子相疑谤,而小人多要挟,三吴关系国家命脉,弟虽行不能不有余忧。"[2]虽未明言"大业"为何,但黄牡丹诗会绝非单纯的诗文酒会,复社文人们对国事之担忧也溢于言表。

黄牡丹诗会的参加者有冒襄、钱位坤、陈肇曾、徐遵汤、黎遂球、万时华、陈名夏、甘元鼎、姜垓等。另外,杜濬也是复社成员,虽然他未参加黄牡丹诗会,但郑元勋也曾邀请其参与,杜濬特意作《雨中至邗沟不得晤超宗,超宗遣人问劳遗酒脯,约以明早过余,余即夕解缆矣,怅然怀之》,并在诗尾自注:"嘱余咏黄牡丹未果。"[3]评定者钱谦益是东林党的主要人物,是复社的重要成员,因此黄牡丹诗会也可以视为复社的内部集会。郑元勋如此郑重召集操办此次集会,也是和复社的性质使命有关。他履行作为复社成员的职责,也巩固自己的社会地位。黎遂球返回粤中后,南园诗社与

---

[1] 郑元勋撰,郑开基辑:《影园诗稿文稿》。
[2] 黎遂球:《莲须阁集》卷一三,清康熙黎延祖刻本。
[3] 杜濬:《变雅堂遗集》诗集卷七,见《清代诗文集汇编》编纂委员会编:《清代诗文集汇编》第37册,上海古籍出版社,2010年,第326页。

其继续唱和,《南园花信诗》①中录有陈子壮的唱和诗作。这不仅是粤中南园和江南影园的文化交流,也是社团之间的一次彼此呼应,黎遂球在此起到了桥梁作用。

清议是士大夫阶层的评论,或者说是复社内部的观点传达,有一定的阶层性和封闭性。黄牡丹诗会以普通民众喜闻乐见的方式,让局限于复社内部士阶层的舆论突破封闭的阶层阻隔和地域限制,走向更广泛的民众,获得更广泛的舆论影响,这无疑对复社形象的形塑、复社影响力的扩大都具有重要的意义。

3. 民族危亡之际的咏叹

黄牡丹诗会在崇祯十三年举行,其时明朝政府内忧外患,黄牡丹诗会所涉诗歌的内容也隐含着复社成员对于国事的关注。在《影园瑶华集》的诗作中就透露出一些有关时事社会的信息。黄牡丹即为"姚黄",明代李佩《姚黄传》云"黄为天下正色,祖中央也",称黄牡丹为"皇王之胄,奇种也"②,表明黄牡丹与君王、国家有密切的联系。晚明时期,国家陷入危机,外有后金虎视眈眈,内有农民起义直逼明王朝政权,在这样的历史背景下,郑元勋召集诗会,歌咏此花也别有深意,与他捍卫明朝统治的意图暗合。细读黄牡丹诗会作品,亦可发现其与一般咏物的诗作有所不同,蕴含着时代风云赋予的气息。姚黄是国花,吟咏黄牡丹,也是对于国家正统观念的申明。其中黎遂球《咏黄牡丹》:"花阵纵横紫翠重,木兰金甲绣盘龙。团圆月照莲心苦,廿四风围柳带松。涿鹿战场云结帜,谷城兵法怒蟠胸。妖娆亦有王侯骨,一笑功成学赤松。""涿鹿战场"指的是黄帝和蚩尤大战,暗示后金袭扰,但明政府才是正统,后金也必将兵败。"谷城兵法"暗指张献忠于崇祯十二年在谷城起义,明政府派杨嗣昌围剿之事,也抒发了希望自己能够建功立业,像张良一样功成身退,可谓忧国伤时,寄兴深远。再如梁于涘《咏影园黄牡丹》:"开从锦幄染莺黄,疑是飞来金凤凰。晓露欲融仙掌冷,午风还散御衣香。全经后土钟成德,久奉东皇册作王。红紫无劳

---

① 黎遂球:《南园花信诗》,清同治九年刻本。
② 汪灏:《广群芳谱》卷三二,上海书店出版社,1985年,第774页。

竞雄长，从来正位属中央。"用牡丹诗影射时局，体现他们对于当时政治的价值判断。在影园题咏中可以约略看出晚明战乱动荡的社会。诗作如此，当时园客们的交流想必也会对于时局有所涉及。

再看"黄牡丹状元"的评定标准，钱谦益虽未直接表露评定黎遂球作品为最佳的原因，但是通过钱谦益诗学思想可以推断他评定黄牡丹诗的标准。钱谦益推举茶陵诗学，曾有评论："国家休明之运，萃于成、弘，公以金钟玉衡之质，振朱弦清庙之音，含咀宫商，吐纳风雅，汎汎乎，洋洋乎，长离之和鸣，共命之交响也。"[1] "幼度之诗，有光熊熊然，有气灏灏然，一以为号鲸鸣罴，一以为风樯阵马。杂述感事之作，忧军国，思朋友，忠厚恻怛，憔悴宛笃，非犹夫衰世之音，蝇声蚓窍，魈吟而鬼哭者也。"[2] 由此可见，钱谦益倡导将诗歌与国家命运联系的豪壮之音，反对纤细靡弱的诗风。黎遂球的作品恰好符合钱谦益的诗歌评价标准。

郭绍虞《明代的文人集团》认为明朝万历以后，由于政治黑暗，加之"阉党的刺激"，文人们在结社会文的基础上，"讽议朝政，裁量人物，也就与当时实际政治不能脱离关系"[3]。杭世骏《影园瑶华集序》云："斯编也，苟无知人论世之识，怀贤振古之才，任率胸臆，信口而读之，则妍辞丽句，嚼徵含商，嘤求友之声，写春韶之景，与玉山诸人无以异也。至若青灯午夜，俯仰伤怀，流涕呜咽而读之，则鬼雄国殇，搏膺披发，挟风霆而暴至强死之忠魂呼之欲出，以视玉山诸人安燕雀之处堂，效蚍蜉之穴树，大厦已倾，瞻乌谁屋，而犹珠盘玉敦争长于风云月露之场，其轻重大小何如也？"[4] 杭世骏将影园集会与元末玉山盛会比较，二者都处于朝代末期，《影园瑶华集》作品不止"妍辞丽句"，还多忧国伤时之悲。其后在清兵进攻之际，郑元勋在高杰兵乱中被民众枉杀，黎遂球壮烈捐躯，入清后冒襄隐退，黄牡丹诗

---

[1] 钱谦益：《列朝诗集小传》丙集《李少师东阳》，上海古籍出版社，2008年，第245页。
[2] 钱谦益：《牧斋初学集》卷三一《孙幼度诗序》，钱曾笺注，钱仲联标校，上海古籍出版社，1985年，第915页。
[3] 郭绍虞：《照隅室古典文学论集》上编，上海古籍出版社，1983年，第532页。
[4] 杭世骏：《杭世骏集》第1册，蔡锦芳、唐宸点校，浙江古籍出版社，2015年，第121—122页。

会中的文人们在大时代背景下展示出了文人的骨气和担当，甚至用生命来捍卫心中的正统。故而对于影园园客应知人论世，不仅仅关注《影园瑶华集》的作品，还应扩大视野，关注园客们在时代社会中的立场与行动。

黄牡丹诗会看似是一场文人园林的咏花之事，但是细究其时代背景、园主与园客身份和他们之间的交谊，可以发现其背后"由商入士"的社会风气、复社对社会舆论的制造和影响，以及晚明文人的家国情怀，故而黄牡丹诗会作为文化符号，具有多重意义。

第三章　郑氏园林的文学书写

目前所见的有关郑氏园林文学书写的材料主要存于《影园诗稿文稿》《影园瑶华集》《休园诗余》《止心楼诗》《含英阁诗草》《含英阁诗余》中。通过文学书写，郑氏园主、园客们表达着有关园林的观感和审美体验，以及对世事变迁的感悟、对宇宙人生的哲学思考。在文学活动和文学书写中，由于情感的集聚和意义的累积，郑氏园林逐渐从地理意义上的空间上升为文学空间，具有隐喻意味。从文学空间的角度来看，郑氏园林汇集凝聚了个人生命体验、家族文化传统，以及整个扬州的集体记忆，它是个人心灵的空间、家族文化的象征、集体记忆的承载。在其从地理空间上升为文学空间的过程中，文学书写起到了关键作用。园主和园客通过文学书写建立了对话场域，构建了人、园、文之间诗意的联系，具体可拆分为"人园"关系、"主园"关系、"客园"关系、"主客"关系，园主、园客与文学因为书写而建立起了结构错杂又紧密联系的关系网络。园主、园客与园林之间的关系有所差别，导致了园主与园客文学书写面貌的差异。

一、园林文学书写的内容

有关郑氏园林文学书写的文献材料较为丰富，综观其文学书写的时代、主体、文体与内容，可以有不同的分类方法：按照写作主体不同可以分为园主书写和园客书写；按照时代可以分为明代郑氏园林书写与清代郑氏园林书写；按照文体可分为园林散文、园林诗词两类。本书侧重第三种分类方法，将郑氏园林看作整体，重点探讨文学书写的内容。

（一）园林散文

散文类按照其表现园林的方式和内容可以分为两种类型：其一，园景再现，重在呈现园林景观的结构、空间、形态、色彩等方面特征，多体现在园记作品中；其二，园史记录，对于园林营建、发展及相关的人和事进行客观记录，见于园主传记、诔、行状、寿序等文体，比较零散。另外，园记中也有部分内容涉及园史。

1. 园景再现

郑氏园林散文类作品主要是园记，园记承担了对于园林客观景物如实反映的责任，以文字形式呈现郑氏园林的核心景观、空间布局、建筑特征、花木布置等景观要素。"故究造园之学，必通园记。园记者，有史、有法、有述、有论，其重要可知矣。"[1] 园记的文体特性决定了其文学表达的方式，此类作品偏于纪实，力图通过文字将整个客观园林空间全景呈现。通过文学的书写方式再现物质形态的园林，让郑氏园林能够以文字形式留存。

有关影园的园记作品包括郑元勋《影园自记》和茅元仪《影园记》。有关休园的园记作品包括计东《休园记》1篇，方象瑛、吴绮、许承家《重葺休园记》各1篇，李光地、宋和、张云章《三修休园记》各1篇。

这些园记点明园林景观设置、花木建筑、景观空间结构等园林要素。读者能按照文字的说明和描摹去想象曾经煊赫一时的园林。2000年以来，出现一大批以《影园记》和《影园自记》为蓝本，进行影园复原研究的著

---

[1] 陈植、张公弛选注：《中国历代名园记选注》，安徽科学技术出版社，1983年，陈从周序。

述,也有依托园记,对于影园复原方案的争论①,笔者已在绪论中提及,在此不赘述。这些著述至少可以证明影园园记的写实性特征,以及现在通过文字还原园林实体的可操作性。根据《影园自记》即可获知以下园林信息:

主体建筑:玉勾草堂、半浮、泳庵、淡烟疏雨、葫芦中、湄荣、一字斋、媚幽阁。

花木:芙蓉、梅、玉兰、垂丝海棠、绯白桃、兰、蕙、虞美人、良姜等。

空间结构:入门,山径数折,松杉密布,高下垂荫。

再入门,即榜"影园"二字,此书室耳!

堂在水一方,四面池,池尽荷。

入门曲廊,左右二道,左入予读书处,室三楹,庭三楹。②

园记表述采用移步换景的方式,以建筑为标点,串联起游园线路。园记中类似此类标明方位、次序、空间结构的表述还有很多。方象瑛在《重葺休园记》中记录:"其中曰语石堂、曰潄芳轩、曰云山阁。其右曰蕊栖、曰花屿。其左有山,山腰有曲亭,颜曰空翠山亭。其后培植小山丛桂森列,颜曰金鹅书屋。屋后修竹万竿,有轩曰琴啸。由琴啸而左,经竹林,长廊数十间,曲折环绕,曰卫书轩。轩傍有塘,塘植芙蕖数亩,开时清香袭人衣袂,颜曰含清别墅。墅傍有台,名曰得月居。中则为墨池阁,阁前垒石为峰,下为池,架以石桥,峰之前后皆有亭榭,曰玉照、曰不波航、曰枕流、曰九英书坞"。这段文字对于休园的景观序列、空间结构都做了明晰的说明。郑氏园主在营造或者修葺园林后,往往多人来作园记,故而出现同一园林由多人参与园记书写的情况。在这些园记中,大都注重园林景观的客观呈现,故而难免重复,在此不一一记述。

园记类散文重园景客观呈现,在语言表达上简明精练,景观设置的功能和效果也在文中解释说明,相当于园林的文字说明,为读者和游览者"读园"与"游园"提供了方便。也有一些散文将园林设计与营建时的匠心

---

① 马一凡在《影园文献相关问题探究及其空间布局复建方案》(扬州大学2018年硕士学位论文)中指出"中外园林建设有限公司官网"中的影园平面复原图与《影园自记》中的描述不符。

② 郑元勋辑:《影园瑶华集》中卷。

和情怀,以及游园时的感慨都赋予其中。这类作品注重抒情写意,更富文学色彩。如以下两例:

> 而文孙懋嘉,聿新遗构。济川识字,重开六鹤之堂;濠水支更,别筑五鱼之堰。既储花而待酒,亦叠石以移云。甘菊成田,有金英之的的;芙蓉被沼,列锦帐以重重。于是近眺唐昌,若见玉勾之洞;远瞻隋苑,如临绮岫之宫。月有二分,还能入室;波涵九曲,拟欲流觞。[①]

> 余偕郑子登山眺远,指点琼花台榭、玉勾洞天,其旧迹犹隐约在望;中层折而下,扳石磴,渡危桥,如行山阴道上,令人应接不暇;转入回廊,月桂含香,冉冉袭人衣裾,倚栏留连不忍去;俯瞰清池,文鸳、锦鲤往来残荷密藻间络绎弗绝。

吴绮用骈文的形式呈现休园风貌,文采飞扬。姚士藟在文中展现了游园路径和不同景观,给人带来别样的审美感受。这两段文字与前面所述说明性的园记文字风格迥异:前者语言平实,后者语言绮丽;前者重阐明景观特征,后者重营造园林文化氛围;前者重原貌客观呈现,后者重表现心灵体验。虽然此类重抒情写意的作品在郑氏园林散文中所占比重较少,但是其写意特征与其他园记纪实特征相辅相成,使得园林的人文气息氤氲,显得园林更加绮华隽雅。

2. 园史记录

在园记作品中,除了再现客观园景,有关造园的背景、历程、缘由等园史内容也囊括其中,且皆为珍贵的记录园史的文献。例如,计东《休园记》记载:"同年郑侍御尊公士介先生筮仕冬曹,年未衰,即以恬退,辞职归田里,卜筑于宅之西,名之曰'休园',索记于东"[②]。交代郑侠如营建休园的背景,以及请计东为休园作记的事情。许承家在《重葺休园记》中介绍了郑氏园林兴造的时代背景和社会背景:"明崇祯末,天下习于晏安,士大

---

① 吴绮:《重葺休园记》,见郑庆祐:《扬州休园志》卷一。
② 计东:《休园记》,见郑庆祐:《扬州休园志》卷一。

夫争驰骋好游，虽宇内有寇贼之警，若无足当其顾虑者。于是，家居则谋登眺游息之所，园亭往往而盛。而扬州尤昔所称佳丽地，琼花、竹西、木兰诸迹，流风犹有存者。"记述郑氏园林营造情况与文会情况："舅氏兄弟四人，皆以词章意气倾海内，车马过者甚众，乃各为园以待客……郑氏之园已甲于扬郡，一时公卿大夫士及缁衲来游者，莫不题咏壁上。"述及休园之来历和建园时间："入本朝四舅氏始有休园之建，园故朱氏旧址，舅氏重构新之"。①

此外，在序跋、传记、行状、墓志中也可见有关园林营造修葺和园林发展的零散记录，这些都是研究郑氏园林文学书写和文化活动必不可少的材料。如以下为序的例子：

> 园在扬州郭内，流水桥东，本经始于高大父水部公俟庵，传子侍御公晦中，及孙比部公懋嘉以少孤，几为有力者所攫，幸比部公用儒术登仕籍，迟久而后复之，传子箬溪员外。及生之身，凡五世，又以孤子当室，一时强有力者争虎视，将谋袭之，赖生能内秉慈训，读书砥行，力鼎新先业，园以是经百余年，终为郑氏物不坏。②

简述休园几代园主遭遇，记述郑庆祐葺园的历程。

> 外曾王父水部公当明天崇间与兄超宗公齐名，领袖东林，声称远迩，而图书翰墨、池亭馆榭、裙屐宴游，复极一时文物之盛。洊遭兵燹，门祚寖衰。入国朝而外王父侍御公起家甲第入，玉堂改西台，文笔谏草誉望赫然，有加于旧，乃未几捐馆，舍舅氏比部公昆季，皆未冠，外侮侵凌，几有风雨漂（飘）摇之患。外王母雷太恭人以未亡人手口卒瘏内外协赞，门户于以复完。追舅氏登贤，书恢先业，授官郎曹，葺昔时园圃，称觞上寿于北堂，观者啧啧谓郑氏有子可谓世济其美矣！无何，赴召玉楼，荆璞以孤僮绍绪，崑贻出继圣臣，公后又失所继。母茕茕弱息，外侮之叠至倍甚。曩时皆雷太恭人一身搘拄之，厥后两人授室，获有宁居，登上舍，需次铨

---
① 许承家：《重葺休园记》，见郑庆祐：《扬州休园志》卷一。
② 因昇：《扬州休园志序》，见郑庆祐：《扬州休园志》。

曹，三茸休园复捧觞上寿如昔日。馆阁文人为作记咏歌其事，咸云公侯子孙，必复其始，可不谓再盛欤！[①]

这段文字追溯休园的风雨历程，凸显郑氏家族传承园林的意义。

这些材料零散，不免简短细碎，但拼接连缀，可作为研究郑氏园林历史的重要材料，而且郑氏园林史与郑氏家族史错杂交融形成的文本结构，对于研究家族园林之文化意义也有重要价值。

（二）园林诗词

诗词类按照内容和书写园林的角度可以分为三种类型，即园景题咏、园居生活与园事述写。园景题咏，既包括针对整体园林的题咏，也包括针对具体景观阐释其文化意涵并抒发心灵感受的题咏；园居生活，主要表现郑氏历代园主在园内生活的体验和感受；园事述写，主要是对园林文化活动的记述。

1. 园景题咏

文学与园林之间本就有先天联系，明代陈继儒说"主人无俗志，筑圃见文心"，现代学者陈从周也说："看山如玩册页，游山如展手卷……要之必有我存在……何以得之，有赖于题咏，故画不加题显俗，景无摩崖（或匾对）难明，文与艺未能分割也。"[②]均强调文学与园林之间密不可分的关系。一方面，作为人化自然的园林，是主体精神对于自然的改造成果，园林营造渗透了造园者的思想情感、审美趣味，折射出造园者的艺术修养，园林中的景观已非单纯的客观物体，而是被赋予了丰厚的人文意蕴的审美对象，所以说园林是造园者心灵世界的物化体现。另一方面，园景题咏又将被物化后的固态园林转换为以语言文字来表达的精神世界，阐发了园林蕴藏的人文意涵。换言之，园林设计者将内心的诗情画意通过有形山亭水石加以表现，而园林题咏则将有形的山亭水石转化为无形的诗情画意。

---

① 张学林：《郑母仲太君八十寿序》，见郑庆祐：《扬州休园志》卷二。
② 陈从周：《说园》，同济大学出版社，2007年，第14页。

园景题咏的类型有整体园林题咏、景观题咏、园物题咏。整体园林题咏，即从整体关注园林，多在题目中出现"题影园""题休园"字样。景观题咏，即针对园林中的具体景观，往往以某一景观作为题目。园物题咏，即关注园内陈设之物，题目中就点明具体的植物、器物。具体作品情况统计如表3-1、表3-2、表3-3：

表3-1 郑氏园林"整体园林题咏"统计表

作者	作品及数量	出处
万时华	《寄题影园》2首	《影园瑶华集》下卷
丁孕乾	《寄题影园》1首	《影园瑶华集》下卷
梁于涘	《题影园》5首	《影园瑶华集》下卷
陈肇曾	《寄题影园》1首	《影园瑶华集》下卷
徐遵汤	《题影园》1首	《影园瑶华集》下卷
沈元龙	《题影园步梁饮光韵》1首	《影园瑶华集》下卷
汪立贤	《题影园》1首	《影园瑶华集》下卷
孙复道	《朐山寄题影园》1首	《影园瑶华集》下卷
陈素	《题影园》1首	《影园瑶华集》下卷
郑熙绩	《休园自题》3首	《含英阁诗草》

表3-2 郑氏园林"景观题咏"统计表

作者	作品及数量	出处
郑元勋	《菰芦中》等8首《和强真长留题玉勾草堂二韵》	《影园诗稿文稿》
强惟良	《竹径》等7首	《影园瑶华集》下卷
梁应圻	《梧院》等6首	《影园瑶华集》下卷
李之实	《画船》《邻圃》各1首	《影园瑶华集》下卷
梁于涘	《桐院》等8首	《影园瑶华集》下卷
徐宗道	《芦中》等4首	《影园瑶华集》下卷
阎汝哲	《画船》3首	《影园瑶华集》下卷
郑熙绩	《语石》等14首	《含英阁诗草》
郑玉珩	《墨池》等12首	《止心楼诗》
郑庆祜	《把翠山房》等7首	《扬州休园志》

表 3-3　郑氏园林"园物题咏"统计表

园物	作品及数量	作者	出处
黄牡丹	《咏影园黄牡丹》《续咏影园黄牡丹》共计 43 首	黎遂球 10 首 梁云构 1 首 万时华 3 首 徐颖 2 首 冒襄 2 首 陈名夏 2 首 梁应圻 1 首 顾尔迈 2 首 梁于涘 4 首 王光鲁 1 首 李陈玉 1 首 程邃 1 首 马是龙 1 首 姜垓 1 首 李之本 1 首 陈丹衷 2 首 李之椿 2 首 姜承宗 2 首 钱谦益 4 首	《影园瑶华集》上卷
鸳鸯	《影园孤鸳》	徐颖 1 首	《影园瑶华集》下卷
大理石屏 灵璧石 黄山杖	《晒休园三友图追忆先大父》《满江红·灵璧石》《满江红·大理石屏》《水调歌头·黄山藤杖》《休园灵璧石大理石屏歌》	郑侠如 3 首 郑熙绩 1 首 先著 1 首	《含英阁诗草》《诗余花钿集》《之溪老生集》

　　园林题咏是题咏诗的一类。题咏，顾名思义，兼有题诗和咏物性质。元代方回所撰《瀛奎律髓》谓之为"着题类"，侧重于"体物肖形""赋而有比"。[1] 清代刘熙载在《艺概》中说："咏物隐然只是咏怀，盖个中有我也。"[2] 郑氏园林题咏作品，既注重体物，表现园林的形貌特征，又能对景物做出阐释和进行个人情感的渗透。建成的园林是固态存在，其物理形态已定型，但这并不妨碍阐释层面的开放，园主和园客们通过园林吟咏，悟天地之理、感万物之性，各自不同的园林体验赋予了园林题咏多元丰富的意涵。可以说，郑氏园林题咏中映照着园林世界，也映照着园主与园客的"文心"。

---

[1] 方回：《瀛奎律髓》卷二七，上海古籍出版社，1993年，第353页。
[2] 刘熙载：《艺概》卷四，上海古籍出版社，1978年，第118页。

题咏映照园林的形貌和神韵。题咏灵活自由，有的针对园林的整体，有的选取园林中的景观片段，有即景书写，也有寄题之作，透过题咏，可以领略郑氏园林的形貌和神韵。"一水萦回草树繁，行人呼作小桃源。藏烟宿鹭荷千顷，叫月穿鹂柳万屯。种得好花通是囿，生来古木傍为门。广陵绝胜知何处？不说迷楼说影园。"从中可以看出影园草树繁茂、曲水萦绕、柳荫鹂歌、囿有好花、门傍古树的特色。顾尔迈云："蒋诩年来径已成，丛篁摇碧乱前楹。文尊莫视寻常事，诗板将申次第盟。此地一丘兼一壑，于时宜雨复宜晴。非关别馆秋风早，人是冰壶暑自清。"① 徐遵汤有："流者是月，停者是云。飞者是石，止者是津。潭中见竹，槛上浮萍。陆舟水屋，觉假梦真。"② 郑熙绩云："萧然小筑，欲拟子真。依山结宇，傍水垂纶。岩边对局，花下留宾。渊明载酒，公瑾携醇。琴邀叔夜，辖仿陈遵。虽非绿野，可远红尘。"③ "百尺横云峻，登台景倍饶。崔巍凌粉堞，突兀耸青霄。水近蟾明早，风清笛韵遥。无双亭在望，兴废问南朝。"④ 这些或围绕园林主体建筑展开，或书写园林大体形貌，随意自适，咏园之性，咏人之情。诗人是静默的读园者，也是园林的向导，其从多层次、多角度展示园景的声、色、味、韵，从而在文字中构建了诗意氤氲、画意盎然的园林世界。

在题咏中暗含造园观念与审美观念。清代钱泳在《履园丛话》中说："造园如作诗文，必使曲折有法，前后呼应。最忌堆砌，最忌错杂，方称佳构。"⑤ 强调造园要讲究法度，有法可循。如园林要讲虚实结合，明代计成在《园冶》中说："轩楹高爽，窗户虚邻；纳千顷之汪洋，收四时之烂熳"⑥，陈素《题影园》的"虚亭纳群芳"，就体现了园林虚实结合的美学原则，"遥峦

---

① 顾尔迈：《题佳要堂和刘晋卿韵》，见郑元勋辑：《影园瑶华集》下卷。
② 徐遵汤：《题影园》，见郑元勋辑：《影园瑶华集》下卷。
③ 郑熙绩：《含英阁诗草》卷二《休园自题三首》。
④ 郑熙绩：《含英阁诗草》卷五《得月台》。
⑤ 钱泳：《履园丛话》，张伟点校，中华书局，1979年，第545页。
⑥ 计成著，陈植注释：《园冶注释》，中国建筑工业出版社，2017年，第75页。

亦在窗"则体现窗的纳景功能[①];"虽居近市殊深谷,却喜沿溪借远山"[②],体现影园"借景"的特征;"率意沿溪置草堂,经营约略影相望"[③],体现园林对景的原则;"园摹画格形生影,妙解歌情肉并丝"[④],体现的是造园之理与画理相通。

题咏中体现对于园主志趣和情感的诠释。园主和园客都热衷于景观题咏,其中园客题咏中往往表现对园主的理解。万时华《寄题影园》诗云:"闻君卜筑带高城,鸥地凫天各性情。画里垂杨兼水澹,酒边明月为楼生。踏残芳草前朝影,吟落寒梅独夜声。一自琼花萧索后,此中花事属康成。"[⑤]康成,即汉代学者郑玄,曾客耕东莱,隐居讲学,是历来文人所追求的恬淡生活状态的象征。郑元勋在山影、水影、柳影的环绕遮蔽中建造了一方独立于尘世的天地,造园初衷和园林实践与汉代郑玄行为极为相似。万时华此诗由郑元勋追溯其远祖郑玄,挖掘郑氏家族的文化基因,解读郑元勋营造园林的情怀。陈素《题影园》云:"静汭宜别业,虚亭纳群芳。时花开镜中,秀竹延波光。怪石流霞采,禽鱼泳暗香。明月尝满树,遥峦亦在窗。怪哉我郑子,海岳宏胸里。清神立寒冰,举步方先轨。文章藐众趋,意气托古始。逝水日粼粼,浮云飙以轻。云水亦时缊,深山皆俗营。高誉有附会,嘤求鲜真声。"[⑥]园林的"虚亭纳群芳"与郑子"海岳宏胸里"可以对读,窗与亭的虚纳,与园主郑元勋人格魅力形成对照和互释关系。梁于涘《题影园》其三:"主人自爱园林住,醉醒烟萝我独知。枕富秘书翻读早,门稀俗客启扉迟。素琴老鹤能为伴,怪石新花巧助思。韦曲繁华习池酒,可输裴迪辋川诗。"[⑦]在书写中将对于影园的感官体验上升为与园主郑元勋人格精神的相知相惜。

---

① 陈素:《题影园》,见郑元勋辑:《影园瑶华集》下卷。
② 梁于涘:《题影园》,见郑元勋辑:《影园瑶华集》下卷。
③ 甘元鼎:《游影园赋》,见郑元勋辑:《影园瑶华集》下卷。
④ 范景文:《北归过影园同钱大鹤职方玩月是夕立秋》,见郑元勋辑:《影园瑶华集》下卷。
⑤ 万时华:《寄题影园》,见郑元勋辑:《影园瑶华集》下卷。
⑥ 陈素:《题影园》,见郑元勋辑:《影园瑶华集》下卷。
⑦ 梁于涘:《题影园》其三,见郑元勋辑:《影园瑶华集》下卷。

园主题咏也是园林题咏的重要部分，与园客的观者视角相对照，园主相当于园林的实践者和体验者，因此在题咏时表达志趣更为直接。郑元勋《菰芦中》："生计年来似老渔，菰蒲深处足逃予。岂长贫贱君休叹，出尚无车食有鱼。"①作为扬州富商家族的成员，郑元勋说"贫"有故作姿态之嫌，但也可以理解为他具有安贫乐道的传统士大夫的人格特征。郑熙绩《樵水》："避尘栖别墅，守拙掩荆扉。池涸潜鱼逼，林空野鸟归。垂纶缘有待，负米志无违。岂若桃源客，携家隐钓矶。"②在题咏休园景观"樵水"时，并未局限于对樵水景观的摹写，而是重在抒发自身的隐逸志趣。郑玉珩《卫书轩竹林纳凉》："直节复盘根，亭亭竹千个。何可一日无，抱卷此间坐。"③叙写不可一日无书、不可一日无竹的自在闲适的雅趣。

总之，郑氏园客通过观览园林，将自己对园主和园林的理解寄寓于题咏之中。郑氏园主用文字体现物质形态园林的意涵，通过题咏展示其造园初心与园林体验。两者共同成就了郑氏园林题咏的面貌。

2. 园居生活

郑氏园林是园主日常生活的场所。一条回廊，一泓碧水，抑或一声鸟鸣都可能引发园主的诗思，日常园居生活也成为文学书写的重要内容。

在郑氏历代园主的诗文集中存有大量书写园居生活的作品，如：

郑元勋《影园诗稿文稿》中录《归园》《返园》《三月晦日影园和袁田祖韵》等。

郑侠如《休园诗余》中录《浪淘沙·孤闷》《临江仙·消夏》《渔家傲·夏园即事》《鱼游春水·春园即事》《满江红·休园苦雨用曹顾庵尤悔庵倡和原韵》《满江红·午日休园再叠前韵》等。

郑熙绩《含英阁诗草》中录《春日园居》《夏日园居》《秋日园居》《冬日园居》《园居》《新秋雨后墨池夜坐二首》《书斋坐雨述怀》《夏日园居和友人韵》《书室初成雨中漫兴》《隐居漫兴》《午日休园漫兴》《夏日纳凉偶成》

---

① 郑元勋撰，郑开基辑：《影园诗稿文稿》。
② 郑熙绩：《含英阁诗草》卷五。
③ 郑玉珩：《止心楼诗》上卷。

《园居有感》等。

郑熙绩《含英阁诗余》中录《如梦令·夏日读书》《生查子·夏夜纳凉》《点绛唇·园居销夏》《诉衷情·夏日园居》《喜团圆·中秋侍家慈休园玩月口占》《清商怨·含英阁雨中漫兴》《东风第一枝·休园季秋绛桃绣球盛开》《水龙吟·新秋雨舫观荷》等。

郑玉珩《止心楼诗》中录《夏日杂兴》《卫书轩竹林纳凉》《秋日园中杂咏三首》《秋杪书怀四首》《止心楼雪霁远眺》等。

这部分文学作品多从园林环境、园居生活内容、日常生活的意趣来展现园主的园林生活。

首先,作品描写园林环境。园主常年在园,比之园客的泛泛游览,有更多感悟园景的机会。气能动物,物可感人,春秋代序中,园中景物随之变化,激发园主们的诗情。有"怪石铅松倚,书带绕青通德里,余寒犹峭,众鸟争含花芷"[1],描写初春乍暖还寒时候的休园,松倚怪石,书带草青翠葱茏,花间各种鸟儿飞来飞去,园主在静观中体悟自然变化带来的欣欣生意。郑熙绩《夏日园居》言"摊书北牖,踞坐匡床。芳兰吐颖,高柳成行。千章樾荫,数亩莲塘。鱼游密荇,蝉噪幽篁"[2],描写夏日休园兰草茂盛,密柳成荫,数亩荷塘莲叶田田,鱼儿穿梭荇草之中,幽深的竹林中蝉鸣此起彼伏,纵是炎夏,园内依然一片清凉。园主将细腻的园林体验诉诸笔端,让如画的园林环境愈发诗意盎然。

其次,郑氏园主们还在文学作品中表现清雅闲适的日常生活。园林是一方独立的私人领域,在此可摒弃俗情杂事,享受园中生活的惬意自由。"问我园居消夏事,广陵涛捲琼花。诸峰秀出玉勾斜,风微披古玩,雨过试新茶"[3],"爱静方弹焦尾琴,临书更用澄心"[4],"焚香开卷,于世何求"[5],"端

---

[1] 郑侠如:《休园诗余》,见聂先、曾王孙编:《百名家词钞》。
[2] 郑熙绩:《含英阁诗草》卷二。
[3] 郑侠如:《休园诗余》之《临江仙·消夏》,见聂先、曾王孙编:《百名家词钞》。
[4] 郑侠如:《休园诗余》之《鱼游春水·春园即事》,见聂先、曾王孙编:《百名家词钞》。
[5] 郑熙绩:《含英阁诗草》卷二《秋日园居》。

居何所事,惆怅晚春时。疏竹摇书案,飞花点砚池。梦回莺唤早,堂静燕归迟。独坐茶新熟,临风读楚辞"①。通过这些记述可知,郑氏园主们日常玩赏文物、弹琴、焚香、读书、写字、品茗等的诗意生活,这些皆与明清文人雅士日常生活无异,展现了"闲""静""雅"的生活风貌。

最后,在园居环境的描写和园林生活的描述中,也体现了郑氏园主们的园林意趣。诗词中多展示闲居安逸、耕读相伴的园林生活,塑造谢客闭门、北窗高卧的隐士形象,体现传统园林隐逸意趣,这既源于对传统园林隐逸文化的承续,也缘于郑氏家族的生活旨趣。

郑侠如《巫山一段云·警悟》写道:"耕凿安时论,烟霞羡独行。金风日夕弄秋声,怀挟万年情。揖让三杯酒,乾坤一草亭。平生蕉鹿霎时醒,空与月俱明。"②杜濬评论郑侠如词称赞道:"休园先生词,喜其无当行习气,正如餐霞羽客,结屋深山,采术为粮,久不食人间烟火者。"③除去词艺方面的考究,休园远离尘嚣的惬意生活是其词如"餐霞羽客"的重要原因之一。"但寻真乐,不逐浮名,书斋春满,仿佛蓬瀛"④,"亭亭孤生竹,屈曲盘深根。菁葱历霜雪,柯叶禁寒温。生平独癖嗜,种之长满园。园中何处多,厥惟卫书轩。四面敞清旷,竹居轩西偏。宽可十余亩,菱逮希见天。今兹方三夏,赤日苦炎燀。箕踞于其中,烦暑忽若蠲。清风时飒至,泠泠协管弦。虽愧千户侯,暂作地行仙。何可一日无,斯言良信然"⑤,描述园主摒弃世事杂务,在园中自得其乐的生活。

园主日常园居生活被纳入审美视野,生动鲜活地展现了作为个体的郑氏园主真切的园居体验。一个个园居场景组合,营造出清雅闲适的氛围,彰显着郑氏园主们的审美趣味和思想追求,也完成着郑氏文化型家族的形塑。

---

① 郑熙绩:《含英阁诗草》卷五《园居》。
② 郑侠如:《休园诗余》之《巫山一段云·警悟》,见聂先、曾王孙编:《百名家词钞》。
③ 杜濬:《百名家词钞引》,见聂先、曾王孙编:《百名家词钞》。
④ 郑熙绩:《含英阁诗草》卷二《春日园居》。
⑤ 郑玉珩:《止心楼诗》上卷《卫书轩竹林纳凉》。

3. 园事述写

从明至清，无论是影园还是休园，郑氏园林内的文化活动十分频繁。得园林之助，园主与园客或对酒当歌，或秉烛夜游，或齐聚雅集，或三五好友即兴游赏，这些信息都保留在文学作品之中。述写园林文化活动的作品，大致有两种类型，即集会诗和修葺诗。集会诗多以"宴集""雅集""小集""集"命名，此类诗作，《影园瑶华集》录8首，《扬州休园志》录90首。修葺诗是因营葺园林而作，郑氏家族在修葺园林后，常邀请文人雅士作诗纪念，尤其是有关休园的修葺诗数量颇多。郑庆祐《扬州休园志》中的诗作以修葺诗为主，按照时间顺序排列，"重葺""三葺""四葺"诗作共计94首。这些作品中有园林举行雅集产生的诗作，也偶有个人游览投赠之作。但是郑庆祐在编书时为了突出修葺园林的价值，将这类诗作均以"葺"作为主题。由于修葺诗和雅集诗内容上存在交叉相似之处，故本书对二者一概视之，不做细分。

园事述写的作品内容多表现主客相聚的情境、赞扬园主的事功、宣扬郑氏家族形象。

第一，表现主客相聚的情境。这类作品在书写中传达对园林环境的清赏、园主与园客之间融洽的氛围和他们当时当地的感触。例如：

写在园内知己相见，促膝深谈：

> 偶然三两客，深酌话平生。看谱惟评石，开门记在城。茶瓜分露冷，池馆贮凉轻。一叶庭前下，羁思诗未成。①

写把酒畅饮，豪气干云：

> 只今君已三十过，酌君大斗醉颜酡。②

> 诸君才如鲍谢手，花前勿徒恋盘匜。请趁繁英未摇落，烂醉纵笔成新诗。③

---

① 刘同升：《超宗招集佳要堂同黄叔暗顾不盈得成字》，见郑元勋辑：《影园瑶华集》下卷。
② 许承家：《休园宴集》，见郑庆祐：《扬州休园志》卷七。
③ 吴志祖：《休园赏梅》，见郑庆祐：《扬州休园志》卷八。

写主人殷勤,客人流连:

> 休园良会共徜徉,渌水红桥映曲廊。玉照亭前灯烂漫,四香堂外月昏黄。宜男草长萦书带,解语花妍倚笔床。自是郑庄饶逸兴,夜深留客更飞觞。①

> 绮席当轩列,童歌隔槛清。苍然暮色至,顿觉晚凉生。秉烛惊林鸟,延宾引咒觥。主人情意重,归去已三更。②

在诗中塑造贤主雅客的形象,两者相聚,其乐融融,人际关系网背后的利益关系被沉潜,浮现的是超越功利的意气相投。

第二,赞扬园主的事功。由于园林的营造、修葺与园主的科举成绩、社会地位、经济实力等因素密切相关,园客在书写中对园主多有称赞。例如:

> 沧桑世业几消磨,堂构重新乐事多。才藻翩翩称济美,簪缨奕弈继鸣珂。花迎旧主偏呈媚,鸟识欢颜亦解歌。聚首故人须尽醉,辋川名胜许频过。

> 闻说休园胜足夸,图书四壁擅风华。药栏次第皆全整,花径参差不碍斜。曲涧池通添绿涨,高楼帘卷映红霞。谁知解语旧时燕,恋恋还飞王谢家。③

> 蕊榜开龙虎,惊空冀北群。美名传啧啧,旧业理纷纷。④

> 平泉空复夸珍异,继武稀闻有后贤。⑤

---

① 沈白:《休园雅集》,见郑庆祐:《扬州休园志》卷七。
② 蔡廷治:《休园宴集四首》,见郑庆祐:《扬州休园志》卷七。
③ 张湛逢:《重葺休园二首》,见郑庆祐:《扬州休园志》卷七。
④ 王维翰:《重葺休园三首》,见郑庆祐:《扬州休园志》卷七。
⑤ 茅麐:《重葺休园》,见郑庆祐:《扬州休园志》卷七。

太邱德业规模远，小谢风流祖武绳。①

弱冠成名谁不羡，期君早著祖生鞭。②

三葺于今怀祖德，遥知此地是沧洲。③

后贤述祖德，花木勤栽培。④

为诗追祖德，暂拟闭柴关。⑤

胜地由来不易保，所贵有子及有孙。懋嘉事业行方大，坐看园中集响臻。⑥

水部风流旧所传，承家真羡后人贤。⑦

郑为光、郑侠如相继过世后，休园一度为外人觊觎，风雨飘摇，几近荒芜，后郑熙绩考中举人，赢得社会地位，才恢复并重新修葺园林。郑玉珩与郑庆祐也继承葺园传统，使得休园历经五世传承。郑氏家族守园、传园的事迹成为佳话，修葺诗中也多有呈现，园客在诗中直接赞赏园主当时之名与传园之功。但是这类诗作也有弊病，即模式化的称颂，思想情感趋同，写作主体的个性情感被遮蔽，文学价值不高。

第三，宣扬郑氏家族形象。由于园林本身具备深厚的文化内涵，以及中国古典园林历来与文人雅士关系密切，园客在称颂郑氏园主时，多联系

---

① 韩魏：《重葺休园》，见郑庆祐：《扬州休园志》卷七。
② 吴徽诰：《重葺休园二首》，见郑庆祐：《扬州休园志》卷七。
③ 吕履恒：《三葺休园二首》，见郑庆祐：《扬州休园志》卷八。
④ 沙维杓：《初夏雨中休园宴集二首》，见郑庆祐：《扬州休园志》卷八。
⑤ 邓汉仪：《休园宴集四首》，见郑庆祐：《扬州休园志》卷七。
⑥ 常时泰：《重葺休园》，见郑庆祐：《扬州休园志》卷七。
⑦ 方象瑛：《重葺休园二首》，见郑庆祐：《扬州休园志》卷七。

古代园林和文人的故事,将郑氏与之相提并论,凸显郑氏家族与园林的地位。

首先,追溯郑氏先贤名人,为其家族威望与文化性格找到历史依据。此类作品中经常出现的郑氏家族先贤有郑子真、郑当时、郑康成、郑虔。

> 吾闻郑子真,岩居谢世人。
> 又闻郑当时,结客无暇期。
> 二者相反乃相成,休园主人保令名。①

> 百年名胜喜重新,谷口风流继子真。②

> 君家园林旧有名,谷口咸推郑子真。③

> 胜于子真栖谷口,虞部当日初开基。④

> 子真旧有家园在,蕴武新成官阁游。⑤

> 排解频烦先茂叔,恢宏足慰昔康成。⑥

> 康成世有骚坛望,彩笔还看草白麻。⑦

> 依旧园亭饶胜景,应知继述有康成。⑧

---

① 常时泰:《重葺休园》,见郑庆祐:《扬州休园志》卷七。
② 钱元福:《重葺休园》,见郑庆祐:《扬州休园志》卷七。
③ 江滞:《休园雅集》,见郑庆祐:《扬州休园志》卷八。
④ 吴志祖:《休园赏梅》,见郑庆祐:《扬州休园志》卷八。
⑤ 卢士登:《重葺休园二首》,见郑庆祐:《扬州休园志》卷七。
⑥ 周本:《重葺休园》,见郑庆祐:《扬州休园志》卷七。
⑦ 王司龙:《重葺休园》,见郑庆祐:《扬州休园志》卷七。
⑧ 汤正垣:《重葺休园二首》,见郑庆祐:《扬州休园志》卷七。

绿杨城东罗高树，康成官罢城东住。①

人言郑虔隐，客有谢公来。②

郑子真，汉代著名隐士，《汉书·王贡两龚鲍传》记载他："修身自保，非其服弗服，非其食弗食。成帝时，元舅大将军王凤以礼聘子真，子真遂不诎而终。"郑当时，《史记·汲郑列传》记载"郑当时者，字庄，陈人也"，"以任侠自喜"，"声闻梁楚之间"，好结交宾客，潇洒磊落。郑玄，字康成，东汉经学家，《后汉书·郑玄传》记载其"少好学，不乐为吏"，"客耕东莱，学徒相随数百人"。郑虔，唐代书画家，一代通儒，宋代《宣和画谱》记载，唐玄宗赞之为"郑虔三绝"。这些郑氏先贤在文化、艺术、学术、人格修养方面历来为人称道，休园的园客们在诗中通过追溯郑氏先贤来展示家族底蕴，揭示郑氏家族的文化根脉，表达对其家族的尊崇。

除了在郑氏家族内部追溯，还在书写时运用其他相关历史典故来丰富园林的文化意蕴，进行郑氏家族的形塑。例如：

石能来米拜，松可傲秦官。③

楼应名庾亮，池可字高阳。④

人疑蒋诩宅，我爱子猷贤。⑤

刘郎重过此，应讶遍栽花。⑥

人言郑虔隐，客有谢公来。

---

① 李肇辅：《休园行》，见郑庆祐：《扬州休园志》卷八。
② 顾彩：《重葺休园四首》，见郑庆祐：《扬州休园志》卷七。
③ 袁于令：《休园宴集八首》，见郑庆祐：《扬州休园志》卷七。
④ 袁于令：《休园宴集八首》，见郑庆祐：《扬州休园志》卷七。
⑤ 顾彩：《重葺休园八首》，见郑庆祐：《扬州休园志》卷七。
⑥ 顾彩：《重过休园八首》，见郑庆祐：《扬州休园志》卷七。

辟疆吾旧业,未足拟君家。①

闲锄管宁圃,不受庾公尘。②

东山选胜寄徜徉,负郭为园拟辟疆。③

言过子真宅,宛似辟疆园。④

辋口风流知不减,可容裴迪唱酬频。⑤

辞章复睹平泉盛,酒数还依梓泽多。⑥

其中涉及诸多历史和神话人物故事,具体如下:

其一,"石能来米拜"用米芾拜石的典故,叶梦得《石林燕语》记载:"(米芾)知无为军,初入州廨,见立石颇奇,喜曰:'此足以当吾拜。'遂命左右取袍笏拜之,每呼曰'石丈'。"⑦"松可傲秦官"用秦始皇封松树之典,《汉官仪》记载:"秦始皇上封泰山,逢疾风暴雨,赖得抱树,因复其树为'五大夫松'。"⑧

其二,《世说新语·容止》记载晋代庾亮任武昌太尉时,在秋季月夜,与使吏登楼清谈。高阳池也叫习家池,西晋永嘉年间镇南将军山简镇守襄阳时,常来此饮酒,醉后自呼"高阳酒徒"。

其三,"蒋诩字元卿,为兖州刺史。王莽为宰衡,诩奏事,到灞上,称病

---

① 顾彩:《重葺休园四首》,见郑庆祐:《扬州休园志》卷七。
② 顾彩:《重葺休园八首》,见郑庆祐:《扬州休园志》卷七。
③ 吕谦恒:《三葺休园二首》,见郑庆祐:《扬州休园志》卷八。
④ 程名世:《过休园访主人不遇得诗三首》,见郑庆祐:《扬州休园志》卷八。
⑤ 邹霆谦:《重葺休园》,见郑庆祐:《扬州休园志》卷七。
⑥ 王宾:《重葺休园》,见郑庆祐:《扬州休园志》卷七。
⑦ 叶梦得:《石林燕语》,田松青、徐时仪校点,上海古籍出版社,2012年,第90页。
⑧ 吴淑撰注:《事类赋注》,冀勤、王秀梅、马蓉点校,中华书局,1989年,第486页。

不进,归杜陵,荆棘塞门舍中三径,终身不出。时人语曰:楚国二龚,不如杜陵蒋翁。"① 王子猷性情直率,《世说新语》中与他相关的有爱竹、访戴等故事。

其四,刘郎,唐代诗人刘禹锡被贬十年后重返长安,重游玄都观,写下《元和十年自朗州至京戏赠看花诸君子》,有"玄都观里桃千树,尽是刘郎去后栽"的诗句。

其五,郑虔,前文已述。谢公,即谢安石,《世说新语·排调》记载谢安石因志意不得伸展,便栖居东山。

其六,辟疆,即东晋顾辟疆,有园,以竹树、怪石闻名于世。

其七,管宁,好学,饱读经书,东汉末期的文学家,一生不慕名利,隐居山林。庾公,即庾亮,《世说新语·轻诋》记载庾亮权重,依附者趋之若鹜,王导鄙视其气焰嚣张,遇西风刮起尘土,他举扇遮挡,说庾亮的尘土弄脏了人。

其八,唐代诗人王维曾隐居辋川,其地奇胜,有华子冈、欹湖、竹里馆、柳浪、茱萸沜、辛夷坞等景观,王维与裴迪游其中,唱酬为乐。

其九,唐宰相李德裕在离洛阳三十里处建造的别业,名"平泉",以奇石异木著称。梓泽,指晋代石崇的金谷园。酒数,指在金谷园宴游时,若不能赋诗,便要罚酒三斗。

诸如米芾、刘禹锡、谢安石、顾辟疆、管宁、蒋诩、王维、李德裕这些历史上的名士,与他们有关的故事在此被引入休园的书写,赋予休园斑斓丰盈的文化色彩,积淀了休园的文化底蕴。

在一百多年中,历代园主在园林中徜徉林水,即兴感发,园客们往来其间,操觚染翰,留下了大量郑氏园林文学书写的文字,有园景再现、园史记录、园林题咏、园居生活、园事述写,从多个角度立体呈现郑氏园林文学书写的样态,且这几个方面不是完全割裂的疏离关系,而是彼此勾连交融,共同缔造了郑氏园林文学书写的面貌。

---

① 杜文澜辑:《古谣谚》,吴顺东、谭属春、陈爱平点校,岳麓书社,1992年,第507页。

二、从地理空间到文学空间

地理意义上的郑氏园林空间为往来于此的园主、园客们提供了文学活动的场所。他们登山临水、穿花拂柳、听鹂观鹤,在居游中尽情享受园林带来的审美体验。同时,他们也将对园林空间的感知转化为审美体验进行文学书写。"经过文学家主体的审美观照,作为客体的地理空间形态逐步积淀、升华为文学世界的精神家园、精神原型以及精神动力。"①郑氏园林在历代园主和众多园客审美观照与不断书写中,从地理意义上的空间上升为承载文人精神情感的文学空间,具有隐喻性质。

虽然地理空间意义上的郑氏园林有明确的范围,文学书写中的郑氏园林,经过园林主客的体悟、联想与想象,升华为一个更为广阔丰富的精神世界,但两者又是密不可分的。"文学空间与生活空间的关系是彼此依赖、同生共存、互为一体的,表现在生活空间参与文学空间的生产,文学空间参与生活空间的营构"②。一方面,郑氏园林是文学书写的对象和文学发生的场所,必然参与了文学生产。另一方面,园主、园客们以郑氏园林为中心,营造出个人心灵空间、家族精神空间与集体记忆空间,三者交互融合,形成多层面、多维度、立体存在的文学空间共同体。

(一)依林结圃幽——个人心灵空间

园林本身是人化的自然,融入了园林设计者和园主的生命体验,是一套完整的生命体系③,"他们将自己的社会理想、宇宙观、审美观、人格价值

---

① 梅新林:《文学批评:文化视界与时空拓展》,中国文史出版社,2007年,第58页。
② 江正云:《论文学空间》,武汉大学2013年博士学位论文。
③ 王耘观点:"(园林)已然虚拟出一套具有生命性的浑整的复杂体系,使人类与自然共从于此等齐如一的'结果'。"见王耘:《江南古代都会建筑与生态美学》,社会科学文献出版社,2012年,第41页。

等精神文化信息纳入这一方小园之中,借助有限的物质实体组成的空间,构建出精神的无限天地"[1]。从这个角度来看,园林是通过物化形态呈现的"心灵化的园林空间"。园林建造完成后,园主们徜徉其间,进行文化活动和文学书写,开掘了物化形态园林的意蕴,通过文学书写再次融入生命体验,建构了文学中"园林化的心灵空间"。以下从"心灵化的园林空间"和"园林化的心灵空间"两个维度来解读园林是个人心灵空间的意涵。

第一维度,"心灵化的园林空间",即园林融入了营造者的个人生命体验,是园主们精神世界的物态呈现。"我"这一角色在园林中非常重要,"无我之园,即无生命之园"[2]。文人"将大自然缩微于园林,同时也将乐园理想浓缩于园林中"[3]。无论是郑元勋遍览山水后胸有成竹,绘影园设计图纸,仅用八个月便完成营造,还是郑侠如在经历明清易代、扬州战火后选择弃官归隐,合并朱、汪两园,营造休园,抑或是其后继者对于园林的数次修葺、扩建、改造,这都反映了郑氏历代园主的苦心经营。园主的个人意志在造园的整体构思、建筑风格、花木择取、山石掇放等各个环节都有所体现。郑元勋影园自然天成,气韵生动,展示了他内心向往自然山水,追求心与物化的审美理想;郑侠如在休园设来鹤台,透露了他追求闲逸自由的人生境界的旨趣;郑熙绩对休园加以扩建,增设得月居、枕流、逸圃等景观,将自身对于自然意趣的悬想具体化为身边可观可触的园林景观,形成一个能投影心灵世界的艺术之境。总之,园林营造是主体性的投射,是个人心灵世界的外化。通过园林营葺打造个人心灵空间,是郑氏历代园主共同的特点。

第二维度,"园林化的心灵空间",即郑氏园主通过自身的园林文学书写与园林文化活动的组织对园林发挥积极作用,再次建立园林与心灵的联结。中国古典园林与隐逸文化有着密不可分的关系,建筑或植物的围绕让园林成为一个相对闭合的独立空间,居于其中可以杜绝外界的纷纷扰扰,由此园林可以作为远离尘嚣的避世场所。园林中的花鸟树石往往既是园主

---

[1] 曹林娣:《江南园林史论》,上海古籍出版社,2015年,第266页。
[2] 陈从周:《梓翁说园》,北京出版社,2004年,第32页。
[3] 李浩:《微型自然、私人天地与唐代文学诠释的空间》,载《文学评论》2007年第6期。

的观察对象,也是体会自我内心的媒介,借此可以充分审视自我,开拓内心世界。对影园和休园来说,郑氏历代园主是其"业主",是物权所有者,因此其在园中行止都有极大的自由度,他们在园中闲居或课读,有更充分的时间来感悟和品味园林,园林也是他们的私人空间,于此可以面对自我,走进自己的内心世界,获得精神世界的自由。郑氏园林承载着郑氏家族对于自我心灵世界的建构,面对浸润自己思想和情感的园林环境,他们用文字抉发园林深隐的情思,这些情思包括原初营造时的情思,也包括在日常园居生活中被二次激发的心灵感受。此外,文学作品中又映现了园林图景,这一图景经过文学的镕裁锻造,相当于一个园林化了的心灵空间。

以上两个维度只是时间意义上的划分,在文学的创作心理和文学作品呈现中,两者互相介入,相互融合。

郑元勋《影园诗稿文稿》中共有16首专门书写影园的诗作,数量虽然不多,却也可就此管窥他的心灵世界。"绮罗箫鼓共为群,谁独幽寻问白云。自爱疏篱通丽瞩,歌停舫止坐斜曛。"[1]抒写酒阑人散后,作者在夕阳下独坐画船,仰望白云,惬意自得,园中画船为心灵与自然的亲近提供了条件。"生计年来似老渔,菰蒲深处足逃予。岂长贫贱君休叹,出尚无车食有鱼。"虽然郑元勋属于扬州富商阶层,但他依然向往儒士安贫乐道的境界,并将这种情思寄托于园林景观的设置。再如:"驯来野鹤吟时舞,烹得山茶寤后香。何处最堪消受此,石垣桐影坐胡床。"[2]"新绿经微雨,初晴野步宜。撤篱通棹入,布石任尊移。坐必幽花侍,行应好鸟随。清音能展待,为我进悲丝。"[3]"到家无可喜,喜及送残春。草可刍疲骑,花能喧主人。去当黄脱落,归及绿鲜新。无恙琴书列,悠然手拂尘。"[4]第一首写桐院内驯鹤烹茶,潇洒闲适;第二首写雨过初晴,或散步,或泛舟,有花相伴,有鸟相知;第三首写落第回家后的落寞,幸好影园草可喂马,花可以安慰主人,还有

---

[1] 郑元勋:《画船》,见郑元勋撰,郑开基辑:《影园诗稿文稿》。
[2] 郑元勋:《桐院》,见郑元勋撰,郑开基辑:《影园诗稿文稿》。
[3] 郑元勋:《和强真长留题玉勾草堂二韵》,见郑元勋撰,郑开基辑:《影园诗稿文稿》。
[4] 郑元勋:《归园》,见郑元勋撰,郑开基辑:《影园诗稿文稿》。

琴书在列，这一切都在疗愈和抚慰失落的主人。这三首诗，无论悲欢，始终"我"是主宰，一切园景都是为园主而设，影园无疑给予了郑元勋归属感和自我存在感。虽然郑元勋是晚明扬州的社会活动家，影园也可谓门庭若市，但是郑元勋在独处品园时，更多的是感悟影园与自己心灵的相通之处，忽略了园林建筑之精美，并在诗歌中着意表现影园蓬深草长的自然特征，反映其萧散隐逸的心态，展现个人隐秘的心灵世界。

郑侠如在入清后解组还家，日日在休园以课读为业。他对于朝代更迭、家族动荡有更痛切的感知，以归隐的选择开启另一种人生方式，为失序的内心世界重新寻找生机。隐于休园无疑是他谢绝尘事，实现自我精神重构的选择。

> 怪石铅松倚，书带绕青通德里，余寒犹峭，众鸟争含花芷。爱静方弹焦尾琴，临书更用澄心。纸燕入画楼。鱼游春水。池上清流见底，又是一番新桃李。古人秉烛夜游，良有以耳。闭门谢客封蛛网，看竹人来时一启，初柳怀金，暮山拖紫。①

> 高阁晴空千嶂侍，环堤一带桐花坠，茅屋数间窗织翠，幽独媚，时时把玩钟王字。蘋沼风来沙岛醉，闭门自觉捐诸累，忽听鹍声惊午睡，添清思，悠悠不问千秋事。②

在中国传统文化中，怪石有反叛传统秩序、无用无为、坚贞等多重意味，郑侠如在休园内放置铅松怪石，可以视为他自身追求的隐喻。他平日居园"爱静"，保持"澄心"的状态；生活内容是弹琴临书，研习钟繇、王羲之的书法；闭门谢客，不理会外界的纷纷扰扰。在文学书写中郑侠如建构了一个与休园地理环境融合的、安宁闲逸的心灵世界，在与园林建构亲密关系的过程中，他捐弃诸多烦累，实现精神上的超越，实现自我生命的向内探索与成长。

其他园主也在文学书写中建构心灵空间。比如：

---

① 郑侠如：《休园诗余》之《鱼游春水·春园即事》，见聂先、曾王孙编：《百名家词钞》。
② 郑侠如：《休园诗余》之《渔家傲·夏园即事》，见聂先、曾王孙编：《百名家词钞》。

郑熙绩《园居》："端居何所事，惆怅晚春时。疏竹摇书案，飞花点砚池。梦回莺唤早，堂静燕归迟。独坐茶新熟，临风读楚辞。"《休园雅集十首》有"为爱幽居僻，萧然独掩关。闲瞻云出岫，静看鸟飞还。书债犹多负，尘缘可尽删。会心何在远，得意自开颜"[①]的诗句。郑玉珩《卫书轩》有"直节复盘根，亭亭竹千个。何可一日无，抱卷此间坐"，《绕云廊》有"斜廊数十折，流云环清渠。中有如磐石，闲当来钓鱼"[②]，《卫书轩竹林纳凉》有"箕踞于其中，烦暑忽若蠲。清风时飒至，泠泠协管弦。虽愧千户侯，暂作地行仙。何可一日无，斯言良信然"等诗句。郑庆祐《定舫》："似舫无风波，坐辄消百虑。试看清流中，游鱼自来去。"[③]《碧广》："小筑傍幽崖，阴森覆乔木。梧桐倘不凋，自可居无竹。"[④]这些作品均展现了郑氏园主对于园中景色清雅和园中生活的体悟。在充满天地自然无穷生意的园林世界中，他们的个人精神世界也得到了开掘。

除了书写"隐"的意趣，在书写中实现精神的自足和自由，郑氏园主不能纾解的心绪也萦绕其中，所谓"遭家不造，忧愤林泉"[⑤]。郑侠如虽然能放弃名利，莳花弄草，但在他的书写休园作品中，深深的心理创伤却无法彻底疗愈，诚如徐芳所评："呜呼！高人逸士，奇怀亮节之郁勃于世，茹之不能，而吐之不可。苟非读骚痛饮与縻其情于名花怪石、长篇短什之间，亦安所置其胸次哉？"[⑥]郑熙绩更是如此，他是家族的担当，虽然考中举人，但是参加会试屡次败北，他无法与外界保持绝对的疏离或对立，园林四时固然带来美好的审美体验，但这并不能消泯他壮志难酬的愤懑。郑熙绩《书斋坐雨述怀》云："风雨侵书幌，炎凉瞬息分。违时能守拙，开卷敢辞勤。花事犹如故，人情未若君。何年修健翮，冲举复凌云。"[⑦]由此可知，园林是

---

① 郑熙绩：《含英阁诗草》卷五《休园雅集十首》。
② 郑玉珩：《止心楼诗》上卷。
③ 郑庆祐：《扬州休园志》卷首"列景"。
④ 郑庆祐：《扬州休园志》卷首"列景"。
⑤ 杨汝毂：《箬溪郑君传》，见郑庆祐：《扬州休园志》卷四。
⑥ 徐芳：《休园诗余序》，见郑庆祐：《扬州休园志》卷三。
⑦ 郑熙绩：《含英阁诗草》卷五。

封闭独立的私人领域,在此空间可以抒发安闲之情,也可以发牢骚之语,这正是郑氏园林书写的真切可感之处。

综上所述,无论是郑元勋徜徉于自己的影园世界,还是郑侠如乞归居园,高卧北窗,抑或郑熙绩、郑玉珩、郑庆祐居游于园林,在日常生活中,园主们与园林里的山水花石、鱼鸟竹树,建立起了亲密的联结,他们参与了园林的营葺,园林也参与了他们在文学书写中的心灵世界的挖掘与建构。对郑氏园主而言,一方面,他们营建并观照心灵化的园林空间,审视园林物质空间的同时也在审视自我的内心世界,另一方面,他们将园景以及园居生活带来的感受形诸文字,倾力打造了在文学中园林化的心灵空间。

(二)珍重先人手泽营——家族文化象征

"家族不仅仅指向物质生产、生活层面的意义,也意味着凝聚文化倾向、人文情感和文学经验的文化共同体。"[①] 郑氏园林在历代传承与不断书写中,凝聚了有关郑氏家族的记忆、情感和精神,成为家族文化的象征。关于影园传承的资料较少,不做详细论述,在此专论休园。郑氏园林承载着郑氏家族的记忆,郑氏家族的园林实践与园林活动都为郑氏园林打上了深深的家族文化印记。"家宅,就像火和水,让我能够在接下来的篇章中谈起梦想的微光,它照亮了回忆与无法忆起之物的结合。在这个遥远的区域,记忆与想象互不分离。双方都致力于互相深入。两者在价值序列上组成了一个回忆和想象的共同体。因而家宅不仅是在历史的流逝过程中,在我们的历史叙事中日复一日地被体验着。通过幻想,我们生活中的居所共同渗透开来,保存着逝去岁月的宝藏。"[②] 郑氏园林投射了历代园主的主体精神,园林的景观陈设、花木草树,无不散布浸润着前辈的心意,又牵涉着后辈对于前辈的记忆和想象,有关家族的往事、情感和精神在不断被重温、

[①] 罗时进:《家族文学研究的逻辑起点与问题视阈》,载《中国社会科学》2012年第1期。
[②] 加斯东·巴什拉:《空间的诗学》,张逸婧译,上海译文出版社,2013年,第4页。

被体验,并融入了现时生活。作为文化空间的郑氏园林拥有家族向心力,吸引并指导着家族成员对其保护传承。通过休园园主和园客的文学作品可以看出休园书写有"传家"的意义,具体表现为以下几方面:

1. 郑氏园主对于家族精神空间的塑造

(1)寄托思念先人的家族情感

继影园之后,郑侠如营建休园,重葺郑氏园林,并在休园中读书课子,其人文精神也为后代所珍重。郑为光与郑侠如相继去世后,郑熙绩通过苦读中举,任职浙江刑部主事,赢得一定的社会地位,让休园重现辉煌,可谓践行家族使命。郑熙绩少时便在休园承教于祖父郑侠如,"侍先大父于休园,间见集唐人句以为友朋应答之章,心窃喜之,然不敢效法,恐妨制举"[①]。此段文字可做以下几个层面的解读:其一,郑熙绩童年时受教于祖父郑侠如,祖孙感情甚笃;其二,郑熙绩受到郑侠如文学趣味的影响;其三,郑熙绩以"制举"为重要的人生追求,担负着光耀门楣的重任。这三方面因素都可以归为郑熙绩重葺休园的心理动机。在1678年赴考前,郑熙绩郑重在祖父和父亲坟前拜别,作《拜辞先大父水部公先大人侍御公墓有感》:"追溯诒谋世德新,敝裘如故愧先人。瞻依子舍悲难再,展拜荒阡涕满巾。谡谡风声吟虎豹,离离草泽卧麒麟。逡巡欲去频回首,遥望松楸倍怆神。"诗末注评:"仁孝之思蔼然溢于言外,想见夕阳衰草徘徊丘垄时。"[②]非常贴切地写出了郑熙绩对于祖父和父亲真切的怀念。

郑熙绩在《重葺休园有感》序言中写道:

> 休园者,先大父水部公著书习静之地也。先大父解组归田,即以杜门课先大人为事,及先大人成进士读书中秘。先大父专以著述自娱,故《迩言》《省录》诗词诸集皆以休园名之,著述之暇,间构亭阁池榭,以供游憩,南北士大夫过邗者咸往来题咏其中。恸自先大父、先大人玉楼召赴,遂致金谷荒芜,休园兴废变迁几有不堪回首者,绩虽感慨系之,亦徒付之无可如何而已。迄己未暮春,绩

---

① 郑熙绩:《三峰草堂集句自序》,见郑庆祐:《扬州休园志》卷三。
② 郑熙绩:《含英阁诗草》卷六。

> 公车返舍复过休园，载观一草一木皆系先人所手植，某水某丘曾为先人所钓游，未免有情，谁能堪此？由是重加葺治，渐复旧观，移榻下帷，悲喜交集。①

草木为先人手植，山水先人曾于此钓游，在休园空间中，曾经真切存在的祖父郑侠如与父亲郑为光的行迹，待此时郑熙绩重新感受品味之时，先人的光景再一次出现。休园空间寄寓着前辈对后辈的希望，以及后辈对先人的怀念与想象，在这种情感驱使下，修葺休园，重振家业，是郑熙绩内心的自觉担当。

（2）传递坚忍不屈的家族精神

郑熙绩少时在休园承教于祖父郑侠如，诗云："忆昔余祖存，追随欣绕膝。质疑趋庭前，课业开书帙。励学勖余勤，持身严若律。繁华戒勿撄，交友远游佚。祖训口谆谆，钦兹如彀率。"②在郑侠如的教导和影响下，郑熙绩以举业为重要的人生追求，担负光耀门楣的重任。郑熙绩"书恢先业，授官郎曹，葺昔时园圃，称觞上寿于北堂"，他用行动展示了家族的形象，也为郑氏家族开辟守园、葺园之先路。其子郑玉珩与其孙郑庆祐也恪守此传统，在家族奋进坚忍的精神驱动下，克服困难修葺园林。郑熙绩去世时，郑玉珩年仅三岁，"外侮之叠至倍甚"，他自述：

> 屋后休园者，先曾祖水部公所手创，吾父当扩而新之，以奉板舆，三十年来日就倾圮。当甲午岁，大母登七十，（玉珩）将集亲友奉觞，大母命曰："尔盍节诸浮费，一葺此园，此三世手泽可念也。"迩者，稍加葺治，间或过从历览，而喜曰：吾老人岂欲为游玩地哉？先业之勿坠当如此园矣！③

郑庆祐四葺休园，并且辑录郑氏休园历代文学作品，"录诸先达所为园记，详载其池台亭馆先后建置之由，而并辑远近士大夫游览宴会投赠之作，及有关先人懿行之文，都为一集，以传之家乘者也"。他所辑录的《扬州休

---

① 郑熙绩：《含英阁诗草》卷六。
② 郑熙绩：《含英阁诗草》卷三《晒休园三友图追忆先大父（有序）》。
③ 张恕可：《郑节母雷太恭人行状》，见郑庆祐：《扬州休园志》卷六。

园志》作为家族的史志,以文本的形式展示家族与园林并行发展的样貌,从而也传承了郑氏家族坚守家业的精神。

(3)传承隐逸自守的家族文化

郑侠如给园林取名为"休",含义是:"昔孙昉自称四休居士,有粗茶淡饭饱即休,补破遮寒暖即休,三平两满过即休,不贪不妒老即休之语,园之名盖有取乎是。"①确立了休园隐逸自适的主题,他在《渔家傲·夏园即事》中写道:

> 高阁晴空千嶂侍,环堤一带桐花坠,茅屋数间窗织翠,幽独媚,时时把玩钟王字。蘋沼风来沙岛醉,闭门自觉捐诸累,忽听鹂声惊午睡,添清思,悠悠不问千秋事。

词作塑造了一个在休园闲居,闭门不问世事的高士形象。郑侠如的休园书写相当于为其后辈命定了题目,其后的园主作品基本都是围绕郑侠如的命题展开的。

郑熙绩《休园自题三首》其一云:

> 宅后荒圃,先人蒐裘。归田解组,杖履优游,知足知止,不忮不求。高台眺远,水阁盟鸥。池迎邗水,地近玉勾,园名自署,心逸曰休。②

对上述郑侠如的"四休"思想做出了回应和进一步阐释。

郑玉珩《卫书轩竹林纳凉》言:

> 箕踞于其中,烦暑忽若蠲。清风时飒至,泠泠协管弦。虽愧千户侯,暂作地行仙。何可一日无,斯言良信然。

同样传承了清净自守的家族文化。前辈影响后辈,后辈效仿前辈,代代书写,共同缔造了休园隐逸自适的文化传统。

总之,休园是郑氏家族文化的象征,在园主书写休园的文学作品中,家族情感、家族精神、家族文化得以呈现和传承。郑氏园主通过不断书写、修葺,用各自的实践行动营造出家族文化的空间。

---

① 计东:《休园记》,见郑庆祐:《扬州休园志》卷一。
② 郑熙绩:《含英阁诗草》卷二。

2. 园客参与郑氏家族精神空间的塑造

郑氏后辈笃守先人教诲,不坠家声,在当时为人所称道。园客也参与了郑氏家族的精神空间的塑造,主要体现为赞扬郑氏修葺园林的举措,从品德的角度强调郑氏家族的仁孝精神。园客多赞扬园主的修葺行为,并将其与仁孝品德相关联。其中最为突出的是郑熙绩。康熙二十五年秋日,冒襄过休园,看到经郑熙绩修葺一新的休园,称赞:"噫,懋嘉亦贤矣哉!夫通德之里代有传人,而懋嘉犹能光大前人之业,酒酣灯灺低徊数十年事,仿佛如前尘昔梦,追话当年历历在耳,则余之衰晚尤为可叹也。"①郑熙绩重振家族,继承先业,冒襄不禁追忆起数十年间与郑氏家族成员的交往:晚明在影园中与郑元勋唱酬,召集黄牡丹诗会的盛事,后来又与郑侠如在休园叙旧。影园易主,休园却能存留并且传于子孙并"光大而式廓之",其中的兴衰沧桑让冒襄感慨万千。方象瑛也在《含英阁诗序》中赞叹:

> 使非得懋嘉为之孙,且使懋嘉不能光大而式廓之,则虽园亭竹树无恙于祖若父无与也,乃懋嘉不忘其先已如此,是故攀条履石皋然兴者,先人之手泽也;堂楹书史观感而不容已者,先人之留贻也;良朋佳客唱和乎其中,若者可以群;感旧怀先悲从中来,若者可以怨。懋嘉之诗皆懋嘉之孝思为之,他日出而事君又岂有异理哉……当必更切诗曰:无念尔祖,聿修厥德。又曰:夙兴夜寐,无忝尔所生。②

方象瑛不仅认为郑熙绩传园、葺园行为出于忠孝之思,而且认为郑熙绩相关的诗作也是"孝思为之",虽固有以偏概全之嫌,但是对郑熙绩孝行的认可则毋庸置疑。

在园客的诗歌作品中,对于修葺园林行为的称颂更是不遗余力。例如,常时泰《重葺休园》:

> 吾闻郑子真,岩居谢世人。

---

① 冒襄辑:《同人集》卷一《郑懋嘉中翰诗集序》,见四库全书存目丛书编纂委员会编:《四库全书存目丛书》集部第385册,齐鲁书社,1997年,第41页。
② 郑庆祐:《扬州休园志》卷三。

又闻郑当时，结客无暇期。
二者相反乃相成，休园主人保令名。
休园何在在芜城，往来冠盖日纵横。
鸣镳鼓枻竞奔逐，何人剩有造园情。
果是闻声贪清赏，把臂入林必吾党。
仲蔚蓬蒿合复开，渊明松菊荒犹长。
月夜吹箫稍稍来，花时骑鹤特特访。
有客如斯岂谢之，谢客爱客元非两。
此园创自士介公，著书习静谷口风。
我辈仰止为父行，与今懋嘉视我同。
晦中侍御苦不寿，此园几向他家售。
快哉懋嘉亟收回，平泉木石悉仍旧。
补废增新心力长，洗剔佳气青葱又。
众夸年少妙经营，郑生但谢肯堂构。
呜呼！华林主者姓氏湮，金谷竟不没其身。
胜地由来不易保，所贵有子及有孙。
懋嘉事业行方大，坐看园中集响臻。
隋家选胜江都地，龙渠神山皆不啻。
足知为园于此中，占尽城中多奇致。
郑生好客莫言贫，郑生述先不辞累。
日下香醪载百斛，海上腥肴储千器。
从此高轩过维扬，人人思向休园醉。[①]

向来平泉草木难存，"胜地""不易保"，但休园却能够打破园林命运的规律，存留几世，所以园客们将此归功于郑氏子孙贤能，极力称赞郑熙绩的葺园行为。对于郑玉珩与郑庆祐的葺园行为，园客们赞不绝口。宋和《三修休园记》写道："虽曰新其园亭，亦肯其堂构之志也"[②]。吕履恒《三葺休园二

---
① 郑庆祐：《扬州休园志》卷七。
② 郑庆祐：《扬州休园志》卷一。

首》其一写道:"昔年曾向广陵游,问讯名园得暂留。对酒杯邀花下月,开襟风度涧边流。诗题旧壁苔痕古,梦忆闲窗竹影幽。三葺于今怀祖德,遥知此地是沧洲。"[1]吕谦恒《三葺休园二首》其二写道:"知君不为烟霞癖,念祖常怀奕世恩。"[2]乔颐孙《四葺休园》写道:"从来大业守者难,绸缪阴雨须人力。承家况属藐诸孤,能保金瓯不销蚀。主人为言先世来,阅历年华将二百。园凡四葺费经营,直到于今存树石。我思平泉花木亦等闲,所贵绵延前代泽。两朝不改旧规模,此地此人称去呼通德。"《扬州休园志》里三葺休园诗、四葺休园诗中类似的诗作还有不少。

休园多次修葺,是郑氏家族后辈对于家的守护和捍卫,这背后也涉及园林作为财产的物权意识,但在文学书写中,更突出的是家族精神的传承和彰显。园林兴衰与园主达、穷密切相关,家族园林能否传承的背后牵扯的是子孙的社会地位和实力的高低,因此当园林复兴时,称赞园主的成就显得理所当然。当然,在修葺休园的诗作中高频出现称颂主人的作品,难免有模式化的倾向,也不排除应景奉承之作。

根据以上分析,可以看出园主出于个体情感书写有关休园的家族记忆,园客则多站在外围从德行角度评价,园主与园客文学书写内外双向合力互促,塑造了休园家族文化空间,休园也随之成为郑氏家族精神的象征。正因如此,郑氏历代园主不遗余力地守护、修葺园林,举行文会,来恪守家族园林的营葺和文化传统。

(三)独怜故国瑶华社——集体记忆承载

郑元勋逝世后,影园先易主后凋零,但依然有不少文人参与影园的书写。后人所游的已经不是当年地理空间上的影园,而是根据口头或文字的记述,或断垣残瓦构建了的影园记忆空间。巴什拉说:"没有在回忆的景物中足够停留的回忆,并不是充满活力的记忆。记忆与想象的结合使我们在

---

[1] 郑庆祐:《扬州休园志》卷八。
[2] 郑庆祐:《扬州休园志》卷八。

摆脱了偶然事故的诗的存在主义中,体验到非事件性的情境……那时,活跃在我们身心中的不是历史的记忆而是宇宙的记忆。"[1]郑氏园林位于扬州城,是扬州城的一部分,其命运与这座城市的命运休戚相关。城市不仅是个人记忆的存放之地,也是集体记忆的场所。"集体记忆既是时间的,又是空间的,它根植于地方,包含了地方的往日,文化景观则记录下审视往日的种种方式,即一种记忆和纪念场所相互交织的网络。"[2]郑氏园林作为扬州重要的地理景观,其文学书写已经突破了客观地理和事件的限制,地理和历史积淀交错,扩张延伸,从而形成了更大的文学场域,承载着有关扬州的集体记忆。

1. 影园记忆空间形成的原因

首先,从地理角度来看,郑氏园林是扬州城市的一部分,与扬州周围环境密不可分。一方面,源于园林建造本就注重和周围环境的协调:"士人园除了要以划分、组合园林空间作为其艺术造型的基本手段,更要以园中的空间关系以及园林与园外自然环境间的空间关系,表现出他们对于整个宇宙的理解和认识。"[3]园林借景是艺术手法,背后的支撑是士人宇宙观在园林的投射,让园林与周围环境融为一体,无法分割。影园采用借景手法,建在山影、水影、柳影之间[4],在园内登上高处"迷楼、平山皆在项臂,江南诸山,历历青来"[5],与周围环境形成统一的整体。另一方面,郑氏园林地处诸多园亭胜景之中,休园北靠蜀冈,东临扬州府城,借景运河[6]。周围园亭林立,休园中的三峰山地势高,"占尽城中多奇致","登临看遍古扬州"[7]。扬州作为园林的地理依托,其城市历史风云沉淀的文化内涵往往凝聚于诸

---

[1] 加斯东·巴什拉:《梦想的诗学》,刘自强译,生活·读书·新知三联书店,1996年,第151页。
[2] Alexander T. "'Welcome to old times': inserting the okie past into California's San Joaquin Valley present", *Journal of cultural geography*, 2009, pp.71-100.
[3] 王毅:《园林与中国文化》,上海人民出版社,1990年,第95页。
[4] 徐世溥:《影园诗序》,见郑元勋撰,郑开基辑:《影园诗稿文稿》。
[5] 郑元勋:《影园自记》,见郑元勋辑:《影园瑶华集》中卷。
[6] 都铭认为休园通过跨街建设和抬高地面的方式向运河借景,见都铭:《扬州园林变迁研究——人群与风景》,同济大学出版社,2014年,第54页。
[7] 方象瑛:《重葺休园》,见郑庆祐:《扬州休园志》卷七。

多园林景观，如平山堂、红桥等，郑氏园林也是其中之一。空间的扩大和泛化，让郑氏园林超越了自身所处的有限的物理空间，成为更大的文化场域。郑氏园林由于其园林特色而成为扬州典型地景，参与了扬州历史记忆的建构，故而其地理位置不仅仅是主人的审美选择，也可以作为地域的象征。

其次，从历史积淀角度来看，郑氏园林牵涉的不只是一个园林的记忆，也包括扬州这座城市的历史记忆。"把历史城区定义为一个综合性系统，而不是纪念物和城市肌理的'总和'，不但与其周边地区及环境之间存在历史、地形和社会方面的联系，还以复杂的层积性意义和表现形式为特征。"[1] 李格非在《洛阳名园记》中说："园圃之废兴，洛阳盛衰之候也"，"游之亦可以观万物之无常，览时之倏来而忽逝也"。[2] 园林兴亡与城市的盛衰紧密相连，园林命运折射时间易逝、万物无常的普遍规律。以此类推，郑氏园林也是扬州的"盛衰之候"。这是因为扬州历史悠久，如六朝、隋朝繁华，无不是扬州城独特的历史记忆，这些记忆也浸入了郑氏园林的书写。

如李雯《隋堤行寄题广陵郑超宗园亭》记载：

君不见隋家宫殿临江汜，柳色千门照江水。

春草宫中瑟瑟多，斗鸡台下香风起。

辇道凝笳翠袖回，红妆映日垂杨里。

谁言此地属繁华？凤舸龙帆卷暮霞。

当年莲唱沉江月，千岁春风吹柳花。

隋家杨柳君不见，别有青青照人面。

小开池馆近迷楼，复植江花邻月观。

月观迷楼安在哉？请君薄暮登高台。

芜城画角犹平舫，邗水清歌共落梅。

---

[1] 弗朗切斯科·班德林、吴瑞梵：《城市时代的遗产管理——历史性城镇景观及其方法》，裴洁婷译，同济大学出版社，2017年，第84页。
[2] 陈从周、蒋启霆选编：《园综》（新版）下册，赵厚均校订、注释，同济大学出版社，2011年，第172、171页。

> 尝在江南望江北，欲问观涛广陵客。
> 几度思登扬子桥，参差未识江都宅。
> 闻君早晚赋闲居，徂暑迎春奉板舆。
> 百尺高楼宫柳岸，月明更钓海陵鱼。①

由隋帝宫苑到郑元勋的影园，其间有地理上的联系，也有园亭性质类似的关联，文学则对园亭牵涉的历史记忆进行了探寻和书写。影园园客钱位坤也在《影园秋夜》中写道："官河衰柳当门树，隋苑繁华隔岸枝。不觉歌声怜子夜，烟绵城火望迷离。"万时华《寄题影园》中有："隋帝箫声寒入梦，渔郎花片夜通津。频年莫道惊烽火，闭户谁知有晋秦。"② 常时泰《重葺休园》中有："隋家选胜江都地，龙渠神山皆不啻。"由此看来，郑氏园林的文学书写已经超越了时空限制，牵动着扬州城市更为久远的历史。

最后，影园的园主、园客在明清之际的事迹也积淀为影园空间恒久的记忆，激发了后代文人的追忆书写。英国学者迈克·克朗认为空间具有身份属性③，其实人可以通过实践来建构地理空间的文化意义。影园在晚明时曾为复社据点之一，园内经常名流云集。文人士大夫在此指点江山、诗酒唱和，黄牡丹诗会更是文坛佳话。甲申高杰兵驻扬州之际，郑元勋因误会被杀，影园易主，后沦为废园。影园园客们的命运也在易代中各自沉浮：黄牡丹诗会上风光无限的"黄牡丹状元"黎遂球以身殉国，万时华病逝扬州，范景文殉节自尽，陈名夏变节降清，梁于涘被俘拒降而死，冒襄退隐水绘园，等等。易代改变了曾流连于影园的复社成员的命运，积淀成为影园与扬州城的历史记忆。"整体的价值集中在断片里：它是充盈丰满的。然而，正如其他的价值集聚点一样，价值有可能逐渐变成为似乎是象征物自身的属性。我们反过来通过拥有象征物来谋求价值。"④ 影园的残景、文字

---

① 李雯：《蓼斋集》卷一八，清顺治十四年石维昆刻本。
② 郑元勋辑：《影园瑶华集》下卷。
③ 迈克·克朗：《文化地理学》（修订版），杨淑华、宋慧敏译，南京大学出版社，2005年，第54—55页。
④ 宇文所安：《追忆：中国古典文学中的往事再现》，郑学勤译，生活·读书·新知三联书店，2014年，第95页。

中的影园记忆、影园园主与园客的故事,这一个个有意味的断片,充满价值,逐渐变成了影园"自身的属性",触动了后来人的心灵,也为后代文人不断回忆提供源泉。

2. 易代语境下清代文人的影园书写

影园优美的园林环境和风雅的园主吸引了文人墨客前来游赏题咏,使影园一度成为文士雅集的重要场所。明清易代之际,郑元勋因误会被民众枉杀,随后影园易主,终颓败凋零。园内往日的裙屐宴游风流云散,亭台楼阁也在历史风尘中湮灭。尽管如此,与此相关的文化记忆却未随之消失,影园依然是清代文人作品中频频出现的话题,唤起人们对于明清鼎革的历史记忆。清代文人的影园书写主要体现在以下几方面:

(1)从黄牡丹诗会到晚明文化氛围

明崇祯年间,来往于影园的文人士子有60余位,其中不乏艾南英、钱谦益、冒襄等文化名人,影园内文人雅集频繁,最令人瞩目的当数黄牡丹诗会。崇祯十三年,影园内黄牡丹盛开,郑元勋在园内召集黄牡丹诗会,如皋冒襄等人在影园聚集,共同题咏黄牡丹,诗会产生的作品采用科举"糊名"的方式,交由当时文坛盟主钱谦益评定。最终,黎遂球被评为"黄牡丹状元",郑元勋将一对镌刻"黄牡丹状元"字样的金杯作为奖品颁予黎遂球,并为之举行了隆重的授奖仪式。黄牡丹诗会中展现的文士风流成为影园空间经久不衰的记忆。清代文人在追忆此次盛会时,多将其与盛唐相联系。徐增曾对此次文坛盛况做了极为细致的描摹:"放榜长安举子喧,盛唐天子正临轩。姓名胪唱开三殿,诗句惊传抵万言。金带曾邀丞相赏,锦袍初赐圣人恩。上林走马花多少,朵朵先开向状元。"[1]以满怀的诗情追慕黄牡丹诗会的风雅,并将其与唐代科举放榜后的盛大情形相提并论。钱谦益称这此诗会是"此亦承平盛际,唐人擅场之流风也"[2];陈文述在《影园是

---

[1] 徐增:《九语堂集》诗之七,见《清代诗文集汇编》编纂委员会编:《清代诗文集汇编》第41册,上海古籍出版社,2010年,第189页。
[2] 钱谦益:《牧斋有学集》卷二〇《徐子能黄牡丹诗序》,钱曾笺注,钱仲联标校,上海古籍出版社,1996年,第853页。

黎遂球咏黄牡丹处》中赞叹："诗坛当日盛筵开，解赋名花识俊才，太白曾邀妃子赏，牡丹亲见状元来"①，由诗会联想到唐代李白为杨贵妃作《清平调》的故事。从黄牡丹诗会诞生的背景来看，崇祯时期，战乱频仍，明政权岌岌可危，但是清代文人在书写中却将黄牡丹诗会视为承平盛事，用盛唐来影射晚明，究竟是什么导致了历史现实与文学书写之间的"错位"？显然这与晚明时期文化氛围的宽松，以及在此背景下黄牡丹诗会展现出了文人们的自由与张扬有着密切的关联。清代文化政策严苛，禁止文人结社集会，文人的思想表达被钳制和压抑，因此，可以说，清代文人对影园黄牡丹文士风流的集体追慕，绝不是简单的文学书写中的偏爱和倾向，更多的则显现出彼时学界文坛的压抑之风以及对晚明时期宽松文化环境"虽不能至，心向往之"的神往与怀念。

（2）从复社名士事迹到民族忠义气节

影园是复社名士的活动场所，复社成员在国家危难之际展现出的社会担当与名士气节也是后来清代文人书写影园时所涉及的重要内容。

易代之际，影园相关的复社名士更是展现了士的情怀与节操，郑元勋在甲申高杰进驻扬州时，只身前往高杰兵营斡旋，因误会被扬州民众枉杀；清兵攻入后，黎遂球率兵支援江西赣州的南明军队，身中三箭，被清兵杀害；崇祯帝在煤山自缢后，范景文跳入古井，以身殉国。纵然影园在地理上的实体已不在，但是与影园相关的复社文人在民族危亡之际所展现出的风骨成为影园空间永久的印记。园主和园客们的事迹，为清代文人提供了素材和情感生发点。钱谦益慨叹"都会焚毁，英俊凋伤。郑生侠骨，久付沙场。黎子文心，尚余碧血"②。杭世骏评价辑录黄牡丹诗会作品的《影园瑶华集》道："贤人聚而星明，正气伸而道重，虽一编之诗，三光五岳蟠结于行间，昭回于千载之下，可也。厥后刘、范二公竟殉社稷，而美周毁家纾

---

① 陈文述：《颐道堂集》诗选卷一九，清嘉庆十二年刻道光增修本。
② 钱谦益：《牧斋有学集》卷二〇《徐子能黄牡丹诗学》，钱曾笺注，钱仲联标校，上海古籍出版社，1996年，第853页。

难,毕命虔州,与职方后先辉映。"① 郑元勋、范景文、黎遂球的事迹为影园增添了悲壮与辉煌。顾文彬看到黄牡丹图绘,联想到黎遂球殉国之事,也评价此事"足使影园灵花大长声价"②。张鉴在《过休园吊郑元勋》中写道:"诗社飘零感万端,影园人尽北风寒。黎郎去作沉湘客,无复春阴黄牡丹。流云暗壑阁苔青,重见司勋旧日经。一自高家兵马后,惟留老树在空庭。"③诗中满溢对郑元勋和黎遂球的追忆。

虽然复社名士活动的轨迹并非完全集中于影园,但是黄牡丹诗会等雅集使他们无论身在何处都具有影园园客的身份。因此,复社名士在易代之际以天下为己任的责任感和舍生取义的气节,也为影园空间增添了忠义的文化内涵。

(3)从郑氏影园废址到前朝故国哀思

清代文人目光还投向凋零废弃的影园,通过"废园"影射扬州在易代时的惨痛记忆,寄托故国之思。

园林往往能牵动一个城市甚至一个时代的记忆。当代学者赵园认为"颓废有待表征,废园就充当了表征。诗人在夕阳中瞥见了园的荒芜,不免要想到一个王朝的倾颓,一代人文无可挽回的末运"④。颓败的影园便是如此,它折射出易代之际扬州城的记忆,也引发清代文人的兴亡之感。清军占领扬州后,多铎下令屠城,造成了惨绝人寰的"扬州十日"。这座城市生灵涂炭,满目疮痍,给文人留下了铭心刻骨的创伤记忆。在清代文化高压政策下,文人们不能直抒胸臆,借"废园"来寄托情感也是他们表达幽微心曲的方式之一。郑侠如在扬州建休园,冒襄游于其中,感慨影园"已为寒烟茂草矣,晤超老弟水部士介公,相与感慨涕泣不能言"⑤。对明遗民来说,

---

① 杭世骏:《影园瑶华集序》,见杭世骏:《杭世骏集》第1册,蔡锦芳、唐宸点校,浙江古籍出版社,2015年,第121页。
② 顾文彬:《清湘老人黄牡丹图轴》,见顾文彬:《过云楼书画记》,柳向春校点,上海古籍出版社,2011年,第170页。
③ 张鉴:《冬青馆集》甲集卷二,文物出版社,1987年,第85页。
④ 赵园:《废园与芜城:祁彪佳与他的寓园及其他》,载《中国文化》2008年第2期。
⑤ 冒襄:《含英阁诗序》,见郑庆祐:《扬州休园志》卷三。

影园是故国语境中的繁华盛世,颓败的影园能够引发对于故国的无限怀想,让他们去凭吊那个逝去的王朝,触摸那一段创伤记忆。

在书写影园废址的作品中,有的暗示战火兵戈,如郑熙绩《读〈影园瑶华集〉有感得十二韵(有序)》:"干戈满地园亭废,烽火连天台榭移"。有的凸显影园废址荒凉,如王藻《跋黎美周黄牡丹诗后同人分赋拈次元韵》:"一梦扬州月易斜,牡丹池馆剩啼鸦"①;吴嘉纪《田纶霞先生见示方园杂诗次韵奉答》:"影园即此地,何处认荆扉?冷落废墟在,一双新燕飞"。也有借影园揭示今昔对比的作品,例如闵华《过影园故址》写道:"野菜畦连苦竹冈,居民犹指郑公乡。东林名士簪裾会,南国词人翰墨场。一道溪流想游钓,几家茅屋阅沧桑。至今杨柳兼葭外,夜月还过旧女墙。"②当年扬州名园的亭台楼阁、画船柳堤都已湮没于历史的烟尘中,只剩眼前的野菜地、苦竹冈,忆及晚明时期影园的黄牡丹诗会,那一场"簪裾会""翰墨场",顷刻风流云散,而今只有几间茅草屋见证其间世事沧桑,从而引发诗人无限的盛衰之感。章灿《过影园有感》有"大地尽劫灰,何惜此尘块"③之句,意指易代中整个国家都被清兵铁蹄践踏,何况小小的影园。

美国学者爱德华·萨义德在《东方学》中谈及:"空间通过一种诗学的过程获得了情感甚至理智,这样,本来中性的或空白的空间就对我们产生意义。"④尽管地理意义上的影园只是一处占地十余亩的私家园林,然而在明清易代的语境下,影园被赋予了"情感"和"理智",其空间得以扩张延伸,成为能够代表其所处的扬州甚至整个明代政权下的故国的文学场域。

3. 作为集体记忆空间的休园

休园也是如此:一方面,由于郑元勋与郑侠如的亲缘关系,休园涉及影的记忆,与影园相同,牵涉扬州历史记忆;另一方面,休园本身经历几

---

① 王藻:《恩晖堂诗集》卷一,清咸丰六年刻本。
② 闵华:《澄秋阁集》三集卷四,清乾隆十七年刻本。
③ 郑元勋辑:《影园瑶华集》下卷。
④ 萨义德:《东方学》,王宇根译,生活·读书·新知三联书店,2019年,第71页。

代，百余名文人参与休园文化活动，共同塑造了休园记忆。"良朋佳客唱和乎其中，若者可以群；感旧怀先悲从中来，若者可以怨"，园客们于此相聚，可"群"可"怨"，留下了共同记忆。"废兴多少事，感已具休园"①，休园的颓败虽然不像影园那样被置于易代的风云波涛里浮沉，但是即使经过五世传承，也最终因"文字狱"易主，后又沦为荒烟蔓草，休园终究难逃园林的终极宿命，从而引发文人叹惋。

清代孙宗礼有词作《忆旧游》序云："吾郡休园，国初郑君归隐地也，后为陈氏别墅，修葺一整，门闼四辟，长松郁苍。曩余读书楼中，颇极徙倚之乐，戊秋重过，竟成荒蔓，昔尘若梦，往事如云，赋此志感。"词云："问当时池馆，因甚而今，上了苔痕。未是西风到，已荒寒做尽，暗里消魂。十年旧游能记，曾与寄闲身。只一片斜阳，多情依旧，红上重门。纷纷。鸦阵晚，渐花境凄凉，梦境温存。略说寻幽兴，半烟迷草暗，月冷灯昏。便有碧窗低护，少个倚阑人。剩石磴空支，苍茫那日秋树根。"②昔时水木清华，今日荒烟苔痕，昔时雅集风流，今日凄凉冷落，园林的颓败让人遗憾怅惘，也是对无常人事的感伤。

总而言之，尽管地理意义上的园林生命力脆弱，容易走向凋零，但是经过文学书写，精神世界的园林可以突破原本的地理空间，超越时空而长存。郑氏园林从地理空间上升为表达精神世界的艺术符号，是园主的心灵空间，是郑氏家族文化象征，也是整个扬州城市集体记忆的承载。这一文化现象，也可以揭示出园林地理空间在上升为文学空间的过程中，文化活动、文学书写、园林相关的人与事对于空间意义生成的促进作用。

---

① 宗观：《重葺休园四首》，见郑庆祐：《扬州休园志》卷七。
② 丁绍仪辑：《国朝词综补》卷三九，清光绪刻本。

三、借由文学书写建构的人、园、文之关系

经园主和园客的文学书写，郑氏园林从地理空间衍化为文学空间，同时也建立了以人为媒介的园林与文学的关系。对参与文学活动和文学书写的园主和园客来说，园林是他们写作的素材、交往的平台、心灵对话的媒介、寄托情感的空间。通过文学书写，园主与园林、园主与园客，以及园客与园林之间构建起人、园、文互动对话的关系。

（一）园主与园林的互释关系

英国学者迈克·克朗提出"我们不能把地理景观仅仅看作物质地貌，而应该把它当作可解读的'文本'"[1]，认为园林作为景观也不能仅仅被看作是物质形态，应该去关注其作为"文本"所拥有的特质。园林是造园者精神世界的安顿，是以人化自然的形式建立的自然园林形态与人生体验的联结，故而园林与造园者或园主的审美趋向、气质追求密切相关。拥有造园者或园主的身份便可将自己的主体情感融于园林营造，使物态园林映现着人的精神世界。同时园主又参与园林的文学书写，用文字表达着园林的人文意涵，从而构建了园林书写与园主之间的互释关系。

首先，以郑元勋与影园的关系为例。郑元勋既是园林的设计者，也是园主，他将自己的"文心"凝聚潜藏于影园的物质形态之中。他酷爱山水游历，在《影园自记》中说："年十七，方渡江，尽览金陵诸胜。又十年，览三吴诸胜过半，私心大慰，以为人生适意无逾于此。"他也善画，曾拿影园设计图向当时著名书画家董其昌请教，董谓其"得山水骨性"，可见他对于山水的审美能力与绘画水平。他将自己半生对山水的体悟融于影园的设计与建造，以画理构园。茅元仪在《影园记》中论：

---

[1] 迈克·克朗：《文化地理学》（修订版），杨淑华、宋慧敏译，南京大学出版社，2005年，第41页。

> 士大夫不可不通于画，不通于画，则风雨烟霞，天私其有；江湖丘壑，地私其有……故通于画而始可与言天地之故、人物之变、参悟之极、诗文之化，而其余事，可以迎会山川、吞吐风日、平章泉石、奔走花鸟而为园。故画者，物之权也；园者，画之见诸行事也。我于郑子之影园，而益信其说。[①]

茅元仪肯定了郑元勋的绘画造诣，也指出了影园与他的绘画的密切关系。影园是依照郑元勋设计图所营造的，浸润着郑元勋的审美观念和情感倾向，相当于郑元勋精神世界的物态呈现。影园的景观设置也体现着郑元勋的园林情趣，如设有一字斋可读书课子，邻圃可以浇花，风廊可以横琴而弹，画船可以泛舟采菱，"檐前松竹连三径，座右图书抵百城"[②]，都反映了郑元勋向往儒士隐居闲逸生活的思想。

郑元勋在自己的文学作品中也对影园做出阐释，比如："驯来野鹤吟时舞，烹得山茶寤后香。何处最堪消受此，石垣桐影坐胡床"，描述在此处驯鹤烹茶的惬意。"雨足连林放晚晴，红光绿影最分明。从来青霭迷川陆，互见归人历历行"[③]，描写雨霁天晴后霞岭的明丽景色。"绮罗箫鼓共为群，谁独幽寻问白云。自爱疏篱通丽瞩，歌停舫止坐斜曛"，写出画船歌舞箫鼓的热闹与独坐夕阳的宁静。从景观设置的目的、景观的风貌、人在景观中的活动等多个角度吟咏影园，表达了自己造园时的内心设想，也展示了影园建成后自己居游其中的感受。

其次，再看休园与历代园主的关系，从现存资料来看，并没有郑侠如、郑熙绩、郑玉珩、郑庆祐参与休园设计的明确记录，即便如此，依然可以从书写休园的文学作品中看出园主们在休园景观设置、意涵寄寓方面的实践。郑侠如时代，在朱氏园的基础上"重构新之"，"间与其夫人汪孺人灌小园自适"[④]；郑熙绩"始复前人之旧而增修之"，扩大园林旧制，增加三峰

---

① 茅元仪：《影园记》，见郑元勋辑：《影园瑶华集》中卷。
② 沈元龙：《题影园步梁饮光韵》，见郑元勋辑：《影园瑶华集》下卷。
③ 郑元勋：《霞岭》，见郑元勋撰，郑开基辑：《影园诗稿文稿》。
④ 许之渐：《郑水部暨汪夫人五十双寿序》，见郑庆祐：《扬州休园志》卷二。

草堂、金鹅书屋等景观,"百尺松筠皆手植"[①];郑玉珩"廓而新之","增其式廓培丘樊","添栽彭泽柳,补种法曹梅","水部亲除棘,西台手植花"[②]。对休园扩建并对花木进行添置等,建筑的修葺,花木的选择、搭配、布置也定由休园主人亲身参与,以上无不是主人对于园林的实践,这足以说明休园几代园主主体精神对于休园的作用。

在休园园主的作品中也展现着对于休园意涵的表达。休园文学作品中以具体景观为题目的题咏作品就有不少,园主对于景观意涵进行了文学表述。郑熙绩《含英阁诗草》中有《休园自题三首》《休园》《语石》《墨池》《樵水》《蕊栖》《得月台》《金鹅书屋》《绕云廊》《逸圃》《一拂草亭》《卫书轩》《云山阁》《不波航》《四香堂》《玉照亭》等。郑玉珩《止心楼诗》中有《卫书轩》《墨池》《石梁》《止心楼》《来鹤台》《古香斋》《眠云岩》《植槐书屋》《绕云廊》《湛华阁》《紫云幢》。《扬州休园志》"列景"中辑录郑庆祐《挹翠山房》《园隐》《浮青》《城市山林》《碧广》《耽佳》《含英阁》。在这些诗作中,有标明景观设置的目的及阐发其带给人的审美感受的作品,如:"亭后留荒圃,萧然处士家。未能知稼穑,且学种桑麻。白日听歌鸟,清宵噪鼓蛙。知休心自逸,何必读南华。"(郑熙绩《逸圃》)"直节复盘根,亭亭竹千个。何可一日无,抱卷此间坐。""斜廊数十折,流云环清渠。中有如磐石,闲当来钓鱼。"有的则描述立足景观所见的周围风景,如:"百尺横云峻,登台景倍饶。崔巍凌粉堞,突兀耸青霄。水近蟾明早,风清笛韵遥。无双亭在望,兴废问南朝。""小筑傍幽崖,阴森覆乔木。梧桐倘不凋,自可居无竹。"有的解释景观文化内涵,如:"宅后荒圃,先人菀裘。归田解组,杖履优游,知足知止,不忮不求。高台眺远,水阁盟鸥。池迎邗水,地近玉勾,园名自署,心逸曰休。""通德诒谋远,嘉名树此堂。著书开北牖,抗疏忆南床。五柳风犹在,三槐泽自长。谁知兰麝外,身内有奇香。"(郑熙绩《四香堂》)"不肯冲云霄,而乃恋,沮洳岂为稻粱谋,朝朝自来去。"(郑玉珩《来鹤台》)"本无招隐意,空言比小山。吴刚斫后树,流落在人间。"(郑玉珩

---

① 韩魏:《重葺休园》,见郑庆祐:《扬州休园志》卷七。
② 殷王峄:《三葺休园用何将军山林十首韵》,见郑庆祐:《扬州休园志》卷八。

《古香斋》)"大隐在朝市,小隐居林薮。匿迹城中园,即此亦可守。"(郑庆祐《园隐》)不仅这类以景观为题的作品是园主对于园林的解读,其他写园居生活、园林活动的作品也有对园林的书写,在此不再赘述。

综上所述,一方面,园主通过园林营造对于精神世界进行物化表达。园林营造行动是郑氏园主们追求精神境界和完善人格的具体实践,物质形态的园林以园林的规范表达着园主的人格精神。另一方面,园主的园林书写,描绘了园中景色,解释了景观设置的目的,挖掘园林的文化内涵,表达园居的审美体验,对园林进行文学表达。由此,园主与园林借由园林实践和文学书写建立了彼此之间互释的关系。

(二)园客对园林的解读

当园客参与园林书写,他们也在作品中表达对园主和园林的解读。园客与园主借由文学书写建立了对话的场域。园客的园林书写对园主的理解主要体现在对园林景观的吟咏,对园主造园意图的解读,对园主人格、品德的评价和对整个家族文化风貌的评定。园客对园林的解读既有对园主预设主题的揭示,也有自主的阐发。

园客吟咏园景的同时,体现对于园主造园心意的解读和园主人格的认同。"在园林所关涉的三个世界(自我世界、园林世界、宇宙世界)中,园林世界唯其是人性灵所寄、乐意所归,故它实际上是人达于宇宙境界的媒体,造园家是将天地之无限生机和博大雄奇收摄于壶天勺地之中,而品园家却通过这壶天勺地领略天地宇宙的无限秘密,由此抒发自己的超越情怀。"[1]郑氏园林的园主和园客亦可被视为"造园家"与"品园家"。在园林创作的过程中,审美意趣、性情爱好都可寄托于客观物象,这些物象可以是园林建筑、山水花木,也可以是小品设置等园林要素,可以说园林的风貌与园主的思想情感密切相关。由于品园者是借由园林中的景观与造园者进行沟

---

[1] 朱良志:《中国艺术的生命精神》,安徽教育出版社,1995年,第280页。

通，达到共鸣，故而园客作品在园林外在形态描摹中往往折射出园主所赋予其中的园林意蕴。如万时华《寄题影园》诗云："闻君卜筑带高城，鸥地凫天各性情。画里垂杨兼水澹，酒边明月为楼生。踏残芳草前朝影，吟落寒梅独夜声。一自琼花萧索后，此中花事属康成。""鸥天凫地"看似写影园的景色，实则暗喻郑元勋如沙鸥野凫般自在。影园中树木与流水掩映，明月与楼阁相衬，美景如诗如画，那些"芳草""琼花"的扬州繁华往事已随历史流逝，这一季的花事当数郑氏的影园。万时华将影园置于扬州地域文化史的历程中观照，给予郑元勋的造园风雅以极高的赞誉。

园林与家族的经济实力、社会地位、声望德行密切相关，往往是一个家族形象的标志。自古名园终为废土，金谷平泉无不如是，但是郑氏之休园却能经几代不衰，引发了园客们对祖述家业的园主的钦佩，也激发了游览者对于普遍园林命运的思考。所以园客在书写郑氏园林时，对郑氏家族的传承和守护园林的评价也难免介入其中。这一特点在休园园客作品中更为鲜明，例如：

> 七松高致久名家，旧有园林邗水涯。绕砌尚留书带草，当轩常发洛阳花。云廊雅合调双鹤，月槛何妨看落霞。共羡文孙承燕翼，平泉有石复何嗟。
>
> 门高曳履富缥缃，著述当年在一堂。水部诗才凌北斗，端公谏草满南床。亭台不改前人志，簪笏还承奕叶芳。梓泽平泉何处问，独余名胜重维扬。①

面对修葺一新的园景，作者仅用"云廊雅合调双鹤，月槛何妨看落霞"概括描述，并未在景观描摹方面多费笔墨，而更侧重凸显园林的家族传承性，"久名家""旧有园林""尚留书带草"体现了园林的历史感，接下来发议论，用"燕翼""平泉"的典故，赞扬郑氏子孙能承继先业，保护家产。诗中还对家族文化成就予以书写："水部诗才凌北斗"中的"水部"，指的是郑侠如，他曾任职工部，此句写他文采飞扬。"端公谏草满南床"，"端公"指郑

---

① 方象瑛：《重葺休园》二首，见郑庆祐：《扬州休园志》卷七。

为光,端公即御史,郑为光曾担任御史,此句写他曾作谏书的事。"亭台不改前人志,簪笏还承奕叶芳"指的是郑熙绩重葺先祖所置的休园之事。"梓泽平泉何处问,独余名胜重维扬","梓泽"是晋代石崇别墅金谷园的别称,"平泉"指唐代李德裕的平泉山庄,两园都为历史上的名园,但都存留时间不长,在此将休园与金谷园、平泉相比,赞美郑氏子孙对于休园的传承。

再如:

> 翩翩冠盖古城东,选胜园林到处同。须信贻谋传世德,方能肯构继家风。楼台秀起声歌外,泉石思深仁孝中。自是高踪推郑谷,时闻赋就气成虹。①

> 邱壑天民道自尊,百城南面足朝昏。闲云旧与心期静,乔木今瞻手泽存。水畔桥危还缀坂,阶前苔满渐当门。知君不为烟霞癖,念祖常怀奕世恩。②

> 通济门西迤向北,云有休园传自昔。水竹悠悠十亩间,过墙老树撑天碧。从来大业守者难,绸缪阴雨须人力。承家况属薿诸孤,能保金瓯不销蚀。主人为言先世来,阅历年华将二百。园凡四葺费经营,直到于今存树石。我思平泉花木亦等闲,所贵绵延前代泽。③

都在作品中对郑氏后代继承先业褒扬称颂。借由书写,园客扮演了评定者的角色,对于园主修葺园林的行动做出有意义的评价与解读。

园客作品中体现对于园林和园主的解读,他们的园林书写作品不仅具有解释园主心意和园林主题的共性,同时,单个园客作为审美主体,又有各自的个性。个体的审美感受各有差异,体现为不同的书写内容和方式,从而造成园林解释角度差别,有学者称此为文学情感空间的交互性。交互性是指"作家情感受空间刺激、影响,空间因作家情感的表达而被贴上不

---

① 陈瑄:《重葺休园》,见郑庆祐:《扬州休园志》卷七。
② 吕谦恒:《三葺休园二首》,见郑庆祐:《扬州休园志》卷八。
③ 乔颐孙:《四葺休园》,见郑庆祐:《扬州休园志》卷八。

同的标签"①。众多园客参与书写，对园主与园林意趣多元解读，使有限的园林景观实体得以无限提升，在这一过程中园主的寄寓和园客的解释并非完全对等的关系，有一定的"溢出"，从而构建了独立于园主与园林之外的关系。

园林是综合的艺术，其中蕴含园林、建筑、文化等多种元素。对于同一园林，众多园客进行题咏，从而形成"一园多题"现象，其中不乏个性化的表达。"一园多题"让相对固定的园林物质形态得以从不同角度呈现，同时也直接或间接透露了园客的精神世界，例如：

> 虚阁送高鸟，孤亭觅夕阳。还看题墨湿，俊赏未能忘。②

> 何如影园者，近郭偏至清。纳交尽名流，相将无世情。③

> 隔岸云连竹，当轩水入池。幽多从径曲，山远纵眸迟。④

> 邱壑疑从泼墨成，小移云岫近檐楹。苍苔下点松寮景，袍笏还同石丈盟。⑤

或关注影园建筑，或聚焦影园花木怪石，或赞纸墨风雅，或称园客风流，园客们从不同视角观照影园，在题咏中寄寓了个人独特的体验，促成了影园题咏风貌的多元性。

也有一景多题，即选取影园中某一景观，众多园客进行题咏。例如写桐院，梁于涘诗云："满地碧云流，小院正亭午。偶闻落子声，树下棋谁赌。"⑥徐宗道诗云："团阴植立暗雕楹，小院沉沉爽自生。绕幕翠云敷晓

---

① 汪超：《春水碧于天　画船听雨眠——文学情感空间的可视化呈现》，载《光明日报》2020年7月6日第13版。
② 汪立贤：《题影园》，见郑元勋辑：《影园瑶华集》下卷。
③ 陈素：《题影园》，见郑元勋辑：《影园瑶华集》下卷。
④ 朱国弼：《春阴集超宗影园》，见郑元勋辑：《影园瑶华集》下卷。
⑤ 刘同升：《题佳要堂石山用前韵》，见郑元勋辑：《影园瑶华集》下卷。
⑥ 郑元勋辑：《影园瑶华集》下卷。

色,满阶珠露滴秋声。"①写塔影,梁于涘诗云:"空水澄鲜似不流,浮屠倒影卧龙湫。分明捻得松枝笔,直向银河写素秋。"②强惟良诗云:"柳眠晴日午烟销,楼上青山看不遥。浩劫涌飞山色里,宝幢珠彩欲干霄。"③梁应圻诗云:"池色琉璃净不昏,衔将金碧漾波痕。寻常举手临流弄,万丈豪光如可扪。"④另外还有,阎汝哲、梁应圻、李之实题咏《画船》⑤,强惟良、梁于涘、徐宗道题咏《芦中》⑥,李之实、梁于涘题咏《邻圃》⑦,等等。再如书写休园中的语石堂,也呈现出不同的书写方式,如"夕照语石堂,泄云东向驰。精采挟寒飙,倒入于墨池"⑧,"语石华轩敞,开筵对碧岑"⑨,"语石堂开绿锦茵,湛华池畔书带草"⑩。

一园多题和一景多题从不同角度呈现景观风貌,挖掘景观意涵。由于没有模式规定,就体现了解释空间的弹性和文学书写的个性。园客们在题咏时也超越有限的眼前客观之景,多进行联想和想象,甚至超出了园主营造园林的设想,体现了文学书写时精神的自由性。

综上所述,在人、文、园三者关系中,园主与园林的互释关系,园客与园林及园主的解读关系,均借由文学书写建立。文学书写相当于"人"与"园"的媒介。此外还有园客对于园林解读的"溢出",从而形成了独立于园林、园主之外的园、客关系。同时园林也是人与人,即主与客之间的媒介,园主借由园林呈现内心世界,园客又通过园林解读园主内心,并自由阐发,构建了三者的关系。这几组关系在郑氏园林的文学书写中交错,构建了围绕园林的对话场域,形成了郑氏园林的文本空间。

---

① 郑元勋辑:《影园瑶华集》下卷。
② 郑元勋辑:《影园瑶华集》下卷。
③ 郑元勋辑:《影园瑶华集》下卷。
④ 郑元勋辑:《影园瑶华集》下卷。
⑤ 郑元勋辑:《影园瑶华集》下卷。
⑥ 郑元勋辑:《影园瑶华集》下卷。
⑦ 郑元勋辑:《影园瑶华集》下卷。
⑧ 刘霔:《休园小集四首》,见郑庆祐辑:《扬州休园志》卷八。
⑨ 姚士藟:《休园宴集六首》,见郑庆祐辑:《扬州休园志》卷七。
⑩ 江浐:《休园雅集》,见郑庆祐辑:《扬州休园志》卷八。

（三）园主与园客书写之比较

文学情感空间既有共通性也有主观性，"共通性是多数作家对具体空间相似的体验和共有的认知，它可能来自空间独特的类型属性、作家接受的共同知识等。主观性是作家对空间的个性化反映，不同作家笔下的同一空间既有共通性，更有差异性。这是因为作家自身的性情、经验和知识结构导致他们关注的细节、突出的特点多有不同"[①]。在文学书写过程中园主与园林、园客与园林两组关系有共同之处，也有差异之处。共同之处缘于固定的书写对象和基本相同的书写情境，所以在园林景观的客观反映、文化主题的凸显、文学活动的陈述等方面呈现趋同的特征。差异在于各自的性格、审美趣味、人生经验各不相同，导致各人书写又不尽相同。从园主与园客角度进行比较，郑氏园林中园主书写和园客书写呈现不同的艺术面貌，体现在以下方面：

第一，"居园"与"游园"不同，导致对园景呈现的角度和程度不同。主要体现在休园作品中。园客游园往往通过举行雅集或三五成群结伴来游赏园林，由于游园时间限制、身份限制，园客不能如园主那样深细体悟园林，多是"泛览"，因此很多园客对于园景的体现较为笼统或者趋同，例如：

> 花迎旧主偏呈媚，鸟识欢颜亦解歌。

> 群芳渐吐花千种，乔木高撑树一根。[②]

> 亭台绘山水，篱落带桑麻。[③]

[①] 汪超：《春水碧于天　画船听雨眠——文学情感空间的可视化呈现》，载《光明日报》2020年7月6日第13版。
[②] 吴升东：《休园宴集》，见郑庆祜：《扬州休园志》卷七。
[③] 顾彩：《重过休园八首》，见郑庆祜：《扬州休园志》卷七。

古木绿到天，奇峰峭拔地。扬州富林园，规模此独异。[1]

单从称呼来看，花、鸟、群芳、古木、乔木、亭台皆是对植物、禽鸟、建筑的统称，并无体现郑氏园林鲜明特征，只是从旁观者的视角对普遍的园林景观做大致描述。

园主则常年居园，有更多的机会去发现园中景观的细节，园林空间特定的场域和氛围让园主能够更充分细致地对园林景物进行审美观照，比如，描写季节交替中景观的变化："高阁晴空千嶂峙，环堤一带桐花坠，茅屋数间窗织翠，幽独媚，时时把玩钟王字。蘋沼风来沙岛醉，闭门自觉捐诸累，忽听鹂声惊午睡，添清思，悠悠不问千秋事。"桐花坠落，蘋沼清风拂来，黄鹂鸟惊醒午睡，都是静处园中对于园中景物细微的感知。再如：郑熙绩《诉衷情·夏日园居》"游鱼戏水吹浪，点点漾波明"。郑熙绩《南柯子·午睡》"高卧南窗静听，水淙淙"。郑熙绩《清商怨·含英阁雨中漫兴》"西风到，新凉早。丝丝积雨萦纤草"。郑熙绩《园居》"疏竹摇书案，飞花点砚池"。郑玉珩《夏日杂兴含清别墅荷花初放一枝》"入夏众芳歇，赏心惟莲池。莲池三五亩，荷叶先纷披。今旦临池上，粲然舒一枝"。园主置身园林，静观体物，对园林中的风物能进行微观的书写：池塘里游鱼戏水激起的涟漪，在阳光下波光粼粼；高卧南窗心无旁骛，耳边传来水流淙淙；微风过处，几竿翠竹在书案前轻轻摇摆，几片花瓣随风飘入砚池；初夏时，池塘里荷叶纷披，一片碧绿，忽见第一枝荷花粲然绽放……对于园内这些自然风物的微妙趣味，只有闲居静心体物的园主才有更多发现的契机。

第二，"主"与"客"的身份不同，导致对于园林美学内涵关注点也有所区别。虽然都在书写中体现园林之美，但是园主关注"真美"，注重园林与自我情感的契合，园客则关注"善美"，注重园林与外在事功及品德的联系。

郑氏园主希望建构园林，并在文学书写中建立永恒而安宁的精神家园，虽然有家族使命的牵涉，但个体真切的心灵感受并没有被外在的道德责任

---

[1] 蒋仁：《过休园》，见郑庆祐：《扬州休园志》卷八。

所束缚，面对他们倾心营构的"心灵化的园林空间"，个体生命对于"真"的向往追求也体现在他们的园林书写中。

例如：

> 问我园居消夏事，广陵涛挹琼花。诸峰秀出玉勾斜，风微披古玩，雨过试新茶。高卧不须嘲热客，客来只问桑麻。槐阴柳色若排衙，草书师舞剑，泛月待浮槎。①

园主在园中消夏，在把玩古物、品尝新茶中静享时光；来园的客人与主人性情相投，不谈俗事；园中植物可亲，槐柳成行，如排列的仪仗；师法舞剑之道练习草书；月夜也可以泛舟于园中，沐浴一片清光。尤其是末句，用"浮槎"之典故，引发天间海上的联想，突破了园林的限制，在空间的延展中可见郑侠如精神的自由闲适。郑侠如在《满江红·休园苦雨用曹顾庵尤悔庵倡和原韵》中也写道："幸瓯香，茶嫩故人来，堪分饷。山水影，楼中漾。嘤鸣鸟，枝头唱。对一丘一壑，欲倾家酿。问水偶乘书画舫，登山也策葡萄杖，叹人生如梦几时醒，邯郸状。"②也同样写在休园居住的清净，并借此表达超逸的精神境界。

又如郑熙绩《园居有感》云："曲巷逶迤远市尘，萧斋静掩乐吾真。人情莫测多翻覆，天道难知任屈伸。"人情莫测，天道难知，外界环境波谲云诡，不如避居园中，免去纷扰，按照自己的性情随心所欲地生活，得以"乐吾真"。郑玉珩《秋日园中杂咏三首》："寒蝉绝响时，阳鸟抚翰日。物变感运流，节爽喜身逸。况乃林园佳，景气极清密。闭门久绝尘，盈几任开帙。枯鱼异卞彬，穷鸟像赵壹。岂不愧烦音，安能遂阁笔。"③"喜身逸"与郑熙绩所言之"乐吾真"相当，均是表达闭门绝尘，在园中自由自在，如鱼得水，不似卞彬笔下的枯鱼，但倒是有几分像赵壹《穷鸟赋》里的穷鸟，赵壹找得朋友相助，自己也觅得心灵自在之处。他还在《卫书轩竹林纳凉》中写道在休园生活"虽愧千户侯，暂作地行仙"。可见休园对园主来说，就是

---

① 郑侠如：《休园诗余》之《临江仙·消夏》，见聂先、曾王孙编：《百名家词钞》。
② 郑侠如：《休园诗余》，见聂先、曾王孙编：《百名家词钞》。
③ 郑玉珩：《止心楼诗》下卷。

这样一个能够实现心灵自由、接近自我本真的所在。

相比园主作品多写性情之真，园客笔墨多着力于对园林"善"的关注，体现出歌颂园主品德的共通性。在园客诗歌中，将郑氏园林能够相传几世而不衰的原因归于郑氏之品德、才学与事功。"蕊榜开龙虎，惊空冀北群。美名传啧啧，旧业理纷纷。""须信贻谋传世德，方能肯构继家风。""闭户晴窗开万卷，康成家学几人同。"① "水部诗才凌北斗，端公谏草满南床。亭台不改前人志，簪笏还承奕叶芳。""工部文章惊海内，翰林词藻涌江流。丝纶世掌方年少，更羡高风莫与俦。"② "水部风流旧所传，承家真羡后人贤。""弱冠成名谁不羡，期君早著祖生鞭。""从来大业守者难，绸缪阴雨须人力。承家况属藐诸孤，能保金瓯不销蚀。"这些作品都彰显郑氏家族的外在成就，园客在园林书写中花大量笔墨颂扬郑氏园主，其原因应在于："德行"是儒家价值评价体系中的重要内容；长期以来客随主便的规则，园客出于礼貌要表达对园主的赞扬；郑氏园主确实因其科举的成就和忠孝的品德保护传承了家族园林。

文学作品中对于品德事功的赞扬为郑氏家族形塑起到了传播作用，与此同时也不免遮蔽了园客书写的个性。"作家们对空间情感的反映越集中，共通性就越鲜明，空间的情感属性就越固化，其他作家书写该空间的情感感受也就越受其影响。"③ 在对休园的书写中，对园主的表扬，对休园"善"的彰显凝结为一大主题，使园客书写呈现面目相同的一面，这无疑限制了个体的性灵的抒发。

对园客来说，园林不过是路过风景；对园主来说，园林却是日复一日、年复一年的切身经历之所。因此，他者观赏的眼光与自身深切的体验造成了园林书写的差异。在景观呈现方面，园主书写多得自然之趣，园客书写多概括描述。在园林美学观念表达方面，虽然园主在书写中也有有意形塑

---

① 陈琮：《重葺休园》，见郑庆祜：《扬州休园志》卷七。
② 卢士登：《重葺休园二首》，见郑庆祜：《扬州休园志》卷七。
③ 汪超：《春水碧于天　画船听雨眠——文学情感空间的可视化呈现》，载《光明日报》2020年7月6日第13版。

家族的一面，但更多的是表达性情之真的个人化写作，这与园客笔墨较为集中、主题性颇为鲜明地彰显休园之"善美"也是有所不同的。

四、文学书写个案分析

郑氏园林是郑氏历代园主生活的场所，也是他们生命历程中重要的角色。郑氏园主们的生命体验与园林息息相关，在他们留下的作品中，每个人都展示了自己独特的园林体验，本节选取郑侠如与郑熙绩作为郑氏园林文学书写个案的代表进行细究。

（一）"休而未休"——遗民郑侠如的休园生活与书写

郑侠如给自己的园林取名为"休"，他阐述命名的意旨为："昔孙昉自称四休居士，有粗茶淡饭饱即休，补破遮寒暖即休，三平两满过即休，不贪不妒老即休之语，园之名盖有取乎是。"① 由此可见，他是在借园名来明确表达自己退隐自守的人生态度。实际上，入清后身为明遗民的郑侠如在休园生活和书写中却体现出"休而未休"的特点。其中"休"表现为拒绝出仕、不问世事的退隐姿态，"未休"则是他在著述中依然有干预社会的意识，隐含了怀念故国、抵抗清朝政权的态度。

1. 易代中的人生转折

郑侠如的人生转折和时代的变化同步，晚明时期他积极参加社会事务，拥有兼济天下的情怀。他跟随兄长郑元勋参与扬州文会，结交各方文士，虽未加入复社，却与复社成员艾南英、万时华都"结研席交焉"。郑侠如常急人之困，"恤人之贫，矜人之节，殡羁旅之无家者"②。江西万时华在影园

---

① 计东：《休园记》，见郑庆祜：《扬州休园志》卷一。
② 龚鼎孳：《郑水部六十寿序》，见郑庆祜：《扬州休园志》卷二。

黄牡丹诗会后不久逝于扬州，郑侠如"为之殡而归其丧"[1]。抗清名士袁继咸在扬州任副使时，遭杨显名围困，郑侠如与兄长郑元勋为之奔走，袁继咸才得以出城。[2]崇祯十三年，袁继咸又因襄阳陷落被遣，另一位忠义之士黄道周也因建言被逮，二人经过扬州时，"侠如独操舟迎之"[3]。郑侠如是典型的中国文人士大夫，其身上体现了乐善好义、担当大义的儒士思想特质。

郑侠如的人生态度是因时代变迁而变化的。1644 年，高杰进军扬州，兄长郑元勋与高杰斡旋，却被枉杀，郑侠如"仰天长号，悲愤不自胜"[4]，为兄奔走呼告，"徒步入应天，哀泣上书得白"[5]。1645 年四月，清兵踏入扬州，史可法战死沙场，多铎率领清兵在扬州展开了一场疯狂的杀戮："扬州初被高杰屠害二次，杀人无算。及豫王至，复尽屠之。总计前后杀人凡八十万，诚生民一大劫也。"整个扬州都陷于水火之中。1646 年，清兵入福建，在浦城任职的侄子郑为虹也身陷清兵，"丙戌八月，大清兵至，执之不屈，左右将刃之，为虹跃起，夺其刃自刺其胸，不殊，遂遇害"[6]。家国灾难接踵而至，曾经意气风发的郑侠如痛切地体会到了国破家亡，人生无常，随之而来的是原有的修齐治平的价值系统和精神信仰崩塌。入清后，洪承畴代表清廷招抚江南士子，他大力举荐曾任南明工部司务的郑侠如，清代文人钟鼎记载此事："中堂洪公来询事，考言甚重之，欲剡为大用，而公（郑侠如）乞归甚力。"郑侠如与洪承畴是旧识，洪承畴大力举荐，想要提拔他，但他仍然选择乞休还家，时人钟鼎称赞他"盖急流而勇退，君子人也"。[7]

2. 退隐休园的姿态

郑侠如解组还家后，营造园林，并取名为"休"。王思任在《名园咏序》

---

[1] 杜濬：《俟庵先生传》，见郑庆祐：《扬州休园志》卷四。
[2] 李斗：《扬州画舫录》，汪北平、涂雨公点校，中华书局，1960 年，第 179 页。
[3] 张海鹏、王廷元主编：《明清徽商资料选编》，黄山书社，1985 年，第 491 页。
[4] 许之渐：《郑水部暨汪夫人五十双寿序》，见郑庆祐：《扬州休园志》卷二。
[5] 李斗：《扬州画舫录》，汪北平、涂雨公点校，中华书局，1960 年，第 180 页。
[6] 杭世骏：《明职方司主事郑元勋传》，见杭世骏：《杭世骏集》第 2 册，蔡锦芳、唐宸点校，浙江古籍出版社，2015 年，第 425 页。
[7] 钟鼎：《郑水部暨汪夫人五十双寿序》，见郑庆祐：《扬州休园志》卷二。

中指出:"善园者以名,善名者以意。"①主人的"意"是园林的灵魂。唐代司空图《休休亭记》称:"休,休也美也,既休而且美存焉……盖量其材,一宜休也;揣其分,二宜休也;且耄且聩,三宜休也;而又少而惰,长而率,老而迂,是三者,皆非救时之用,又宜休也。"②南宋辛弃疾《鹧鸪天·鹅湖归病起作》:"书咄咄,且休休,一丘一壑也风流。"都用"休"字传达看轻名利,寄情山水之意。休,仅此一字,涵盖了入清后郑侠如的生活态度、人生志趣。他辟休园以安居,既形成了地理空间上的隔断,也相当于竖起精神世界的藩篱,用以与新朝官场隔绝,与过去充满热情参与社会事务的自己告别。

休园也成为郑侠如向内拓展心灵世界的凭借。许之渐曾形容郑侠如道:"公芒鞋竹杖,时偕孺人婆娑清泉翠樾间,以是心通意得于草木之性。兴至则援箫鼓而歌之"。郑侠如穿芒鞋、持竹杖,于清泉草木间领悟自然之性理,追求本心,休园也因郑侠如被赋予了洒脱自然的意味。郑侠如好友杜濬记述:"有灵璧奇石,长径丈,色如青玉,扣之声中宫商,公为构语石轩。余每客邗江,公辄置酒,招同西江王于一饮于石畔,尝举酒酹石曰:我心匪石,胜汝一筹矣。"③可见郑侠如将自己的人格也投射到休园的景观之中,石具有自然任真、不受拘束的文化内涵,这也是郑侠如反叛社会理性、从社会秩序中逃遁的隐喻。

郑侠如休园书写中也凸显隐逸的主题。园内的春秋代序,景物的细微变化,闲居生活的清静都融于他的词作。如前文所引《鱼游春水·春园即事》《渔家傲·夏园即事》,春日里休园松树翠绿,怪石屹立,碧草青青,百鸟争鸣,池水清澈,桃李花开;夏日在休园楼阁内看晴空万里,堤岸梧桐花落,窗前一片翠绿,黄鹂鸟婉转,郑侠如在闲居静处时光观察休园景物的细微变化,走进自然,感受自然生命的律动,或弹琴临书,或秉烛夜游,或北窗高卧,生命自在自由。两首词都有"闭门","闭门谢客封蛛网""闭

---

① 王思任著,李鸣注评:《王思任小品全集详注》,北京联合出版公司,2018年,第188页。
② 周绍良主编:《全唐文新编》第4部,吉林文史出版社,2000年,第9933页。
③ 杜濬:《侯庵先生传》,见郑庆祐:《扬州休园志》卷四。

自觉捐诸累",写出郑侠如摒绝园外俗事的态度和心境。

再如:

> 角巾归里。卜筑琼花底。取蔽风雨而已。泰山松,豫章梓。姚黄魏紫。绕径皆桃李。若问主人谁氏。一字师,四休子。
>
> 知足知止。万事循天理。毋作福先祸始。不伎不求总誉毁。枕流洗耳。左右皆图史。开径但延三益。君子交,淡如水。①

> 守拙甘恬淡,闭门伐木丁丁。日长人静浑无事,移柳待山莺。
>
> 此地一丘一壑,于时宜雨宜晴,卧游四壁皆山水,何用出柴荆。②

以"知足知止""不伎不求"自警自省,在园内守拙安居,园中的松树、梓树、牡丹、枕流都被他赋予人格化的内涵,借此来宣示清高自守的处世姿态。

经历了易代,士大夫们"融通儒佛归净土,也为园林涂抹了居士文化的色彩"③。郑侠如便是如此。明清鼎革将郑侠如的人生割裂为两个阶段:前一阶段积极奔走,参与社会事务;后一阶段解组归田,营造并归隐休园,这是他赓续兄长营造影园行为的抉择,也是自我皈依的路径。郑侠如的好友吴绮评价:"先生雅慕仲连,尚怀元亮。官原水部,不妨例作诗人;论表山栖,遂自称为处士。"④如战国时期的鲁仲连义不帝秦,晋代陶渊明辞官归家,郑侠如也不愿在清朝供职,吴绮从侧面道出了郑侠如的遗民气节,不受樊笼约束的心志。

3."未休"的遗民心境

郑侠如在休园中并未做到完全超脱世事,他依然在著述中传达自己的政治立场,起到从思想上干预社会的作用。这也使他牵涉进了乾隆年间的"文字狱"。乾隆五十四年五月,乾隆在谕旨中称:"据称现在各属缴到书籍为数无多,似已搜罗殆尽,惟续查出之《休园省录》等书饬行未久,恐穷乡

---

① 郑侠如:《霜天晓角·休园自警》,见宗元鼎:《诗余花钿集》卷首,清康熙东原草堂刻本。
② 郑侠如:《圣无忧·卧游》,见宗元鼎:《诗余花钿集》卷首,清康熙东原草堂刻本。
③ 曹林娣:《江南园林史论》,上海古籍出版社,2015年,第311页。
④ 吴绮:《重葺休园记》,见郑庆祜:《扬州休园志》卷一。

僻壤或未周知,不敢以年限已满遽停查办"。在乾隆的谕旨中,郑侠如的《休园省录》被当作此批禁书的典型。

除了《休园省录》,郑侠如在休园所著的作品还有《休园迩言》《休园集句》《休园诗余》,现仅存《休园诗余》。但是在清代文人留下的关于《休园省录》和《休园迩言》的记载中可以窥见两书的主旨和内容:

> 士介舅氏悯世风之弊而作《迩言》,即人心喜善之意委曲巽顺以导之,又即其畏圣贤之意而示之,平常无奇之说,使三尺童子可以晓畅其义,而其实乃为古圣贤之所不可过,而又惧人之潜入于不善而不察也。①

> 汇古今之逸闻而足戒者为《省录》,自圣贤及百家诸子、神仙释氏之言无不采择,而卷帙无几,使人一览辄尽,而不啻晨钟之发深省者,其救世之意盖已至矣。②

> 风气之所为能使人生,而数岁即知爱金钱;习欺诈十龄以上,即知好权势;走津要二十以往,无所不至……虽然,物不可以终穷,而变通出焉。有人于此违俗独立,身修矩矱之行,口道仁义之言,用以羽翼经传,陈述先正,岂必求旦夕之效哉夫!③

> (郑侠如)所著《迩言》《省录》诸书皆足以砥柱颓流,羽翼名教。④

以上材料可以看出《休园省录》与《休园迩言》旨在教化人心,拯救时弊。单从这个层面来看,郑侠如的著述似乎还不能被划入清代违禁书籍的范围。对此,可参考王汎森先生的《权力的毛细血管作用:清代的思想、学

---

① 许承家:《休园省录序》,见郑庆祜:《扬州休园志》卷三。
② 许承家:《休园省录序》,见郑庆祜:《扬州休园志》卷三。
③ 杜濬:《休园迩言序》,见郑庆祜:《扬州休园志》卷三。
④ 徐芳:《休园诗余序》,见郑庆祜:《扬州休园志》卷三。

术与心态》一书，他认为清初士子提倡教化人心是在表达对社会秩序的不满，"希望有所整顿并提出一个新的、理想的、儒家社会的愿景"[1]。他还特别提到清初士人复兴古礼的潜在动因之一是重新发掘、创造一套属于汉人的礼仪，以此与满族划清界限。[2] 由此可以推测《休园省录》《休园迩言》或也可能有这一倾向，那么《休园省录》在清代被列入禁书销毁似可找到较为有力的依据。

在郑侠如的存世著作《休园诗余》中，对清廷的抗拒态度表现得更为明显。他在《浣纱溪·咏梅》中写道："洗尽铅华独淡妆，孤情偏爱水云乡。耻同桃李媚春光。已托焦桐传密意，更邀明月伴幽香。一枝寒玉倚横塘。"[3] 休园梅花是郑侠如人格的写照，梅花耻于与桃花、梨花一样向春光献媚，恰如郑侠如以在清朝政权下出仕为耻，在此他用梅花的高洁来寄托自己的操守。

面对异族攻入，故国破碎，他也通过文学创作排解郁愤。例如《巫山一段云》[4]：

且共欢然饮，时还独我书。醉乡深处好安居，栩栩黑甜余。卿自用卿法，吾亦爱吾庐。故园归来羡池鱼，夏木独森疏。

耕凿安时论，烟霞羡独行。金风日夕弄秋声，怀挟万年情。揖让三杯酒，乾坤一草亭。平生蕉鹿霎时醒，空与月俱明。

将亭台楼阁林立的休园缩小并简化为"吾庐""草亭"，写出余生于此一处安居，读书耕凿，自得其乐。但是"醉乡深处好安居"透露的是清醒时无法安居自处的愤懑，"平生蕉鹿霎时醒，空与月俱明"运用蕉鹿的典故，表达

---

[1] 王汎森：《权力的毛细血管作用：清代的思想、学术与心态》，联经出版事业股份有限公司，2013年，第83页。
[2] 王汎森：《权力的毛细血管作用：清代的思想、学术与心态》，联经出版事业股份有限公司，2013年，第68页。
[3] 郑侠如：《休园诗余》，见聂先、曾王孙编：《百名家词钞》。
[4] 郑侠如：《休园诗余》，见聂先、曾王孙编：《百名家词钞》。

人生如梦的思想，"月"或暗喻明朝①，寄寓他对于故国的思念。可见无论外在姿态多么闲适，心中的怅然却总是无法排遣，只能借用韵味深远的小词传达。

再如《满江红·休园苦雨用曹顾庵尤悔庵倡和原韵》：

> 暑雨连朝、百川灌、墨池新涨。方自署，小亭寒碧，此君无恙。图画久萦黄海侧，声施休附青云上。幸瓯香，茶嫩故人来，堪分饷。
>
> 山水影，楼中漾。嘤鸣鸟，枝头唱。对一丘一壑，欲倾家酿。问水偶乘书画舫，登山也策葡萄杖，叹人生如梦几时醒，邯郸状。②

"此君"指竹，南朝宋刘义庆《世说新语·任诞》有王子猷暂时寄居在别人的宅院，叫人在院中种竹。有人问："暂住何烦尔！"王子猷回答说："何可一日无此君？"此处用典，也颇有魏晋名士放诞风流之意。郑侠如在词中塑造自我形象：对着园中丘壑饮酒，乘画船顺水，策葡萄杖登山，优游山水之间，全然一位洒脱的隐士。然而在末句突转，感叹"人生如梦"，可见洒脱的园林生活终究未能让他摆脱内心的怅然。清代扬州文人吴绮称郑侠如"词旨深遥，而奇怀亮节，固有吐字成声，不极其情不止者"③。宗元鼎评价"郑水部公诗余在宋人则似黄山谷、辛稼轩，在今人则似曹顾庵、宋荔裳，皆从清爽中别具一副神力"④。郑侠如词作的"奇怀亮节""神力"应该是缘于他对故国破碎的深沉感慨。

休园景色固然清雅怡人，诗酒为伴固然风雅洒脱，但是遗民的心结也确实难解，所以说郑侠如"休而未休"：一面宣示着自己安居园林的自足，一面也表达着拥明抗清的态度和易代所带来的伤痛失落。郑侠如的休园书写展现了真实的生命状态：纵有筑园心意和归隐之意，纵然在园中得一时之宁静，然而由于政治环境的变化，园林可以作为慰藉、暂时的避居之所，但终难完全治愈易代的伤痛。

---

① 周焕卿：《论清初遗民词比兴手法的时代特征》，载《中国韵文学刊》2008年第4期。
② 郑侠如：《休园诗余》，见聂先、曾王孙编：《百名家词钞》。
③ 吴绮：《百名家词钞引》，见聂先、曾王孙编：《百名家词钞》。
④ 宗元鼎：《百名家词钞引》，见聂先、曾王孙编：《百名家词钞》。

（二）游离于进退之间——郑熙绩的休园书写探析

郑熙绩青少年时已是清朝统治平稳时期，由此也免于经历其祖辈所历之易代之痛、城市之殇，其人生志向和生活内容也时移世易，与其伯祖郑元勋、祖父郑侠如有所不同。郑为光卒于1665年，郑侠如卒于1673年，失去庇护的家族和休园时时刻刻都面临着风险，休园"几为强有力所夺者数矣"，保护休园的重任也就落在了唯一的继承者郑熙绩肩上（其弟郑圣臣庶出，且过继）。对他来说，休园是家产，凝聚着祖辈、父辈的心血，关系到家族形象，也是他对于祖父、父亲的情感寄托，守护休园意味着传承家风，守护家族。那么，依靠什么力量来守护呢？经历了郑侠如的隐退，郑为光中进士、任侍御，此时的郑氏家族价值取向已经从商贾路径转向科举应制的方向，郑熙绩自幼得祖父教诲，又有父亲科举成功案例的激励，也志在取得功名，获取社会地位。他明白，拥有权力以及由此而带来的经济效应、社会地位，唯其如此，才能庇护休园，个人诉求与家族守护才可兼得。

郑熙绩休园书写作品存于《含英阁诗草》与《含英阁诗余》中，其中《含英阁诗草》辑录相关诗作92首，《含英阁诗余》辑录词作7首，这些作品记载了郑熙绩从得意到失意再到淡然的生命历程，也渗透着郑熙绩对于祖父、父亲的怀念。休园对于郑熙绩有多重意义：其一，休园蕴藏家族情感，赋予了他家族使命，激励他努力读书，争取功名；其二，休园的文化底蕴和清雅环境也是他人生失意时的慰藉；其三，休园让他在日常生活中拥有闲适安宁的私人空间，拥有洒脱自适的生命体验。这些都体现在他的文学作品之中。

首先，休园蕴藏郑氏家族情感，赋予了郑熙绩家族使命。郑熙绩焚膏继晷，1678年中举人，继而在1679年重葺休园，1680年春天在休园建书室下帷，这对于承继家业是颇具象征性的举动。他在诗作中记录了当时的情境：

> 怀居有训凛前编，容膝何妨卜筑偏。坐拥百城恣研悦，窗开万
> 卷任渔畋。香芸辟蠹消虫迹，芳草侵阶护鹤眠。斗室初成逢雨露，

欣闻莲漏滴涓涓。①

荒园何幸又重新，花木争妍值暮春。草阁清幽声寂寂，泉流曲折响潾潾。灵和风致怀张绪，谷口高踪慕子真。闭户谁云多岁月，分阴宜惜可书绅。②

欣闻莺舌隔帘新，无那东风欲送春。绿树覆池枝影湿，红泉激石水声潾。园林式焕吟偏丽，酬唱频增乐自真。倦读推窗苍翠满，高悬萝薜若垂绅。③

郑熙绩重葺休园，建成书室，正式在此入住，准备会试。此时的休园焕然一新，楼阁清幽，花木争妍，莺语鹤眠，春日万物生意盎然的园景正好衬托踌躇满志的郑熙绩。中国传统儒士拥有"达则兼济天下"的价值观，初露锋芒的郑熙绩也拥有更宏伟的人生愿景，他在《公车就道述怀》中写道："天人拟上三千字，著述常怀十二楼。经国必先培士气，筹时尤贵释民愁。"此诗有注评："看其胸中是何抱负，眼中是何观感，岂经生拈弄笔墨者所能？"④道出了此时郑熙绩的远大理想。正是在家族使命和个人志向两种内驱力的作用下，郑熙绩在休园发奋读书，其《书斋坐雨述怀》写道："风雨侵书幌，炎凉瞬息分。违时能守拙，开卷敢辞勤。花事犹如故，人情未若君。何年修健翮，冲举复凌云。"园中读书固然清雅惬意，但"责任"二字背负在肩，便增添了一重苦行僧的意味。冒襄评价："懋嘉日坐休园中，抒情征事，缘物托情，制为诗歌，遂以成集。余受而读之，上溯骚雅，下仿唐宋，兼庾鲍之长，尽苏陆之妙，洵足以陶铸古今矣。而一往缠绵悱恻，举笔而不忘其祖父。昔人谓杜陵之诗，原本忠孝，所谓发乎情，止乎礼义者，其

---

① 郑熙绩：《书室初成雨中漫兴》，见郑熙绩：《含英阁诗草》卷六。
② 郑熙绩：《休园落成下帷漫兴》，见郑熙绩：《含英阁诗草》卷六。
③ 郑熙绩：《休园落成下帷漫兴》其二再叠前韵，见郑熙绩：《含英阁诗草》卷六。
④ 郑熙绩：《含英阁诗草》卷六。

懋嘉之谓欤。"①虽不免过誉，然亦可见郑熙绩休园作品在情感上祖述前人的特点。

其次，休园的文化底蕴和清雅环境也是他人生失意时的慰藉。郑熙绩在考中举人后，参加会试屡试不第，仕途偃蹇。其子郑玉珩记述："府君虽以孝廉授中翰，然公车频上，久困南宫，甲申始就选刑部，扬历未几即以病告归，卒于山东之堂。"②郑熙绩在《落第归途志慨》中写道："游丝百尺绕晴空，轻薄桃花逐晓风。蓟北春云愁漠漠，江南山色影重重。艰难自悔儒冠误，遇合深悲吾道穷。献玉君门惭再刖，不堪搔首问天公。"③与先前壮志凌云的意气已然不同。休园书写中也留下了他失意时的记录，如《壬戌暮春休园再集》写道："黑貂裘敝客初还，三径荒芜久未删。水涨前溪流曲曲，竹含宿雨泪斑斑。玲珑巧簇花堆玉，葱翠遥铺草结环。潦倒自悲逢白眼，醉乡频许共开颜。"④又逢暮春，但是休园景物在失意的诗人眼中不复从前的明丽生机，休园之物此时皆着郑熙绩哀愁之色彩。1683年，他作《休园梅花盛开奉先大父先大人像俎豆其中，因念老树婆娑，皆先大父所手植，而先大父仙逝荏苒已十年矣，追溯当年瞻依膝下，不可复得怆然有作》："忆别音容已十年，敬瞻遗像俨如前。愧无鼎养承庭训，徒有椒馨列几筵。旧柳迎风犹解舞，新梅着雨倍增妍。独悲色笑非畴昔，不禁花间忽泫然。"⑤祖父逝世十年后，郑熙绩不能孝养的遗憾依然痛切。此时的郑熙绩收回被外人夺取的休园，继先人之家产，但是距离其父郑为光的高度还有距离，家族使命催生的个人进取心受挫，给他带来深深的失落。幸而休园可以成为他内心的慰藉，他将自己的情感志趣都寓寄于此，"余自南宫被放，初归未免有情，谁能遣此？爰藉休园稍加葺治，删彼草间之榛芜，平我胸中之垒块"，通过葺治园林，来纾解心中郁结。这时休园的景观都映照他的内心

---

① 冒襄辑：《同人集》卷一《郑懋嘉中翰诗集序》，见四库全书存目丛书编纂委员会编：《四库全书存目丛书》集部第385册，齐鲁书社，1997年，第41页。
② 郑玉珩：《先妣许太恭人行述》，见郑庆祐：《扬州休园志》卷六。
③ 郑熙绩：《含英阁诗草》卷六。
④ 郑熙绩：《含英阁诗草》卷六。
⑤ 郑熙绩：《含英阁诗草》卷六。

世界，如"我爱忘形友，襟期与世悬。愁多因性癖，情不为名牵。旷达惟耽饮，疏狂半类禅。寒山一片石，对语可穷年"[1]，"江间波浪急，此地幸安眠"[2]，"重门洞开处，胸臆似长廊"[3]。失意时，还好有这一私人空间容身，并将心绪情感转化为对景观的改造和阐释。

最后，休园让他在日常生活中拥有闲适安宁的私人空间，拥有洒脱自适的生命体验。重葺休园是对祖辈、父辈的承继，除了让郑熙绩身负责任，努力担当，不坠家声，积极于外，与此同时，也带给郑熙绩闲适安宁。在他的《休园自题三首》中也有体现：

> 宅后荒圃，先人蒐裘。归田解组，杖履优游，知足知止，不忮不求。高台眺远，水阁盟鸥。池迎邗水，地近玉勾，园名自署，心逸曰休。
>
> 愚公之谷，隐者之居。门屏杂客，架列藏书。心无荣辱，口绝毁誉。莳松种菊，听鸟观鱼。山林经济，城市樵渔。只宜诗酒，不称簪裾。
>
> 萧然小筑，欲拟子真。依山结宇，傍水垂纶。岩边对局，花下留宾。渊明载酒，公瑾携醇。琴邀叔夜，辖仿陈遵。虽非绿野，可远红尘。[4]

"知足知止，不忮不求""心无荣辱，口绝毁誉""不称簪裾"是对郑侠如建园时所述的"四休"思想做出回应和阐释，也是郑氏园林恒久的主题，一再强调清净自守，家族基因中对"隐"的诉求同样在郑熙绩身上延续滋长。松菊为友，鱼鸟为伴，往来者皆陶渊明、周公瑾、嵇康、陈遵这样的人物，在园居生活的描述和对宾客的称赞中，也形塑出主人的名士风貌。

休园本身的美感和意蕴也带给郑熙绩身心的安闲。仕途不顺，还好有休园可以休憩，在经历数次失败之后，可以从休园中寻找慰藉。无论是独

---

[1] 郑熙绩：《含英阁诗草》卷五《语石》。
[2] 郑熙绩：《含英阁诗草》卷五《不波航》。
[3] 郑熙绩：《含英阁诗草》卷六《绕云廊》。
[4] 郑熙绩：《含英阁诗草》卷二。

居品园,还是在休园中举行雅集,与亲友以诗为娱,无疑都让郑熙绩在休园中得以自我开解。

例如,他在《诉衷情·夏日园居》中道:

闲来池畔逐鸥盟。高树晚凉生。游鱼戏水吹浪,点点漾波明。

邻寺里,暮钟声,淡烟横。登台眺望,霞影云山,月皎风清。[1]

夏日傍晚一个人的时候,在池畔逐鸥鸟,看池中鱼儿戏水,池水在夕阳下波光粼粼,远处的寺庙钟声隐隐传来,夕阳西下,登台远望,看天边晚霞,山头红云,沐浴着夏夜习习清风,直到明月东升。还有"闲则开卷自怡,倦则抛书熟卧","最爱萧斋僻,清吟只一函"[2],"倦读推窗苍翠满,高悬萝薛若垂绅",描写在园中独处或者与书为伴,内心充盈,或者徜徉园内,自得其乐。

写在休园与亲友相交的诗作,如《暮春瞿子见可过小园留饮即席分得一先韵》:"忘机常闭户,凿石引流泉。欲避尘氛远,难辞卜筑偏。莺声迎客啭,蝶舞绕庭跹。花下逢高士,开樽辨圣贤。"[3]写闭户不出,远离尘嚣,独居小园的闲散,又有意气相投的友人过访,黄莺对客婉转啼鸣,蝴蝶在庭前翻跹,两人把酒言谈,谈论圣贤之事,无比惬意。再如,"霏霏梅雨暗园林,静掩空庭阅古今,好友时过惬素心。任幽寻,并坐桥头狎水禽"[4],"静对浑无事,闲将清茗烹"[5],"科头还跣足,宾主两相忘"[6],"宾主情相洽,诗筒醉后拈"[7],"论文重对酒,联句更焚膏"[8],与人并坐桥头逗水鸟,或者一起品茶饮酒,品诗论文,毫无芥蒂,写出园内交往之清欢。

在郑熙绩数十年的休园书写中,家族意识、自我抱负、园隐闲情、人生

---

[1] 郑熙绩:《含英阁诗余》。
[2] 郑熙绩:《含英阁诗草》卷五《葺园》。
[3] 郑熙绩:《含英阁诗草》卷五。
[4] 郑熙绩:《含英阁诗余》之《豆叶黄·夏日友人过访》。
[5] 郑熙绩:《含英阁诗草》卷五《休园雅集十首(有引)》其五。
[6] 郑熙绩:《含英阁诗草》卷五《休园雅集十首(有引)》其六。
[7] 郑熙绩:《含英阁诗草》卷五《中秋后一夕休园赏桂共用十四盐韵》。
[8] 郑熙绩:《含英阁诗草》卷五《鲍孟次携樽过休园再集即席共用桃字》。

起落悲欢交织，这些作品通过文学书写展示了郑熙绩丰富的精神世界。家族园林赋予了郑熙绩传承家业家风的使命，园林在他失意时给予了情感慰藉，园居生活也让他获得精神的自由。

通过郑侠如与郑熙绩休园书写的深入解读，亦可管窥园林与文学的关系。在传统文人园林中，无论是魏晋时期放浪纵情的私人园林，还是唐宋以来多处于山林与朝堂中间地带的文人园林，主要彰显的是隐逸的文化色彩。然而，通过细究书写园林的文学作品，园林不再是以固定的单一"隐"的姿态呈现，园林文学具有丰富的内涵和多元的文化指向。尽管园林从选址、营建到题名、题额，无不彰显隐逸之趣味，而文学书写却与园林构建之间存在错位，折射出更加多样的色彩，有得意，有失落，有旷达，有郁结。文学总在无意间透露隐于园居表象背后的秘密，展开理解园林的多个面向，也为解读园主们的园居心态和园林文化内涵打开一个个窗口。

第四章　郑氏园林之艺术呈示

"吾国旧式园林与诗文书画，有密切之关系，而自成一系统"[①]，童寯在《江南园林志》中揭示了中国古典园林与文学、书法、绘画的密切关系。除了文学书写，郑氏园林文献中还存有重要的图绘材料，如《扬州休园志》中有园景插图和家祠图，大连旅顺博物馆目前藏有清代画家王云所绘之《休园图》。此外，通过文字记述还可知一些失传的园图，如郑元勋绘制的影园图纸、清人王蓬心绘制的《影园图》、郑侠如绘制的《休园三友图》。书法是文学和图像的结合，影园有明代书画家董其昌与陈继儒的题额，休园中有45位明清书法家题额、题联，现在虽已不能见其真迹，但是通过文字记录也可推测休园各处文学与图像结合的美学形态，一言蔽之，文学与图像共同构建了郑氏园林书写的面貌。

一、《扬州休园志》"列景"中的艺术呈示

中国古典园林是人化的自然，凝结了人的匠心巧思、审美意趣和思想情感，经营楼阁、叠石理水、莳花种竹等园林实践都渗透了人的主体性。

---

① 童寯：《江南园林志》，中国建筑工业出版社，1984年，第2版，第43页。

若要将这些被赋予园林中的造园匠心和文化内涵充分传达，获得更深层次的精神感受和文化涵濡，单依靠物质形态的景观呈现有其局限性，还需要借助文学来点醒升华，因而"以具有文学性的语汇来提示和装点园林景观，在园林环境中营造出文雅的氛围，各种园林景观和空间在具有文思之美理念的设计下，成就出超越其拙朴形态的绮华隽雅"[①]，古典园林中的品题就担任了这一职能。

郑庆祐辑录的《扬州休园志》专门列出"列景"部分，逐条列举休园景观，共计32处，辑录了各处景观对应的题额、题联、题诗，并标注各处题额与题联的题写者。"列景"被置于全书的第二部分，从文本结构上来看，起到提纲挈领的作用；从对园林认知的角度上来看，能让读者对园林景观有整体印象；从园林审美意蕴探寻上来看，能起到引导读者（游客）的作用。本节以"列景"中的题额、题联、题诗为中心，抉发文学品题在休园空间的文化内涵建构中的价值与意义，也试图分析作为图像的园林中的书法的意义，或能为研究中国古典园林品题提供典型案例，为园林与文学、图像之关系的研究提供新的视角和方法。

（一）"列景"内容

《扬州休园志》"列景"包括景观名称（题额）、题联、题诗三部分内容。在题额和题联后均标注书者，共涉及45位明清时期的书法家，景观对应的题诗全部由郑氏历代园主完成。具体整理如表4-1：

表4-1 休园景观品题简表

景观（书者）	题联（书者）	题诗
休园（徐元文）	书长康成草，吟高子溥松（周仪）	郑熙绩（内容略）
空翠山亭（王本祖）	溪云初起日沉阁，山雨欲来风满楼（何焯）	郑熙绩（内容略）
蕊栖（钱觊）	且安吾拙，还读我书（王民）	郑熙绩（内容略）
抱翠山房（阮玉铉）	白日羲皇世，青山绮皓心（林佶）	郑庆祐（内容略）
琴啸（汪溶）	巫山夜雨弦中起，湘水晴波指下生（王铎）	郑熙绩（内容略）

---

① 王毅：《翳然林水——栖心中国园林之境》，北京大学出版社，2006年，第159页。

续表

景观（书者）	题联（书者）	题诗
金鹅书屋（吕潜）	入户花香来别院，隔窗竹影似邻家（郑来）	郑熙绩（内容略）
三峰草堂（方象瑛）	树德务滋，为仁由己（董其昌）	郑熙绩（内容略）
语石（王献定）	词藻世传平子赋，园林人识郑公乡（王民）	郑熙绩（内容略） 郑玉珩（内容略）
樵水（阮玉铉）	宿雨暗滋书带草，春风先报墨池花（狄亿）	郑熙绩（内容略）
墨池（王献定）	宫中圣人奏云门，天下朋友皆胶漆（董其昌）	郑熙绩（内容略） 郑玉珩（内容略）
湛华（董其昌）	五亩莲塘三径竹，一帘花影半床书（王澍）	郑玉珩（内容略）
卫书轩（沈白）	琅玕戛击生天籁，苍翠微茫漏月痕（叶方蔼）	郑熙绩（内容略） 郑玉珩（内容略）
含清别墅（许修龄）	谷映朱栏秀，山含古木尊（汪士鋐）	郑熙绩（内容略）
定舫（周渔）	静极却嫌流水闹，闲多翻笑野云忙（陈继儒）	郑庆祐（内容略）
来鹤台（张元贞）	日落野原秀，天清风雨开（唐寅）	郑玉珩（内容略）
九英书坞（钱觐）	花屿开樽扫不去半窗月影，篁轩支枕听将来一片秋声（查士标）	郑熙绩（内容略）
古香斋（徐元正）	闭户莳松自昔翻经留带草，临池书柿于今簪笔赋长杨（王民）	郑玉珩（内容略）
逸圃（钱觐）	调鹤饲鱼静向山林征利济，穿池垒石闲从丘壑试经纶（查士标）	郑熙绩（内容略）
得月居（杨瑄）	此处宜清夜，到来生隐心（彭珑）	郑熙绩（内容略）
花屿（沈白）	客来迷柳市，渔去说桃源（王时敏）	郑熙绩（内容略）
云径绕花源（王民）	桥边雨洗藏鸦柳，池畔花深斗鸭阑（徐用锡）	郑熙绩（内容略） 郑玉珩（内容略）
玉照亭（王民）	树头蜂抱花须落，水面鱼吹柳絮行（蒋衡）	郑熙绩（内容略）
不波航（陈言溥）	频来幽鸟当窗语，半落闲花度水香（沈荃）	郑熙绩（内容略）
枕流（李然）	暗水流花径，清风满竹林（文震孟）	郑熙绩（内容略）
城市山林（刘都）	凿翠闭户墉，披云卧石门（邹之麟）	郑庆祐（内容略）
园隐（吴迥）	守愚不觉世途险，无事始知春日长（程兆熊）	郑庆祐（内容略）
浮青（林佶）	前园后圃，从容丘壑之情；左琴右书，萧散烟霞之外（沈宗敬）	郑庆祐（内容略）
止心楼（钱觐）	鉴往行之得失，悟前贤之是非（汪肤敏）	郑玉珩（内容略）
耽佳（张元贞）	置驿高风代生俊逸，笺诗旧学人用和平（陈章）	郑庆祐（内容略）
碧广（张元贞）	静检轩义册，浓薰班马香（汤斌）	郑庆祐（内容略）
植槐书屋（鲁澜）	得闲多事外，知足少年中（钱觐）	郑玉珩（内容略）
含英阁（王民）	倾群言之沥液，漱六艺之芳润（董其昌）	郑庆祐（内容略）

休园品题的艺术美除了包括文学内容，还包括内容的呈现形式——书法。文学之内涵与书法之神采共同构成了休园品题之美。

(二)"列景"之书法

书法在园林中具有重要的作用，"汉字书艺美与园林意境美互相依存、互渗互融，一笔一故事，一字一世界"①。休园园主也重视书法，注重品题内容与形式的结合。"在园林中，书法往往是建筑、山水等景观的眉目，它点醒了建筑、山水等沉重庞大的物质躯体，使之分外精神。缺少了它，园林美的物质性建构就眉目不清，或不易显现其精神内涵和艺术风貌"。②休园匾额楹联已不存，难以目睹其书艺真迹，但是其中所汇聚的45位明清时期的书法家，不乏流传后世的名家，可以想象其风采。其中有早于郑侠如时期的唐寅，与郑氏园主并无交集（唐寅卒于1523年，郑侠如生于与1610年），唐寅为来鹤台的题词应是郑侠如购买朱氏园时就已存在。其他44位均与休园园主们有交往，可见郑氏家族在当时的社交圈子和文化影响力。诸多书法家手迹中，最为醒目的是明代书法界"南董北王"的墨迹。"南董"即董其昌，康熙皇帝曾在《跋董其昌墨迹后》中对他称赞道："华亭董其昌，书法天资迥异，其高秀圆润之致，流行于楮墨间，非诸家之所能及也"③。"北王"即王铎，世称"神笔王铎"，当代书法家启功给予他很高的赞誉："如论字字既有来历，而笔势复极奔腾者，则应推王觉斯为巨擘。譬如大将用兵，虽临敌万人，而旌旗不紊。且楷书小字，可以细若蝇头；而行草巨幅，动辄长逾寻丈，信可谓书才书学兼而有之，以阵喻笔，固一世之雄也。"④董其昌与王铎的书法作品都能汇聚于休园，可以说休园题额、题联的书法在一定程度上代表了明清时代书法的最高水平。《国朝书人辑略》中

---

① 曹林娣：《汉字"三美"与园林美》，载《光明日报》2021年4月11日第5版。
② 金学智：《中国园林美学》，中国建筑工业出版社，2000年，第246页。
③ 孙岳颁：《佩文斋书画谱》卷六七《御制书画跋》，清文渊阁《四库全书》本。
④ 启功：《论书绝句》，生活·读书·新知三联书店，1990年，第172页。

还有周仪、何焯、林佶、王澍、沈白、汪士铉、张元贞、查士标、徐用锡、蒋衡、沈荃、程兆熊、沈宗敬、汪肤敏14位书法家的书法成就介绍，皆当时之名家。如：程兆熊，《国朝书人辑略》记载："字梦飞，号香南，江苏仪征人，工诗词画笔与华嵒齐名，书法为退翁所赏，扬州名园甲第榜署屏幛金石碑版之文皆赖之"[1]；张元贞，"字仲醇，号畏庵，书法兼二米二王之妙"[2]；蒋衡"小楷冠绝一时"[3]；王澍"书法尤一时独步"[4]。这些名家的题写不仅为郑氏园林增添了书法之美，与园境相得益彰，而且也为郑氏休园声名远播添砖加瓦。

休园同一处景观题额与题联书法均不是同一人，保证了同一景观的书法风格的区别，例如，定舫题额为周渔，题联为陈继儒，含英阁题额为王民，题联则为董其昌，琴啸题额为汪濬，题联为王铎。按照此例，多位书法家的错落排列可以使风格多样并呈，避免产生审美疲劳，休园主人们对于书法在园林中应用的匠心可见一斑。

（三）"列景"之文学——题额、题诗与题联

园林景观命名以及彼此之间的联系也是一门学问，陈从周说："古人构园成必题名，皆有托意，非泛泛为之者。"[5]结合前面休园景观品题简表，首先看休园题额。题额是将景观名称题写在匾额上，既有装饰的功能，也起到点景的作用。休园题额名称按照题名侧重内容可以分为四类：点明建筑种类、突显自然景观、体现园主志趣理想、呈现风雅的园居生活。

第一，点明建筑种类，在命名中出现亭、台、楼、阁、堂、居、斋、屋等词语，如得月居、空翠山亭、玉照亭、来鹤台、止心楼、含英阁、挹翠山房、

---

[1] 震钧：《国朝书人辑略》卷四，清光绪三十四年刻本。
[2] 震钧：《国朝书人辑略》卷四，清光绪三十四年刻本。
[3] 震钧：《国朝书人辑略》卷三，清光绪三十四年刻本。
[4] 震钧：《国朝书人辑略》卷三，清光绪三十四年刻本。
[5] 陈从周：《说园》，同济大学出版社，2007年，第13页。

三峰草堂、古香斋、植槐书屋、金鹅书屋、定舫、碧广（广，即为依山而建的房屋）等。在建筑名称之前加上修饰语，形成"修饰语 + 建筑名称"的基本结构，其中有的修饰语与园林景观对应，通过这些修饰语的字面意思就可以大致体验所涉园林要素的形貌、种类、色彩或者周围环境等特征，如空翠山亭、三峰草堂、植槐书屋。还有的修饰语则超越园林内的景观，通过联想和想象，引入园林之外的景物或景象，比如得月居、来鹤台，读其名便可悬想月出清辉满室，鹤来栖止于台的景象。第二，突显自然景观，如花屿、云径绕花源、枕流、蕊栖、浮青，虽然这些景观也免不了人工因素，但在命名上突出其自然特征，甚至在题名中隐去了建筑名称，比如蕊栖、浮青，根据郑氏园主别集记载，全名为蕊栖楼、浮青阁，在题额时省去建筑名称，语意超脱，激发更丰富的联想。第三，体现园主志趣理想，如休园、止心楼、逸圃、园隐，"休""止心""逸""隐"都在景观命名中直接点出园主谢绝尘嚣、向往超逸安宁的心灵世界。第四，呈现风雅的园居生活，主要是强调人与园的联系，显示景观或建筑实际作用以及园主琴书相伴的园林日常生活，如琴啸、植槐书屋、金鹅书屋明确指出弹琴或读书的功能，还有"含英"取"含英咀华"之意，"墨池"用王羲之临溪练字的典故，"耽佳"化用杜甫诗"为人性僻耽佳句，语不惊人死不休"，均是体现吟诗作赋、读书习字的园林风雅生活。总之，休园景观命名体现出了人工与自然并用，客观物质形态与主观心理兼顾的特征，这些名称的串联组合共同构建了休园文化的表意框架。

关于休园题联作品内容与特点。休园"列景"中的对联来源有二，即古人成句和时人撰写。《红楼梦》中有关贾宝玉在大观园题额的章节中提出"编新不如述旧，刻古终胜雕今"[①]的园林品题观点，即主张在园林题写中对于经典诗句的加工运用，在休园"列景"题联中，32 处景观中有 21 处的对联是引用前代诗文的成句：

空翠山亭："溪云初起日沉阁，山雨欲来风满楼"。出自唐许浑《咸阳城

---

① 曹雪芹、无名氏：《红楼梦》，华文出版社，2019 年，第 153 页。

西楼晚眺》。

挹翠山房:"白日羲皇世,青山绮皓心"。出自明陈继儒《小窗幽记》。

琴啸:"巫山夜雨弦中起,湘水晴波指下生"。出自唐韦庄《听赵秀才弹琴》。

三峰草堂:"树德务滋,为仁由己"。上联出自《尚书·泰誓下》。

樵水:"宿雨暗滋书带草,春风先报墨池花"。为园林常用楹联。

墨池:"宫中圣人奏云门,天下朋友皆胶漆"。出自唐杜甫《忆昔》。

含清别墅:"谷映朱栏秀,山含古木尊"。出自宋苏轼《是日自磻溪将往阳平憩于麻田青峰寺之下院翠麓亭》。

定舫:"静极却嫌流水闹,闲多翻笑野云忙"。出自唐韦庄《山墅闲题》。

得月居:"此处宜清夜",出自唐朱庆馀《题毗陵上人院》;"到来生隐心",出自唐祖咏《苏氏别业》。

云径绕花源:"桥边雨洗藏鸦柳,池畔花深斗鸭阑"。出自唐韩翃《送客还江东》[1]。

玉照亭:"树头蜂抱花须落,水面鱼吹柳絮行"。出自唐韩偓《残春旅舍》[2]。

来鹤台:"日落野原秀,天清风雨开"。上联出自唐吴融《登途怀友人》。

不波航:"频来幽鸟当窗语,半落闲花度水香"。出自元袁易《春雨漫兴三首》其三。

枕流:"暗水流花径",出自唐杜甫《夜宴左氏庄》;"清风满竹林",出自唐孟浩然《听郑五愔弹琴》。

城市山林:"凿翠闭户墉",出自唐杜甫《九成宫》[3];"披云卧石门",出自晋谢灵运《石门新营所住四面高山回溪石濑茂林修竹》。

园隐:"守愚不觉世途险,无事始知春日长"。出自唐韩偓《守愚》。

浮青:"前园后圃,从容丘壑之情;左琴右书,萧散烟霞之外"。出自隋

---

[1] 韩翃《送客还江东》原文为"池畔花深斗鸭栏,桥边雨洗藏鸦柳",题联刚好上下联颠倒。
[2] 题联中"水面鱼吹柳絮行"一句在韩偓《残春旅舍》中为"池面鱼吹柳絮行",略有出入。
[3] 题联中"凿翠闭户墉"一句在杜甫《九成宫》中为"凿翠开户墉",略有出入。

杨㻰《召王贞书》。

止心楼:"鉴往行之得失,悟前贤之是非"。出自唐皇甫松《大隐赋》。

碧广:"静检轩义册,浓薰班马香"。下联出自唐杜牧《冬至日寄小侄阿宜诗》。

植槐书屋:"得闲多事外,知足少年中"。出自唐朱庆馀《赠陈逸人》。

含英阁:"倾群言之沥液,漱六艺之芳润"。出自晋陆机《文赋》。

所截取大部分的对联诗文考虑到了原诗的题材和情感的相关性。如:定舫对联"静极却嫌流水闹,闲多翻笑野云忙",出自唐代韦庄《山墅闲题》,本就是唐代诗人韦庄题咏山林别业的诗句,与休园具有题材的一致性,且都有隐逸安闲的思想内核;得月居之下联"到来生隐心",出自唐代诗人祖咏的《苏氏别业》,原句为"别业幽居处,到来生隐心";枕流之上联"暗水流花径",出自唐代杜甫《夜宴左氏庄》;含清别墅对联"谷映朱栏秀,山含古木尊",出自宋代苏轼《是日自磻溪将往阳平憩于麻田青峰寺之下院翠麓亭》。这些都是前人为园林别业所题,与题写休园题材基本一致。题联者考虑到了诗文出处语境,激发了游园者对于原诗文的追忆以及诗中所涉园林别业的联想,达到了深化休园文化内涵的效果。

还有一部分景观对联只取单句,在截取句子的时候只考虑单个诗句内容,或者单句所涉景物、境界、情感与休园景观的相似性,对原有诗文的语境则或忽略或遮蔽。例如墨池题联"宫中圣人奏云门,天下朋友皆胶漆",出自杜甫《忆昔》,本是杜甫对于开元时期,百姓安居乐业,人际关系和谐盛世的追忆,杜甫写此诗是为了表达今非昔比的失落,但在休园中用此联,则着重凸显单句含义,从而体现休园主客关系的融洽。再如来鹤台题联"日落野原秀,天清风雨开",出自唐代诗人吴融《登途怀友人》,原诗是离别怀人之作,用在此只取句意,描述登上来鹤台所见的旷野景象。由此可以看出,休园题联在运用古代诗歌方面具有一定的灵活性,对古诗实现多角度自由运用,有宏观视角对园林的观览,也有微观视角对细微景物的观察,有从景观相似性来选取,也有从情感角度来运用。无论哪个角度,都体现了对园林的独特感悟,这也是园林之美带来的个性化体验。

除了以上 21 处景观对联运用前人诗文成句，休园"列景"还有休园、蕊栖、金鹅书屋、语石堂、湛华、卫书轩、九英书坞、古香斋、花屿、耽佳、逸圃这 11 处景观对联为时人创作。时人所作与应用古人成句在题材内容、情感表达、志趣传达和应用上都是一致的。但是，由于亲身体验的介入、主人的导向等因素，相对于应用成句，时人创作具有更明确的主题性，突出对郑氏家族形塑的功能。例如，古香斋的对联"闭户莳松自昔翻经留带草，临池书柿于今簪笔赋长杨"。"带草"，用汉代郑玄典故，郑玄用来束书简的草叫"书带草"。"闭户莳松"指的是郑薰，郑薰"字子溥，历宣歙观察使，进右丞，以太子少师致仕。既老，莳松于庭，号七松处士"[1]。"书柿"则用唐代郑虔的故事，他学习书法却苦于没有纸张，听说附近的慈恩寺存积有柿叶，他就借住在寺中，每天取柿叶练习书法，终于用完了所有的柿叶。[2] 郑玄归隐，以耕读为业，郑薰老而退隐，在庭内种松，郑虔书柿苦读，通过追溯郑氏先祖故事，展现郑氏家族由来已久的品质和人格，也折射出休园园主们的形象：郑侠如未老乞归，读书课子，莳花种草；郑为光、郑熙绩园内苦读，举业有成。他们虽与郑氏先贤们时隔久远，但人生选择、人格操守极其相似，所以在题联中提及郑氏先贤，起到对其家族文化的形塑作用。

休园"列景"部分除了匾额与对联，还有郑氏历代园主对景观的题咏，共计 32 首诗歌，题写者有郑熙绩、郑玉珩与郑庆祜。题诗主题与题额、题联所表达的主题一致，均描绘休园之景、形塑家族诗书传统、表达隐逸志趣，但是这三者作用有所差别，不能等而视之。它们彼此之间形成了层进式结构，三者呈现的样貌，相当于三个步骤，从简约到详细，并逐步深入，发挥其对于园林景观的文化阐释作用。

兹举几例：

（1）题额：休园

题联：书长康成草，吟高子溥松

---

[1] 汤宾尹辑：《宣城右集》，王景福、石巍、童达清校注，黄山书社，2017 年，第 57 页。
[2] 凤宝莲主编：《典故小词典》，四川辞书出版社，2007 年，第 364 页。

题诗：

  谷口传佳胜，依林结圃幽。调高怀李谢，客至识羊求。

  念祖成三径，承先咏四休。翛然能自得，城市即丹丘。

题额中一个"休"字，含蓄蕴藉，有很大阐释空间。题联追溯郑氏家族文化传统，前文已述及，"书长康成草"，用汉代郑玄典故，"吟高子溥松"，子溥，指的是唐代郑薰，用郑薰植松于庭的典故。题诗是对题额与题联的深度阐释，"休"即"四休"，郑侠如命名休园时曾向好友计东说明他的志趣："昔孙昉自称四休居士，有粗茶淡饭饱即休，补破遮寒暖即休，三平两满过即休，不贪不妒老即休之语，园之名盖有取乎是。"郑熙绩重申祖父命园的意旨。额、联、诗共同指向隐逸修身的主题，强化渲染休园之旨归。

（2）题额：枕流

题联：暗水流花径，清风满竹林

题诗：

  为纳前溪涨，经营辟习池。比邻消水患，凫雁沐清漪。

  倚枕堪垂钓，临流足赋诗。岂徒客濯足，洗耳亦相宜。

题额点明景观形态，题联则对景观进一步描述：鲜花簇拥，水流从中间潺湲而过，清风吹来，竹林簌簌作响。题诗则详细交代枕流设置的缘由："为纳前溪涨"，消除了邻家的水患，也能让凫雁泛游于清清涟漪，并进一步阐发此景观的作用，即可以倚枕垂钓，可以临流赋诗，还可以濯足洗耳。连用耳熟能详的典故，激发游园者对于庄周垂钓于濠、渔父濯足沧浪、许由洗耳于颍水等故事的怀想，并与眼前之景相联系，深化了景观的文化内涵。

（3）题额：蕊栖

题联：且安吾拙，还读我书

题诗：

  莫怅知音少，幽居兴转清。断虹收宿雨，返照送新晴。

  坐久鱼偕乐，机忘鸟解迎。可怜折腰客，未悉此中情。

"蕊栖"，意涵丰富，似有栖居之地的指向。"且安吾拙，还读我书"点出了蕊栖的功能——读书，也折射出蕊栖的人格寄寓内涵，即守拙的人格追求和与书相伴的人生志趣。题诗对于蕊栖的外在形貌略去，而笔墨着力于写居住蕊栖的心理感受，采用"遗貌取神"的写法，来书写园林的具体景观。题诗照应题联内容，"坐久鱼偕乐，机忘鸟解迎"，与鱼偕乐、与鸟相伴是对题联中安拙、读书的进一步阐释。

总之，"片言只语，一联一对即可将人们对园林美学直至对人生和宇宙的理解与周围的园林景观融为一体"[①]。题额、题联、题诗以及它们彼此之间的关系构建了园林表意系统的框架，题额约略点景写意，题联和题诗则是根据题额做的深入诠释。额、联、诗，层层深入，形成合力，在文字、视觉图像与园景的诱导下将游园者的直觉感知转换为更高维度的精神体验。

（四）休园品题的艺术价值

休园"列景"中的题额、题联与题诗在内容上相互关联，或描摹园景，或抒发情感，或表达志向，再兼书法形态之美，共同构成了园林导引系统，与园景相得益彰，具有重要的艺术价值。

第一，深化园林文化内涵，丰富园林审美意蕴。园林营造本着"可观、可居、可游"的原则，园客在游览时，在视觉、嗅觉、听觉之外又通过文学增添心灵感受，获得综合的园林体验。例如，城市山林景观静谧深邃，其下联"披云卧石门"出自谢灵运《石门新营所住四面高山回溪石濑茂林修竹》，将眼前休园之景与东晋谢灵运石门住所联系，在景观视觉感受外增添了摆脱尘俗羁绊、追慕先贤的文化意涵。琴啸本为一处建筑，经过"巫山夜雨弦中起，湘水晴波指下生"的题写，游客根据文字想象，宛如走进神女湘妃演奏音乐的美妙幻境。物质形态的园林空间有限，但经过文学化的题写，可以拓展出广阔的精神空间。

第二，寄寓园主的园居观念和人生志趣。郑熙绩为逸圃题诗："亭后留

[①] 王毅：《园林与中国文化》，上海人民出版社，1990年，第434页。

荒圃，萧然处士家。未能知稼穑，且学种桑麻。白日听歌鸟，清宵噪鼓蛙。知休心自逸，何必读南华。"表达以农事为乐的安逸心态。郑玉珩为卫书轩题诗："直节复盘根，亭亭竹千个。何可一日无，抱卷此间坐。"表达在竹树环绕中读书内心的充盈安宁。郑庆祐为"定舫"题诗："似舫无风波，坐辄消百虑。试看清流中，游鱼自来去。"表达园居的惬意闲适。这些题写均是在描摹景观特征时将个人情感寄寓其中，自然而然传达出郑氏园主们的园居观念与隐逸乐趣。

第三，建立园主与园客交流的媒介，激发园客共鸣。于园客而言，"然解读的线索仍在园林之中，最显见的索引是园林景象与相关题名的相互对应和阐释。一方面借助于具体景观的规划，形塑生命人格的符号，如水石的呼应涵润、花木的品种搭配、建筑的材料形构，一方面也运用园名、景题、刻石、匾额、对联等文字塑造文化意象，表达园主的人生观念与价值诉求"①。品题起到点景、阐释，标明园主志向和造园思想的作用。当园客进入其中，可以通过品题领略和感悟休园物质形态潜藏的人文精神，与园主借助园林进行心灵的对话，从而引发思考和共鸣。比如浮青题联"前园后圃，从容丘壑之情；左琴右书，萧散烟霞之外"，花屿题联"客来迷柳市，渔去说桃源"，这些题联以楹联的形态呈现于各处景观，能导引园客由物境进入审美意境，激发后来园客对于园林意涵的思考和理解，由此形成一个围绕休园的对话场域。

郑庆祐在编辑《扬州休园志》时，将"列景"置于卷首，目的在于让读者对休园有一个大体的印象，就相当于真实游园过程中的导视系统，引导读者通过阅读"列景"中的书法与文学内容，领略休园的景致，感悟郑氏园主的闲情雅兴与人格志向，达到"以文存园"的效果。通过对品题内容与形式、品题内部关系和品题艺术价值的探讨，可管窥中国园林品题的意义，抑或也能为研究文学与园林之间的密切关系提供案例。

---

① 曹淑娟：《在劳绩中安居——晚明园林文学与文化》，台湾大学人文社会高等研究院东亚儒学研究中心，2019年，第36页。

二、郑氏园林之图绘

根据文献存世情况，郑氏园林图绘分为两类：一类是佚失的图绘，即现在已经失传，但是通过文字记录可知其存在的图绘资料，包括影园图纸、《影园图》、"休园三友图"。另一类是现在依然可见的图绘材料，包括《扬州休园志》的两幅插图——休园景观图与家祠图，还有清代画家王云所绘之《休园图》。对于郑氏园林图绘的研究，可以深入理解图绘对于园林的意义以及图绘与文学的关系。

其中休园景观图，展示的是与"列景"内容对应的休园的32处景观，着重呈现景观相对地理位置、景观之间的组合结构和景观基本形貌，并间以树石，意在突出每一处景观的特点，但画面有限，整体景观表现相对简单。家祠图中用线条简单勾勒祠堂形貌，祠堂两旁各植一树，树是祠堂的标志物。家祠图体现了郑氏子孙对郑氏家族先人的纪念，此图应与《扬州休园志》中"迁扬世系"对读。郑氏家族先人包括郑良铎、郑景濂、郑之彦、郑侠如、郑为光、郑熙绩、郑玉珩，郑庆祐为第八世。

至于王云《休园图》，以下将专门论述。

（一）佚失的图绘

佚失的图绘有郑元勋所绘之影园图纸、王宸之《影园图》，以及郑侠如所绘之"休园三友图"。

1. 影园图纸

郑元勋在《影园自记》中记载："年十七，方渡江，尽览金陵诸胜……形诸墨戏，壬申冬，董玄宰先生过邗，予持诸画册请政"，郑元勋先画好园图，持图向董请教，并询问："卜得城南废圃，将葺茅舍数椽……可乎？"[①] 董其

[①] 郑元勋辑：《影园瑶华集》中卷。

昌谓其"得山水骨性"，可以筑园，并为之题名"影园"。这册影园设计图纸现已不存，但是根据文中的信息可知，郑元勋在造园之前先作画，影园的营造基于图绘，而且郑元勋的画符合董其昌所倡导的"南宗画"法则（详见第一章）。

2. 影园图

清代乾隆年间，郑元勋的玄孙郑澐曾请王宸作《影园图》，并请施朝干为图赋诗。施诗序云："园为郑超宗先生别业，其址在今天宁门外，乾隆庚寅，先生元孙内阁中书澐，请王蓬心宸作图，且为余述当时文酒宴集之盛，爰赋此诗。"诗如下：

草木蜀冈外，云霞隋苑边。沧桑古如此，图画一凄然。
末造崇祯代，商歌淮海天。死生惊仓卒，园圃忆回沿。
书带授经始，板舆将母年。玉勾临洞达，潆翠倚幽偏。
山水垂杨绕，黄低远近延。人瞻董公额，兴发米家颠。
谷口躬耕好，长安置驿传。挥金既游侠，投辖必豪贤。
亭访无双址，诗题第五泉。范刘真洒落，晨夕永周旋。
佳话春深后，名花洛下先。姚黄邮未进，李白句能妍。
月旦虞山里，风华粤峤巅。瑶光留彩笔，金罍映琼筵。
衡泌栖迟赋，乾坤板荡篇。水嬉停别馆，兵气惨幽燕。
孔庙麻衣哭，江关羽檄遄。毁家招劲旅，守土控鸣弦。
义慑王庭凑，城完鲁仲连。儒生终报国，众口异防川。
盘错丹心苦，尘沙碧血溅。一官身寂寞，诸老涕潺湲。
俯仰里闾换，规模陵谷迁。国殇啼磴道，鬼火送原田。
景物嗟陈迹，风流想旧编。凉飔北牗底，疏雨赤栏前。
结构疑无路，攀援俨望仙。回廊曾饲鹤，放艇或如莲。
良会空销黯，遗踪且静便。阒冯渺台榭，松桧阅戈铤。
曲沼凫频浴，修堤犊自眠。樵翁感登顿，词客吊婵娟。
文献薛苔冷，忠贞瓜瓞绵。元孙悲手泽，薇省梦南阡。
绘事同寮擅，秋毫妙理宣。庭阶冰雪积，襟袖芷蘅鲜。

忽讶黄湾转，相将蜡屐缘。萧聊仍子夜，点染但苍烟。
卿党生何晚，羁孤疾岂痊。招魂向空阔，展册惜迍邅。
丞相梅花岭，陪京燕子笺。薰莸他日恨，褒罚后人权。
谥法今须补，江村愿已专。会当寻断碣，三叹奏冰弦。①

全诗吟咏郑元勋忠义事迹及影园兴废历史，图已佚。施朝干赋诗是根据王宸之《影园图》和郑澐的叙述所作，故而无法判断诗中哪些是图绘内容，哪些是口述故事。关于此图，清人王嵩高作《影园图歌为郑晴波中翰作》②，程晋芳作《郑晴波同年索题其先祖职方公影园图记为赋一首》③，也都侧重对郑元勋品行事迹的歌颂，对图的内容较少顾及，但是影园具有可绘性是毋庸置疑的，郑氏后人想通过文学和图绘两种方式来纪念先祖，达到纸上园林长存的理想也显而易见。

3．休园三友图

郑侠如绘有"三友图"，图中有一灵璧石、一大理石屏、一黄山杖，即所谓"三友"。

宗元鼎《诗余花钿集》所辑录的郑侠如词作中就有对于此三物的描述：
《满江红·灵璧石》：

古石磷磷，云根卧，无心出岫，人道是，维岳降灵，彼苍毓秀。
逸少砚池曾沐浴，米颠石丈难怀袖。纵青州，怪石与铅松，谁居右？
江汉濯，波纹皱，混沌凿，容光透。笑泗滨浮磬，郊寒岛瘦。辨
色正宜青玉案，考音独备金声奏。再休夸，圯上老人书，黄石授。

《满江红·大理石屏》：

往事浮云，幸神物，为天阴陟，论墨妙，山高月小，水落石出。
青绿染成北苑法，烟云幻入南宫笔。喜伊人，偕我入山深，归林密。

---

① 阮元辑：《淮海英灵集》丁集卷四，见王云五主编：《丛书集成初编》第1803册，商务印书馆，1935年，第527—528页。
② 王嵩高：《小楼诗集》，见《清代诗文集汇编》编纂委员会编：《清代诗文集汇编》第387册，上海古籍出版社，2010年，第661页。
③ 程晋芳：《勉行堂诗文集》，魏世民校点，黄山书社，2012年，第513页。

磨不磷，圭璋质，尘不到，芝兰室。对寒山片石，语尝移日，呼丈自应袍笏拜，御屏还用循良实。又何须，阁上画麒麟，加诸膝。

《水调歌头·黄山藤杖》：

黄山吾甚爱，劲节古藤枝。杉松经历魏晋，蟠木更多奇。云谷犹闻锄药，月下还看弄笛，惟尔共栖迟。五岳非虚愿，只借一筇枝。

采东篱，开北海，好追隋，辅人无苟。无谷归去学人宜，不羡仙人九节，何用燃藜太乙，永结岁寒知，莫教龙化去，济胜赖扶持。①

郑熙绩《晒休园三友图追忆先大父（有序）》：

先大父方言法行，不乐与世浮沉，惟日优游园林，以著书赋诗为事。所绘休园三友图，身倚灵璧石，手扶黄山杖，案列大理石屏，以是称三友焉。不幸先大父捐馆后，继述多艰，每一披图，不胜悲悼，庚申七月七日，值郝家晒腹之期，复悬此图于堂，音容难再，想像徒存，抆泪写怀，不自计其词之工拙也。

忆昔余祖存，追随欣绕膝。质疑趋庭前，课业开书帙。
励学勖余勤，持身严若律。繁华戒勿撄，交友远游佚。
祖训口谆谆，钦兹如毂率。忽惊泰山崩，小子承继述。
亲族反相摧，茕茕莫我恤。伤哉孤孽身，伏处悲萧瑟。
诵读越三更，呫唔惟一室。昊苍不我遗，鹗荐惭鸿笔。
余祖逝七年，居诸去何疾。披图瞻拜殿，遗像犹贞吉。
仿佛亲仪容，声音不可诘。命名友居三，石杖屏各一。
灵璧何铿然，金声兼玉质。九螭黄山材，森立辞斧锧。
更有天然屏，水落而石出。月小与山高，苏髯赋其实。
精灵聚一图，世宝真无匹。但愿子孙贤，绵绵传勿失。②

诗、词中所述之灵璧石产于安徽宿州灵璧，向来为文人雅士喜爱，宋代米芾以灵璧石为标准，提出石的审美标准为具备"皱、露、透、瘦"的特征。计成《园冶》记载灵璧石："石在土中，随其大小具体而生，或成物状，或成

---

① 宗元鼎：《诗余花钿集》卷首，清康熙东原草堂刻本。
② 郑熙绩：《含英阁诗草》卷三。

峰峦，巉岩透空，其眼少有宛转之势；须借斧凿，修治磨砻，以全其美。或一两面，或三面，若四面全者，即是从土中生起，凡数百之中无一二。有得四面者，择其奇巧处镌治，取其底平，可以顿置几案，亦可以掇小景。"①文震亨《长物志》也对灵璧石的审美价值进行评判："石以灵璧为上，英石次之。然二种品甚贵，购之颇艰，大者尤不易得，高逾数尺者，便属奇品。小者可置几案间，色如漆，声如玉者最佳。"②结合郑熙绩的诗作和郑侠如好友杜濬的记载"长径丈，色如青玉，扣之声中宫商"，可以看出休园灵璧石不可多得。从高度来看，杜文所述的"长径丈"和郑诗所说的"身倚灵璧石"，都可以看出休园灵璧石很高，属于计成所言"四面全者"，即为文震亨所说的"高逾数尺"的奇品。从材质而言，杜文说灵璧石"扣之声中宫商"，郑诗说其"金声兼玉质"，那么休园灵璧石当为文震亨称赏的"声如玉"者。无论从体量还是材质，休园灵璧石都是石中百里挑一的佳品。

还有大理石屏也是明清园林中的常见名物。《长物志》中说："大理石出滇中。白若玉、黑若墨为贵。白微带青，黑微带灰者，皆下品。但得旧石，天成山水云烟，如'米家山'，此为无上佳品。古人以镶屏风"③。休园此大理石"水落而石出""月小与山高"，让人联想到苏轼的《赤壁赋》，应是文震亨所言之大理石中的天成佳品。

中国赏石文化由来已久，石具有审美价值和深厚的人文内涵。从魏晋起，文人开始以审美的眼光观照自然，寄情山水，石进入了审美视野。唐宋以来，造园置石在文人士大夫间流行，唐代白居易《太湖石记》："则三山五岳，百洞千壑，覙缕簇缩，尽在其中。百仞一拳，千里一瞬，坐而得之，此所以为公适意之用也。"④宋代杜绾《云林石谱》："蕴千岩之秀，大可列于园馆，小或置于几案，如观嵩少，而面龟蒙，坐生清思……仁者乐山，好石

---

① 计成著，陈植注释：《园冶注释》，中国建筑工业出版社，2017年，第381页。
② 文震亨著，陈植校注：《长物志校注》，杨超伯校订，江苏科学技术出版社，1984年，第109—110页。
③ 文震亨著，陈植校注：《长物志校注》，杨超伯校订，江苏科学技术出版社，1984年，第117页。
④ 白居易著，朱金城笺校：《白居易集笺校》，上海古籍出版社，1988年，第3937页。

乃乐山之意……居士之好古博雅"①。石头是大自然钟灵毓秀的微缩景观。石也被人格化,文人士大夫经常以石喻人,借石明志,石的坚硬温润与君子之坚贞仁爱的品德暗合。又因石产于名山大川,还常与士大夫之林泉之思相联。要之,"休园三友图"中的灵璧石和大理石屏,极具经济价值、审美价值和文化价值。

除了灵璧石和大理石屏,"休园三友图"中的另外一物为黄山杖。黄山杖产自黄山,"杉松经历魏晋,蟠木更多奇",其材质来自古树,得天地自然之灵,杖上又雕琢九螭,实现了自然与人工的融合。"休园三友图"中的郑侠如"身倚灵璧石,手扶黄山杖,案列大理石屏",还称三物为"三友",并特意为之作画,展现了人与物之间亲密的关系。名物因与郑侠如的夙缘而被赋予了人格内涵,虽人已逝去,但物之图像尚存留,所以郑熙绩在祖父去世十年后,悬图于堂,聊以纪念。

虽然以上图绘材料皆已不存,但是通过文字中关于图绘的记录,可以了解图绘的基本内容,略窥园主好古雅的审美趋向和闲赏的生活状态。

(二)《休园图》的家族形塑倾向

1715年6月至1720年4月,清代画家王云为休园绘图,历时四年零十个月。《休园图》纵54厘米,横129.5厘米,分十二段,每处景观内容不同,画幅大小不等,绢本设色。图卷末有落款:"康熙乙未六月至庚子清和图成,清痴老人王云。"钤"王云之印""汉藻"两方印。根据第一章对于休园修葺时间的考证,康熙五十三年第四代休园主人郑玉珩三葺休园,王云此图作于郑玉珩三葺休园之后,反映的是三葺之后的休园景观。乾隆二十六年族人郑来游休园,第五代休园主人郑庆祜拿出《休园图》,请郑来在卷尾书录诸家园记,并在图卷首撰写四字横额"休园图记"。郑来自述:"辛巳初春,买棹归里……(郑庆祜)出其尊人倩王汉藻所绘园图十二方,装潢为

---

① 杜绾:《云林石谱》,商务印书馆,1936年,序第1页。

大卷,请余为作各家书,录诸先达所为园记于上。"① 现在所见的《休园图》图文并茂,由王云的画和郑来的书法两部分组成。

《休园图》是清代私家园林绘画的重要作品。目前对该图的研究多侧重画面内容的描述与绘画艺术的鉴赏,如房学惠《风雨沧桑话休园——记王云休园图卷》②与蒋琦《深意画图,余情休园——赏读王云〈休园图〉》③。而对于《休园图》与其所再现的郑氏家族之间的关系,以及此图的文化意涵等方面的问题,目前的研究鲜有涉及。英国学者贡布里希说:"如果我们使用再现这个术语意味着它必须涉及另外一种东西,即意味着它是一个符号的话,那么这就必然要看上下文[context]如何。"④ 郑氏家族营建休园的时代背景与心理动机,以及围绕休园展开的文化实践活动就相当于《休园图》的"上下文"。实际上从晚明到清乾隆年间,郑氏家族经历了"由商入士"的家族转型历程⑤,在这一历程中,营建园林、组织园林文化活动、对园林进行文学书写都是其进行儒士家族形塑的重要内容,《休园图》的绘制也在此类活动之列。以此,也可以从形塑郑氏家族的视角来考察《休园图》。

1．儒士家风:《休园图》的画面呈现

扬州休园占地五十余亩,园内景观众多,仅休园第五代园主郑庆祐所辑录的《扬州休园志》中就列出32处,而出现在《休园图》中的景观仅12处,那么王云在绘图时必定经过考量,而且也要符合当时园主郑玉珩的意图,因此也可以说《休园图》最终呈现的是经过园主与画家精心选择的画面。美国学者米歇尔说:"一幅图是一个非常独特和自相矛盾的生物,既是具体的又是抽象的,既是特殊的个别事物,又是包含一个总体的象征形

---

① 郑来:《书休园图后》,见郑庆祐:《扬州休园志》卷一。
② 房学惠:《风雨沧桑话休园——记王云休园图卷》,载《收藏家》2003年第12期。
③ 蒋琦:《深意画图,余情休园——赏读王云〈休园图〉》,载《数位时尚(新视觉艺术)》2010年第4期。
④ E.H.贡布里希:《艺术与错觉:图画再现的心理学研究》,林夕、李本正、范景中译,杨成凯校,浙江摄影出版社,1987年,第115页。
⑤ 冯剑辉:《明清徽商"脱贾入儒"研究——以歙县长龄郑氏为中心》,载《黄山学院学报》2008年第4期。

式。"① 从这个角度来看,《休园图》既是休园具体景观的再现,又可被视为寄寓郑氏家族文化的"象征形式",画中再现的景观、人物、动物成为某种蕴含人的意图的符号。

《休园图》中着意塑造的主要人物有三位,笔者推断此应为郑氏前三代园主。郑氏家族的几代园主逝世较早,郑熙绩十六岁时,其父郑为光去世,郑玉珩十四岁时,其父郑熙绩去世,都是过早失怙,孤苦伶仃,所以父子相伴,面承庭训成为一种奢望。加之郑熙绩和郑玉珩年幼时无力独当一面,家族和园林风雨飘摇,休园也几近被豪夺,这都是他们难以抚平的心理创伤,故而渴望父亲支撑的心理更为迫切。这种心理应是经由园主传达给了画师王云。王云遂将父子团圆,尽享人伦之乐的理想通过图画来呈现。《休园图》中郑侠如与郑为光在同一画面出现,郑侠如正襟危坐,对面郑为光作聆听父训状。郑熙绩单独出现,手捧书卷。郑氏家族本是以盐业起家,在晚明时期就是扬州的富商,同时又是科举世家,郑侠如曾任南明工部司务,郑为光曾为广东道御史,郑熙绩曾任浙江刑部主事,但在王云的绘画中,呈现的却是儒士家族形象,商业与官场的色彩很难看出。从某种意义上来说,三位人物都作为象征符号向观者暗示着郑氏家族的文化倾向。

画面中呈现的器物也相当于暗示郑氏家族文化形象的图像符号。晚明陈继儒叙及园林之物时道:"净几明窗,一轴画,一囊琴,一只鹤,一瓯茶,一炉香,一部法帖;小园幽径,几丛花,几群鸟,几区亭,几拳石,几池水,几片闲云。"② 器物、禽鸟、花木等构成了文人闲赏生活的内容,又与园中景观搭配映衬,是明清文人园林日常生活审美化的体现。《休园图》中也有瓶花、书函、香炉等,这些都是明清私家园林中必不可少的物件。精致的香炉、小巧的香盒、雅致的香箸瓶,是明清文人闲雅生活中的常见物品,"主人端坐一紫檀卧榻上,榻左后方列有根艺香几,几上摆放着青铜带座香炉、红雕漆香盒和香箸瓶各一,香炉中有红色香丸一粒,香瓶中插有香铲和香

---

① W.J.T.米歇尔:《图像何求?——形象的生命与爱》,陈永国、高焓译,北京大学出版社,2018年,第xxi页。
② 陈继儒:《小窗幽记》,光明日报出版社,2014年,第203页。

箸，是一套完整的'炉瓶三事'制式"①。至于瓶花，明清文人也有细致的审美规定，若在堂中插花，瓶应该高大，"与堂相宜"，在书斋插花，则"瓶宜短小"。②图中青色瓷瓶短小，插荷花数枝，花开正艳，符合书斋中对于瓶花的审美要求。香炉、瓶花等器物作为屋内的装饰陈列，在图中并未与主人产生互动关系，这也是郑氏家族爱物而不溺于物的表征。图像"它不是忠实地记录一个视觉经验，而是忠实地构成一个关系模型……一个再现的形式离不开它的目的，也离不开流行着那一种特定的视觉语言的社会对它的要求"③。明清文人对于物的赏爱到了痴癖的程度，而郑氏家族只是有距离的单纯闲赏，将其作为文士清雅生活态度的表征，这也是家族风貌的呈现。书卷是文人园林内不可少之物，无论对于现实的反映还是对于身份的标榜都有一定的作用。书更是休园有代表性的物件，郑氏家族从晚明以后以读书为业，郑侠如在园内课子读书，也著书，《休园省录》《休园迩言》都在园中完成；郑为光得中进士；郑熙绩考中举人，郑氏家族是名副其实的诗书家族。因此在画中，最显眼的是书籍，两段图中均有出现：几案摆放几函书册，主人手持一卷。而且休园藏书丰富，园客在诗作中多有称赞，如"闻说休园胜足夸，图书四壁擅风华"，"图书充户牖，车马更如云"④，"百年堂构书千卷"⑤，等等。王云的画中并未体现图书的数量，仅将书册作为符号，一则精简画面，一则营造园主居住的清雅意境。学者扬之水道："文人的书房，其实意不在书，而更在于它的环境、气氛，或者说重在营造一种境界。""书房与林泉之思即所谓隐逸常常是一致"。⑥书是画面的点缀，是文人雅致生活的象征符号，故而纵有万卷藏书，也无须在画中全部展现，王云《休园图》也遵循了中国书房画面呈现的一般规范。

---

① 王其标：《扬州香事：一座城市的嗅觉审美史》，广陵书社，2018年，第156页。
② 颜汀编：《清玩：中国玩家文化宝典》，四川文艺出版社，2003年，第71、72页。
③ E.H.贡布里希：《艺术与错觉：图画再现的心理学研究》，林夕、李本正、范景中译，杨成凯校，浙江摄影出版社，1987年，第108页。
④ 王维翰：《重葺休园三首》，见郑庆祐：《扬州休园志》卷七。
⑤ 吕谦恒：《三葺休园二首》，见郑庆祐：《扬州休园志》卷八。
⑥ 扬之水：《古诗文名物新证合编》，天津教育出版社，2012年，第372、375页。

禽鸟在图中也是富有指示意义的符号。图 4-1 林中有鹤，图 4-2 池中有鸂鶒。鹤神态高雅，曲线优美，向来是文人钟爱之禽鸟，在中国传统文化中也积淀了独特的文化内涵。一方面，鹤是君子的象征，比如《诗经·小雅·鹤鸣》有"鹤鸣于九皋，声闻于天"，以鹤喻君子；另一方面，鹤常栖于远离凡尘的幽谷水渚，颇有隐士高洁洒脱的意味，宋代文人中就有"以鹤为子"的隐士林逋，古人常以"驾鹤""乘鹤"意指从凡间通往仙界。休园主人对鹤也是情有独钟，在休园中专设一处景观名曰"来鹤台"[1]，可见其对于君子隐逸的追慕。除此之外，鹤也是身份的象征，明代文震亨《长物志》卷四云："空林别墅白石青松，惟此君最宜，其余羽族俱未入品"。鹤适合于文人常居的"空林别墅"，而其他禽鸟却不"入品"，换言之，鹤在一定程度上昭示主人的身份和文化品位。因此《休园图》中鹤作为休园中有代表性的禽鸟出现，具有映衬主人德行与志趣的意味。鸂鶒状似鸳鸯，羽毛鲜丽，也是园林居所中常见的禽鸟。杜甫居于草堂寺作《卜居》诗，中有"无数蜻蜓齐上下，一双鸂鶒对沉浮"之句。它还是皇家园林中的水鸟，"玄宗初年，遣宦者诣江南，取鵁鶄鸂鶒等置苑中"[2]，故而鸂鶒也能显示居所环境的优雅和皇家园林的气度，非一般山野村溪之野凫所能比。《休园图》中的鹤与鸂鶒，既是休园内禽鸟的客观描摹，也是具有象征意味的文化符号，意在展示休园的气派格调，寄托休园主人的志趣理想，也展现了郑氏家族的文化风貌。

《休园图》中的人物、器物和禽鸟作为符号指示着郑氏家族的形象特征，反映了郑氏园主们的园居状态，可对郑氏家族文化起到形塑作用：不碌碌于官场，不汲汲于功名，崇尚清雅安逸。同时该图也反映了郑氏家族圆融中和的处世方式，郑氏之闲适不同于隐居遁世，他们虽有私家园林这一方独立的私人领域，但是并不与世相悖，而是能在现世生活中优游从容，这是郑氏家族在历经风雨沧桑后养成的处世方式，也是《休园图》在家族形塑过程中传达出的重要信息。因此可以对《休园图》中呈现的郑氏家族定位：不是山林隐士，也不是市井俗人，而是诗书传家、注重品行修养、闲适自在的儒士家族。

---

[1] 郑庆祐：《扬州休园志》卷首"列景"。
[2] 杜甫撰，钱谦益注：《钱注杜诗》卷一〇《曲江陪郑八丈南史饮》，清康熙刻本。

图 4-1　王云《休园图》(局部)

图 4-2　王云《休园图》(局部)

图 4-3　王云《休园图》(局部)

图 4-4　王云《休园图》(局部)

2. 兼收并蓄：《休园图》的画风倾向

不仅画面中富有象征意义的符号可以暗示郑氏形塑儒士家族的意识，画面风格的设定也有助于郑氏家族形象的凸显。《休园图》画风兼收并蓄，既可以展示郑氏家族的儒士形象气质，又透露着该家族的富裕显达，既能体现主人的林泉之思，又能够展示日常生活气息。

先从《休园图》作者王云的绘画风格说起。王云自幼受画师父亲王斌的家学影响，又转易多师，"博涉诸家"[①]，从而形成了兼收并蓄的风格特征。清代画家秦祖永在《桐阴论画》中评价王云："山水规模石田。楼台、人物，极似仇实父。余见合景扇面册，画古柏一株，气体苍秀，姿致生动，颇有古趣。"[②] 清代陶樑《红豆树馆书画记》中也评价王云绘画"写意山水得石田遗意"[③]，"石田"即明代画家沈周，其风格苍润俊秀，富有文人的书卷气，画作具有"苍秀"的特色。王云的绘画风格"苍"，且具有文人画的韵味。"苍"即绘画风格的苍劲，清人查嗣瑮在观赏王云《关山夜月图》后写题画诗《题王汉藻关山夜月图因怀九恒》，诗中有言"北风撼城城欲裂，月泼惊沙同墨汁。角声吹断戍楼云，飞雁向南如箭急"[④]，看画即如临苍凉壮阔之境。王云的绘画也颇有书卷气，注重继承传统文人画的笔意，以自然韵味见长。《红豆树馆书画记》评王云的"楼台人物近似实父"[⑤]，"实父"即明代画家仇英，他的界画水平高超，人物楼台精工妍丽。王云是宫廷画师，也以界画著称，善于表现宏大的场面，曾参与《康熙南巡图》界画部分的绘制，受到康熙皇帝的格外赏赐。他还曾为孔尚任作《还朝图册》[⑥]。正是因为王云画风具有兼收并蓄的多元特征，建筑之精美、园景之诗情画意都能够在他的笔下得以充分体现，这或许也是郑玉珩邀请他来绘制休园图景的重要

---

① 秦祖永：《桐阴论画》，黄亚卓校点，上海古籍出版社，2015年，第171页。
② 秦祖永：《桐阴论画》，黄亚卓校点，上海古籍出版社，2015年，第171页。
③ 陶樑：《红豆树馆书画记》卷七《国朝王雯庵山水册》，清光绪刻本。
④ 查嗣瑮：《查浦诗钞》卷四，清刻本。
⑤ 陶樑：《红豆树馆书画记》卷七《国朝王雯庵山水册》，清光绪刻本。
⑥ 孔尚任：《湖海集》卷七《桑楚执、查二瞻、朱二玉、高蔚生、萧灵曦、王汉藻、阮月樵、潘冰壶合画还朝图册》，清康熙间介安堂刻本。

原因。

　　休园是在宋代古园基址上建造的，园内已经有数百年的古树，从清初郑侠如建园到郑玉珩又传承四世，园内高树苍郁，清幽古朴。清代文人们书写休园的诗句中有"古槐深荫屋，高柳远连天""古藤垂架远，老树覆垣多""古木绿到天，奇峰峭拔地"，苍古的植物成为休园的显著特色。文人团昇在《扬州休园志序》中称休园的修竹和古树"如倪迂马远之画"。马远是南宋画家，用墨简率，树法瘦硬，常用渲染手法，画面意境深邃清远、气势宏大。"倪迂"即元代画家倪瓒，他的画用笔简约，以黑白为主，画面常呈现萧疏空灵的恬淡之美。团昇的评价写出休园风貌有自然幽淡、气韵生动的特点。王云绘制的《休园图》也反映了休园这一特点，画卷中的止心楼一幅，楼前假山峥嵘，皴法用笔苍劲，墨气浑厚，远处高树隐约，颇有中国古代写意山水的韵致，疏简淡远的山水和苍秀的山石，营造出山林气息，有助于家族隐逸志趣的彰显，也激发出观者对于园主的林泉之思的共情。

　　在绘制园林的传统文人画中，多突出自然山水，而弱化建筑，常以简易茅屋来作为人的居所的标识，从而着意体现避世的高士形象，比如明代唐寅的《水亭幽居图》、清代王翚的《草堂碧泉图》等。郑氏家族因业盐而富裕，因科举而显达，非一般贫寒儒士。休园几经修葺，耗资之大自然不必说，其园中的灵璧石、大理石屏都是当世奇品。充裕的物质生活也使得郑氏家族园主在隐逸志趣之外，另有一番物质富足带来的安逸，这种雍容气派需用相称的绘画手法来表现。中国传统界画画法重在写实描绘，可以具体详尽地展现楼阁山水，笔墨工谨，色彩绚丽。因此界画画法恰能凸显出休园建筑的华丽气派。王云笔下的休园长廊艳丽精美，展示家族富贵儒雅的格调。绘画手法也可以起到衬托园主形象的作用，明代文震亨在《长物志》中提出："要须门庭雅洁，室庐清靓。亭台具旷士之怀，斋阁有幽人之致。"[1] 图中休园园主于厅堂之内正襟危坐，人物形象也由阔朗严整的厅堂烘托，这种画法产生了线条笔直明朗、建筑规整舒展、屋室开阔敞亮的视

---

[1] 文震亨著，陈植校注：《长物志校注》，杨超伯校订，江苏科学技术出版社，1984年，第18页。

觉效果，使得厅、堂、廊愈发宽敞爽洁，展示出大家族气派，映衬出园主堂堂正正、处世合乎法度、光明磊落的形象，可谓"具旷士之怀"。

王云绘图多种风格的体现，也促成了其在画面中体现出鲜明映衬的特征。休园十二段图都在营造清静雅致的园林意境，通过曲廊临水、碧树掩映、层峦耸翠来营造静谧深邃的园景，渲染出清静的园林氛围，又通过室内香炉、书册、瓶花表明文士之风雅。精美考究的画廊、楼、亭与园内的草木、山石融为一体。图中还采用以动衬静的方式来凸显休园之清静。计成在《园冶》中描述园林的幽静之境道："溶溶月色，瑟瑟风声；静扰一榻琴书，动涵半轮秋水。清气觉来几席，凡尘顿远襟怀。"[①] 小喧能见大静，图中有堂内凝神沉思、手捧书卷的园主，廊前则是嬉戏的儿童，严肃与生机互相映衬，既有文士的高雅，又有日常生活的活泼气息；修竹林中风姿高逸的鹤与池塘戏水的鸂鶒也互相衬托；高树密林与明丽的花朵互相衬托；春夏秋冬四季之景互相衬托；等等。姿态、色彩的多样性，统一于一个图卷之中，共同构成了园图的丰富性，烘托了郑氏家族园林的清雅幽静的环境和园主闲适高雅的形象。图中还有书童、仆人在侧，侍女在烹茶，侧廊有孩童嬉戏，这些人物未绘正面肖像，重在展示神态动作。整幅图中，人物有老有少，有主有仆，有主有宾，体现家族天伦之乐，既有文士的高雅情趣，也有家庭日常生活气息。画面既具界画的艳丽又有文人山水的韵味。《休园图》风格的兼收并蓄有助于全面展现休园的特征，也促成了郑氏家族文化形象的立体塑造。

以上所述园林景观、人物形象、室内器物、园林禽鸟，从不同角度展示着郑氏文化型家族的特质。其一，反映了郑氏园主在休园中超越世俗、清雅的生活方式，园主不碌碌于官场，不汲汲于功名，静享清雅闲适生活。其二，凸显了郑氏家族的儒士形象，虽然郑氏本是盐商出身，又是科举世家，郑侠如曾任职水部，郑为光曾为广东道御史，郑熙绩曾任浙江刑部主事，但其家族从晚明以来的转型趋向是"由商入士"，将读书作为主业。在

[①] 计成著，陈植注释：《园冶注释》，中国建筑工业出版社，2017年，第75—76页。

王云绘制的图中，郑氏家族完全以文士家族形象呈现，传世的图文可对家族文化性格起到形塑作用，书函、书卷、瓶花、香炉也都是文士的标志符号。其三，暗示了郑氏家族圆融中和的处世方式。试将《休园图》与明代画家沈周《东庄图》、清代画家王翚《草堂碧泉图》对比，《休园图》有日常生活气息的闲雅，而后者则体现隐居山林避世的清净。因此可以对《休园图》中呈现的郑氏家族定位：郑氏家族非山林隐士，亦非市井俗人，是诗书传家、注重品行修养、闲适自在的文化型家族。

图 4-5　沈周《东庄图》（局部）

图 4-6　王翚《草堂碧泉图》

3. 图文并举：形塑郑氏家族的文图体系

郑氏家族不仅请画家为休园绘图，而且还留下大量关于休园书写的文学作品。为论述方便，本书将郑氏休园相关的文学作品分为两类：一是《休园图》上所录之"休园图记"，一是"休园图记"之外的其他文学作品。具体来说，第一类"休园图记"是指在乾隆二十六年，第五代休园主人郑庆祐邀请族人郑来在《休园图》卷尾书录的诸家园记，郑来自述："辛巳初春，买棹归里……（郑庆祐）出其尊人倩王汉藻所绘园图十二方，装潢为大卷，请余为作各家书，录诸先达所为园记于上。"图卷之首撰写四字横额"休园图记"，包括方象瑛等人的《重葺休园记》及宋和等人的《三修休园记》，也就是说现在所见的《休园图》图文并茂，由王云的画和郑来的字两部分组成。第二类是指郑氏家族历代园主及来往于休园的文人们书写休园的文学作品，现存郑氏园主文献包括郑侠如的《休园诗余》、郑熙绩的《含英阁诗草》《含英阁诗余》、郑玉珩的《止心楼诗》，其中对书写休园的诗文都有收录。另外，郑庆祐辑录的《扬州休园志》中录休园园客的诗文200余篇，这些作品与《休园图》共同构成了形塑郑氏家族的休园书写系统。

在中国文化传统中，文字和图画向来关系密切，宋代郑樵在《通志》中远溯《易·系辞上》："河出图，洛出书"，谓"图成经，书成纬，一经一纬，错综而成文"①，"置图于左，置书于右，索象于图，索理于书"②，说的即是图与书（文）之间存在不可分割的互文关系。再者，绘画、园林、文学三者之间本来就存在千丝万缕的联系。童寯在《江南园林》一文中谈及园林时说："园林不过是一幅立体图画，每当展开国画山水图卷，但见重峦叠嶂，悬瀑流溪，曲径通桥，疏林掩寺，深柳茅屋，四面敞开，琴书以外，别无长物，这就是文人所追求的生活境界，亦即文人园的理想粉本。"③这些论述道出了绘画在手法与意境追求方面与园林的相似性。文学则不仅可以用文字描述园林布局、结构、方位等客观因素，叙述与园林相关的人事，表达园林

---

① 郑樵：《通志二十略》，王树民点校，中华书局，1995年，总序第9页。
② 郑樵：《通志二十略》，王树民点校，中华书局，1995年，第1825页。
③ 童寯：《园论》，百花文艺出版社，2006年，第40页。

营构的意图、美学观念等，还可以深入挖掘园林内涵，探索园林人文意蕴，在客观地理空间的基础上进一步拓展和建构精神空间。园林的文学书写与园林图绘有区别也有联系：一方面，两者所擅长的领域不同，图绘用线条、色彩、形态、空间、结构呈现园林，文学则是借用语言文字来表达；另一方面，文学与图绘都作为园林的呈现方式，两者之间在创作心理机制、审美观念、意境追求、文化内涵沉淀等方面有一定的相似性和相关性，故而再现同一园林对象的文学与图画可以形成互证互补的互文关系。

从画面呈示来看，《休园图》的景观与"休园图记"中的景观形成对照关系。清代文人方象瑛、宋和、吴绮创作的园记中所述的琴啸、止心楼等景观可以在王云的绘画中找到对应的图像，在文字之外给人更直观的视觉感受。王云绘画中的内容也可以凭借园记来支撑，比如方象瑛在《重葺休园记》中记录："其中曰语石堂、曰漱芳轩、曰云山阁。其右曰蕊栖、曰花屿。其左有山，山腰有曲亭，颜曰空翠山亭。其后培植小山丛桂森列，颜曰金鹅书屋。屋后修竹万竿，有轩曰琴啸。"对休园景观序列和方位都做了明晰的说明。有的园记对休园景观营造的巧妙之处及意境也进行了解释，比如宋和在《三修休园记》中评述："是园之所以胜，则在于随径窈窕……池之水既有伏行，复有溪行，而沙渚蒲稗亦澹泊水乡之趣矣。"这类解释休园意境的文字为透过《休园图》画面，深入理解休园景观与文化提供了资料。而且休园经过五世传承，以"休园记""重葺休园记""三修休园记"等命名园记，从而形成了一个书写序列，反映了休园的风雨历程，也成为《休园图》背后的文字支撑。绘画中的形象与语言中的形象相互映照，复现了郑氏休园的形象，同时文字也深入解释了郑氏家族在休园景观上寄寓的文化品位。读者可以通过图文对读，相互比照，获得对郑氏园林的整体印象和深刻理解，从而也获得对郑氏家族的进一步认知。

文图对照也可以对有关郑氏家族的家族史和家族文化有所揭示。通过观赏《休园图》可以获得对郑氏三代园主的儒士形象的视觉印象，但这种视觉印象是相对单薄的符号化认知，尚无法借此走近他们丰富的精神世界。郑庆祐的《扬州休园志》中辑录了有关各代园主的传记、行状、序跋、墓志，可以在视觉印象的基础上进一步了解郑氏园主的人生历程，园主别集中的文学作品更是呈现了园主的心灵世界。这些文字相当于支撑《休园图》的底座，共同构成了解读《休园图》的语境。郑侠如在晚明时期积极参加社会事务，任南明工部司务，但是明清鼎革后，他不仕新朝，解组还家，营建休园，隐于其中"以图史诗赋自娱"，"以教儿为事"，据当时文人许之渐记述："公芒鞋竹杖，时偕孺人婆娑清泉翠樾间，以是心通意得于草木之性。兴至则援箫鼓而歌之，一时见者咸以公与孺人为至乐。"郑侠如在《浣纱溪·咏梅》中自述："洗尽铅华独淡妆，孤情偏爱水云乡。耻同桃李媚春光。"表明自己不折节出仕新朝的操守，由此图中所呈现的郑侠如读书课子的形象便可以有所解释。在父亲郑为光和祖父郑侠如相继离世后，郑氏家族风雨飘摇，休园几近被外人豪夺，郑熙绩肩负家族使命，焚膏继晷，最终在考中举人后修葺休园，他在《书斋坐雨述怀》中写道："风雨侵书幌，炎凉瞬息分。违时能守拙，开卷敢辞勤。花事犹如故，人情未若君。何年修健翮，冲举复凌云。"由此也可理解《休园图》中塑造手捧书卷的郑熙绩形象。清代文人团昇在序言中评价第五代园主郑庆祐辑录的《扬州休园志》道："《休园志》者，歙（县）长龄郑生昉村既守其先人家园，因录诸先达所为园记，详载其池台亭馆先后建置之由，而并辑远近士大夫游览宴会投赠之作，及有关先人懿行之文，都为一集，以传之家乘者也。"该书更是为解读王云《休园图》提供了系统全面的资料。

　　从某种意义上，《休园图》相当于了解郑氏家族的一个窗口，引导读者去关注更多与休园相关的文字记录。图画对于文学起辅助作用，在直观呈现园林空间形态、景观形貌、美学特征等方面具有语言文字所没有的优势，但也有其局限性，图画仅能呈现某一视角的观察，其他视角能看到的景象、立体的园林场景在平面中都无法呈现。休园景观何止画面中所体现的寥寥几处，亭台楼阁、花草树石的巧妙组合还有待文字去书写；休园文化活动的内容又何止画面所表达的静默闲赏，郑氏园林中的诗酒风流、欢歌夜宴在图中都没有被传达体现出来；休园主人们的形象又何止是画面中所表达的读书为业、洒脱自在，他们人生中的悲欢离合，在时代背景下的出处进退远非一纸图画可以概括。文字的介入让图像内容不再处于模糊多义的遮蔽状态，图像背后的丰富信息和内涵都依仗文字去获得。无论是对于家族还是对于园林，图像只展示出其中一面的光彩，其余许多面的斑斓依然需要语言文字来表述。完整鲜活的园林文学与文化呈现需要图文结合，用图像符号与语言文字共同构建出文图体系。从郑氏家族形塑家族形象的视角来看，他们将图文并举，利用图文的互文关系，让观图者对休园获得多层面、多角度的认知，达到其形塑家族的理想。

简言之，《休园图》的创作体现家族形塑的意识。该图着意展现郑氏家族的儒士风貌，画面中的人物、禽鸟与器物均为蕴含深厚文化意涵的符号，而且绘画风格兼收并蓄，有助于全面展现休园特征，从而实现郑氏家族文化形象的立体呈现。《休园图》与其他休园相关文献构建了承载郑氏家族文化的文图体系，寄托了郑氏家族"以园传家"的理想，可以说，郑氏家族有意在休园文图交汇处开辟出一条让读者和游客走进其家族心灵史的通幽曲径。扬州郑氏休园在清代颇负盛名，《休园图》是目前研究休园及郑氏家族的重要文献。从家族形塑的角度研究《休园图》，或可为研究中国古代私家园林文化提供一个新的视角，也为研究园林图像与园林文学之间的关系提供较为翔实的案例。

第五章　郑氏园林与文学的历史定位

从历史视域来观照扬州的郑氏园林，一方面，无论其在园林风貌方面，还是在园林文学方面，抑或在园林文化方面都显示出了符合时代和地域特点的普遍特征；另一方面，由于其家族处于明清之际这一特殊的历史背景和家族"由商入士"的转型进程，以及家族成员在易代之际的行为抉择，郑氏园林又彰显出鲜明的"郑氏"特色。以下将从园林风貌、园林文学、园林文化几个方面对郑氏园林的历史定位进行探讨。

一、郑氏园林与18世纪扬州园林群落之比较

扬州造园传统由来已久，西汉时便有吴王刘濞的宫苑，隋唐时期皇家园林和寺观园林兴盛，宋时以平山堂等公共园林为盛，明初期和中期以文昌阁等官署园林和文峰塔等寺观园林为主。真正意义上的扬州盐商园林史应是从明万历天启年间开始的，伴随着两淮盐业发展，盐商造园渐成风气，郑氏家族也在其列。晚明郑氏影园处于扬州盐商园林发展较早的阶段，清顺治、康熙时期的休园则处于扬州盐商园林发展的转折期，影园在明末最负盛名，休园是"清代扬州盐商兴筑的第一座名园"[1]，两园均是同时段有代

---

[1] 赵昌智：《江苏地方文化史·扬州卷》，江苏人民出版社，2021年，第411页。

表性的扬州园林,那么分别探析影园与休园的风貌则可管窥明清扬州盐商园林在发展初期和转折期的面貌。目前的研究中,多因郑氏家族靠盐业起家,而将郑氏影园和休园归于明清扬州盐商园林。其实郑氏园林与典型的扬州盐商园林还是有所区别的。清代以来扬州园林进入迅速发展时期,康熙与乾隆南巡给江浙地区的经济、文化、政治等多方面带来极大影响,园林也是其中的一个方面。清人《水窗春呓》提及"扬州园林之盛,甲于天下,由于乾隆朝六次南巡,各盐商穷极物力以供宸赏"[①],认为乾隆南巡带来了园林的兴盛。基于此,目前关于乾隆时期是扬州造园高峰期的说法,是学界的基本共识。[②] 乾隆十六年(1751)到乾隆四十九年(1784),乾隆前后六次驻跸扬州,为了恭迎圣驾,再加上当时"以工代赈"的政策,扬州的官僚士绅、富商大贾和大量平民竞相参与造园活动。运河两岸园林林立,彼此相联贯通,形成了"两堤花柳全依水,一路楼台直到山"的园林群落。这一时期的园林不仅在数量上空前增多,在园林风貌与园林文化方面较前也发生了极大变化。与郑氏园林为代表的传统文人园林相比,这些园林呈现出新的时代特征。以下本章将这一时期的扬州保障河两岸的园林称为"18世纪扬州园林群落",将其与郑氏园林进行比较,主要探讨两者在园林风貌、人园关系与园林书写方面的区别。

(一)园林风貌之比较

与明清时期的苏州相比,扬州私家园林的发展略晚。在明弘治到嘉靖年间,苏州私家园林已空前繁荣。苏州文化相当于东南文化的楷模,范金民认为"苏样""苏意"是"品位和身份、意蕴和境界、风雅和脱俗的象征",其"服饰穿着、器物使用、饮食起居、书画欣赏、古玩珍藏、戏曲表演、语

[①] 欧阳兆熊、金安清:《水窗春呓》,谢光尧点校,中华书局,1984年,第72页。
[②] 童寯《江南园林志》(中国建筑工业出版社,1984年)认为扬州园林在乾隆四五十年间最盛;张家骥《中国造园史》(黑龙江人民出版社,1987年)认为乾隆时扬州造园之盛,超过苏、杭;杨鸿勋《江南园林论》(中国建筑工业出版社,2011年)认为乾隆年间,扬州园林最盛。

言表达，无所不包"。①笔者认为园林作为综合艺术品，也可纳入"苏样""苏意"的范畴。园林的"苏意"主要体现在园林的山水画意方面，那么向苏州园林为代表的江南文人园林审美趣味的靠拢就要在造园中追求山水画意。郑氏身为盐商家族，经济实力雄厚，但是在"慕儒"的家族传统影响下，其家族园林中并未着意炫耀其奢侈富丽，反而极力追求山水园林的审美趣味，与当时奢华靡丽的造园风气形成区隔。

在园林风貌上，影园其实是对传统文人园林的延续，呈现的是"苏意"，注重体现天然气韵。这主要由以下因素决定：第一，影园处于晚明时期，造园受到董其昌南宗画论的影响，呈现出自然天成、古淡清幽的艺术风貌，园内建筑呈点式分布，数量不多，且建筑与植物组合，形成"花间隐榭，水际安亭"的效果，是典型的文人园林（详见第一章）。第二，影园是以郑元勋绘制的《影园图》为蓝本营建的，所以探讨影园的风貌可以先从郑元勋的绘画入手。郑元勋在《影园自记》中写道："年十七，方渡江，尽览金陵诸胜。又十年，览三吴诸胜过半，私心大慰"。又在《和倪云林江南春词》序言中道："余生江北，喜游江南，三春风景领略殆尽，率尔追和，不自知夏虫之语冰也。"②江南山水的意蕴影响了郑元勋的审美，并渗透于《影园图》，继而又反映在影园的形貌神韵之中。第三，影园营建的具体指挥者是计成，他是苏州人，其《园冶》是中国古代江南园林理论的集大成之作，所涉的造园理论基本都可以在苏州文人园林中找到印证。计成"最喜关仝、荆浩笔意，每宗之"，与董其昌的南宗画论表达的审美趣味一致，荆关画意是一种"基于共同文人知识的集体想象"③，体现着文人的审美趣味。影园经计成"略微区画，别现灵幽"④，必然也体现计成的山水园林审美观念。以此，可以说董其昌的画论、郑元勋的绘制、计成的规划设计从三个维度共

---

① 范金民：《"苏样"、"苏意"：明清苏州领潮流》，载《南京大学学报（哲学·人文科学·社会科学版）》2013年第4期。
② 郑元勋撰，郑开基辑：《影园诗稿文稿》。
③ 邵星宇：《计成园林理论与实践中的"荆关画意"》，载《建筑学报》2020年第7期。
④ 计成著，陈植注释：《园冶注释》，中国建筑工业出版社，2017年，第58页。

同影响缔造影园充满"苏意"的审美风貌。

休园与影园有相似之处，也体现南宗画的特征。清代团昇评价休园道："复阁重楼，金碧炫耀，诚不逮近时园亭什一，而修篁古树如倪迂马远之画"。这句话反映了康熙、乾隆时期扬州园林的普遍风气，即在建筑规模上追求"复阁重楼"，在色彩上崇尚"金碧炫耀"。这方面休园远远不及。"修篁古树如倪迂马远之画"意思是休园内的竹木类似马远和倪瓒的画的风格。团昇的评价写出休园风貌有南宗画自然幽淡、气韵生动的特点。

休园与影园在园林风貌方面也有不同之处。其一，休园建筑规模增大，数量增多。现在可以从《扬州休园志》插图以及王云的《休园图》看出休园内有语石堂、止心楼、含英阁、墨池阁、琴啸、浮青阁、挹翠山房、金鹅书屋、三峰草堂、墨池、湛华阁、卫书轩、含清别墅、定舫、来鹤台、九英书坞、古香斋等建筑，数量较多。其二，休园中的建筑有宫廷画的特征，郑玉珩邀请当时界画画家王云来作《休园图》，王云参与过《康熙南巡图》的绘制，必然是由于休园中有类似宫廷画的因素。现在从《休园图》来看，休园的建筑阔朗，格局气派，已与影园的建筑有所不同，画面色彩也十分鲜丽（详见第四章）。其实，休园已初步显露出南宗画意与北宗画意融合的特征。

18世纪扬州园林群落的私家园林的风貌发生转型，更多展现皇家气质。主要体现在：第一，建筑规模增大，数量增多。例如筱园原本延续影园的审美风格，但是两淮盐运使卢见曾对筱园进行了大规模的改造，将原本在平山堂的三贤祠置于其中，仿天宁寺的弹指阁在筱园建仰止楼，又增建春雨阁、瑞芍亭，增建的建筑体量占园林景观的比重很大。第二，建筑样式受到北京皇家园林的影响。盐商们也出于邀宸请赏的目的，在建园时广泛延揽画师名士，极力模仿北京园林的特征，两淮盐总江春集资"仿京师万岁山塔式"建造了白塔，清人《水窗春呓》记载："白塔一区雄伟古朴，往往夕阳返照，箫鼓灯船，如入汉宫图画。盖皆以重资广延名士为之创稿，一一布置使然也。"[①]杏园的假山和带顶棚的走道"都受到了北京翰林院和

---

① 欧阳兆熊、金安清：《水窗春呓》，谢兴尧点校，中华书局，1984年，第72页。

八旗衙署建筑的启发"①。趣园的主人黄氏兄弟爱好构建名园,"尝以千金购得秘书一卷,为造制宫室之法,故每一造作,虽淹博之才,亦不能考其所从出"②,在园内构筑了宫殿样式的锦镜阁。第三,景观色彩金碧富丽。最著名的要数五亭桥,仿自北京北海五龙亭和十七孔桥,"上置五亭,下列四翼洞,正侧凡十有五。月满时每洞各衔一月,金色滉漾"③,亭桥屋面铺琉璃瓦,金碧辉煌。李涵秋《广陵潮》描写孟园:"假山则堆积玲珑,画阁则辉煌金碧"④;王振世《扬州览胜录》卷一记载熊园:"园中面南筑飨堂五楹,以旧城废皇宫大殿材料改造,飞甍反宇,五色填漆,一片金碧,照耀湖山,颇似小李将军画本";钱泳乾隆五十二年(1787)到扬州,看"楼台掩映,朱碧鲜新,宛入赵千里仙山楼阁中"⑤;石壁流淙(水竹居)对联"以黑漆为地,针刻字画,傅以金箔,光彩异艳"⑥。晚明董其昌所述的北宗画就是"李思训父子着色山水",此时扬州园林群落的色彩鲜丽恰似北宗画在园林上的投影。

此时有的园林还借鉴西方园林的手法,体现出崇艳好奇的特征。例如净香园模仿意大利山地别墅园的逐层平台及大台阶的做法,"左靠山仿效西洋人制法,前设栏楯。构深屋,望之如数十百千层,一旋一折,目眩足惧,唯闻钟声"⑦。"外画山河海屿,海洋道路。对面设影灯,用玻璃镜取屋内所画影。上开天窗盈尺,令天光云影相摩荡,兼以日月之光射之,晶耀

---

① 安东篱:《说扬州:1550—1850年的一座中国城市》,李霞、李恭忠译,中华书局,2007年,第173页。
② 李斗:《扬州画舫录》,汪北平、涂雨公点校,中华书局,1960年,第282页。
③ 李斗:《扬州画舫录》,汪北平、涂雨公点校,中华书局,1960年,第325页。
④ 李涵秋:《广陵潮》,湖南文艺出版社,1998年,第1226页。朱江考此处孟园即扬州徐园,见朱江:《扬州园林品赏录》,上海文化出版社,2002年,第3版,第192页。
⑤ 钱泳:《履园丛话》,张伟点校,中华书局,1979年,第533页。
⑥ 李斗:《扬州画舫录》,汪北平、涂雨公点校,中华书局,1960年,第334页。
⑦ 李斗:《扬州画舫录》,汪北平、涂雨公点校,中华书局,1960年,第270页。

绝伦",是模仿"连列厅"和用镜子扩大空间的"镜厅"的做法[①]。三层楼"澄碧堂"位于瘦西湖东岸的趣园,其模仿广州欧式建筑十三行的建筑立面,大量使用西洋建筑中的玻璃装饰,玲珑剔透。

18世纪扬州园林群落被纳入盛世承平的语境,具有准皇家园林的性质[②],以其普遍呈现的奢华炫彩,展现了盐商与帝王审美视野下的雄奇富丽的园林风貌,同时又符合大众好奇好丽的审美意趣。

从历史视域观照郑氏园林,影园盛于晚明时期,休园盛于清顺治、康熙时期,郑氏园林属于内敛秀雅的传统文人园林,与康熙、乾隆南巡影响下张扬奢华的盐商园林不同。影园和休园分别是扬州盐商园林早期与转折期的代表,再加上18世纪扬州园林群落,由此也可以建构起从晚明至顺治、康熙再至乾隆时期扬州园林的发展脉络,即传统文人园林—融合南北的文人园林—皇家气质的园林群落。

(二)人园关系之比较

郑氏园林属于郑氏家族的私家园林,即使影园在晚明时期作为复社的据点发挥了公共空间的作用,但是本质上依然属于私家园林。18世纪扬州园林群落则不同,保障河园林群落中,不少私家园林与茶肆、寺观园林融合,私家园林在兼有私有性质的同时可以对外开放,实现向公共风景园的转变。[③] 私家园林在公共化、世俗化的同时,人地关系也随之发生了变化。主要表现在以下三个方面:

第一,园林对应的主体发生变化。作为传统文人园林的郑氏园林,其

[①] 曹林娣《江南园林史论》:"此处园林模仿西方巴洛克建筑'连列厅',模仿意大利山地别墅园的逐层平台及大台阶的做法。'连列厅'是文艺复兴晚期使室内外空间流转贯通的手法,即腹地的主要大厅排成一列,门开在一条直线上,造成多层次的、深远的透视效果。"见曹林娣:《江南园林史论》,上海古籍出版社,2015年,第322页。本书借鉴此说法。

[②] 王振忠:《清代徽商与扬州的园林名胜——以〈江南园林胜景〉图册为例》,载《安徽大学学报(哲学社会科学版)》2017年第6期。

[③] 都铭:《扬州园林变迁研究——人群与风景》,同济大学出版社,2014年,第119—120页。

构建主体是郑氏历代园主，园林是园主的人格世界在大地上建立的可触可感的物化形态，与园主人格互为映照。郑氏园林的园主直接参与园林的规划设计，郑元勋亲自设计影园图纸，请画家董其昌和造园家计成指点，影园折射出郑元勋的审美趣味。目前关于休园的设计者为何人，虽然因资料缺乏不能考证，但是可以肯定的是休园园主也是休园的创作主体。因为休园历代园主的思想情感也已渗透到园林营建之中，郑侠如解组还家，不仕新朝，命园名为"休"，将主体的隐逸思想寄托于园林的客观景象上。而且园主不断赋予园林丰富的文化意义，如郑侠如有语石堂，就是取中国古代文化传统中石的文化意义，从而来彰显君子的品行。郑熙绩、郑玉珩、郑庆祐几代也不断地题写休园景观，通过象征隐喻的文学手法，赋予休园更丰富的文化意义。可以说是园主通过人化自然的方式，构建了和谐统一人园关系。18世纪扬州园林群落则多为迎合圣意、满足公众游览之所需，园林的主体性受制于政治考量和公共设计的需要。商人要借此炫富，寻找身份提升的契机，帝王要借此宣扬承平天下的意志。湖上盐商园林群落多是请专门的匠师来设计营建，例如盐商江春"以重资广延名士为之创稿"，营建了瘦西湖上的白塔。趣园的主人黄氏兄弟爱好构建名园，"尝以千金购得秘书一卷，为造制宫室之法，故每一造作，虽淹博之才，亦不能考其所从出"，在园内构筑了宫殿样式的锦镜阁。与郑氏园主深度参与园林营建相比，湖上园林群落的主人们在营建中参与度较低。郑氏家族延续了园主参与园林实践的传统，湖上园林群落的主人们则实现了园主与园林实践者的分离，作为主体的园主对园林的干预度减弱，向来属于园主的个人权力让渡于公共权力，导致私家园林的主体性消解。

第二，园林功用发生变化。从社会功用来看，郑氏家庭营建园林是为了满足其"由商入士"的诉求，通过营建园林来创造与其他文人士子交往的平台，呈现其家族儒士形象和文人品位。从审美意义上来讲，郑氏园林为历代园主提供了心灵憩息之所，是他们开掘和建立内心世界的凭借。18世纪扬州园林群落是在康熙、乾隆南巡的背景下营建的，《水窗春呓》中有言："扬州园林之盛，甲于天下，由于乾隆朝六次南巡，各盐商穷极物力以供宸赏"。这一时期的湖上园林群落就是以邀宸请赏为目的的，为了恭迎圣驾，扬州的富商大贾在营建园林方面挥金如土，极尽炫耀。盐商们也因此受到帝王的嘉奖，营建趣园的黄履暹、营建净香园和康山的江春、营建拳石洞天和倚虹园的洪征治、营建筱园花瑞的汪廷璋、营建尺五楼和小香雪的汪立德、营建春流画舫的吴禧祖、营建水竹居的徐士业均被赐为"奉宸苑卿"。[①] 所以，郑氏倾向于通过园林形塑家族形象和建构心灵空间，湖上园林群落的主人们则倾向于通过园林获取更大的权力和嘉奖。

第三，游览方式也发生了变化。在传统文人园林中，无论是园主还是园客，都是风景的内部参与者。在相对封闭的园林内部空间中，园林山水草木、匾额楹联都需要幽思体验，园主或园客通过游览园林，沉浸其中，感悟园林景观设置的文心雅意。而对18世纪扬州园林群落而言，人是园林外部风景的观赏者。沈复《浮生六记》记载："平山堂离城约三四里，行其途有八九里。虽全是人工，而奇思幻想，点缀天然，即阆苑瑶池，琼楼玉宇，谅不过此。其妙处在十余家之园亭，合而为一，联络至山，气势俱贯。"[②] 由于园园相连，浑然一体，游览也是顺路或者顺水，一路连贯畅通。园林群落注重对沿岸和整体游线中的视觉效果，比如用"档子"，游赏中心从内部转向外部。[③] 据《扬州画舫录》记载，从高桥起到迎恩亭，两岸都排列档子："后背用板墙蒲包，山墙用花瓦，手卷山用堆砌包托，曲折层叠青绿太湖山石，杂以树木，如松、柳、梧桐、木日红、绣球、绿竹，分大中小三号，皆通景像生。工头用彩楼，香亭三间五座，三面飞檐，上铺各色琉璃竹瓦，龙沟风滴。顶中一层，用黄琉璃。"[④] 这种方法，塑造了一种纯为远距离而设的视觉布景，从船上远看，"几乎可以代替真实的三维风景园林"[⑤]。张云璈《春

---

① 王定安：《两淮盐法志》卷六，清光绪三十一年刻本。
② 沈复：《浮生六记》，周公度译，浙江文艺出版社，2017年，第190页。
③ 金云峰、陈希萌：《情境分析和形式分析——18世纪扬州园林嬗变的外向与内向研究》，载《广东园林》2016年第1期。
④ 李斗：《扬州画舫录》，汪北平、涂雨公点校，中华书局，1960年，第20页。
⑤ 都铭：《"画意造园"的另一种范式——18世纪扬州风景绘画变迁与园林转型》，载《新美术》2016年第5期。

日泛舟平山堂下得绝句十二首》云:"出门便欲舞春风,一径虹桥宛转通。千尺柳丝青到地,不曾遮断画阑红。"①写出经行平山堂一路所见风景,虹桥一径风景如画,但是并未着意去写某一园林,只一个"画阑",借代出两岸的园林。韦谦恒《六月十六夜自筱园放舟至平山堂听徐生弹琴》云:"一棹随明月,山堂已四更。人依松影静,风逼露华清……"②从题目可以看出从筱园到平山堂经行运河可直达,伴着明月"一棹"行至。舟行水面,两岸风景如长长的画卷徐徐展开。从游观郑氏园林与扬州园林群落的方式看,一静一动,一个适合静思细悟,品味深层意涵,一个适合饱览畅游,获得总体印象。

以人园关系为基点,比较18世纪扬州园林群落与郑氏园林,可以看出"人园一体"与"人园疏离"的两种关系类型。文人园林遵循天人合一的理念,将园林视为个人心灵的空间,人园一体,互释互构。园林群落则是在功利性目的的加持下,重视觉感受,人是远距离的观赏者,人园处于疏离状态。

(三)文学书写之比较

当园林接受方式从体验幽思变为物色观览,园林中的文学表达也随之发生变化。如果说郑氏园林文学书写重在含蓄展现园主的心灵世界、园林文化内涵、个人在园林中的精神感受,甚至是幽微的情思,从而在充满蕴藉的文学话语中建构文学空间。18世纪扬州园林群落相关的文学书写则体现明显的外向性,更为直接地表达园林物质形态、声色感受、物质价值。

第一,以书写园中的石头为例。汪玉枢的九峰园内有九个奇石,《平山堂图志》卷二记载:"大者逾丈,小亦及寻,如仰,如俯,如拱,如揖,如鳌背,如驼峰,如舞蛟,如蟠螭。最大者曰'玉玲珑',相传以为海岳庵中

---

① 张云璈:《简松草堂诗文集》诗集卷一五,清道光刻三景阁丛书本。
② 韦谦恒:《传经堂诗钞》卷一,清乾隆刻本。

旧物。"①《扬州画舫录》称其"玲珑嵌空，窍穴千百"②。乾隆南巡时游览此园，并赐名"九峰"。在文学书写中，园内奇石的商品价值成为津津乐道的话题，帝王临幸的荣光更是得到张扬的表达。闵华《过汪椒谷昆季林亭》："老柳垂阴覆画阑，秋光澹泞水云寒。幽居合住东西陆，好句争传大小韩。乌榜正宜排笔砚，黄金不惜买峰峦。此中自有诗情在，莫作园林一例看。"诗中"黄金不惜买峰峦"后注："近购奇石，散置庭际，因名曰九峰园。"③ 对九奇石的物质价格予以强调。尹继善《恭和御制九峰园小憩元韵》："偶从几暇过江城，雨后园林景倍清。九子烟鬟分黛色，一溪春涨动吟情。当风柳叶才舒眼，索笑梅花未落英。顽石亦知邀睿赏，似瞻仙仗点头迎。"④九峰园中的石头似乎也知道帝王临幸，点头相迎，传统文化中赋予石头的无用、德行在此皆被掩盖，其物质价值和所受到的权力的眷顾，成为文学书写的重要内容。

休园内也有价值不菲的灵璧石与大理石屏，郑侠如曾特意作《满江红·灵璧石》《满江红·大理石屏》两词吟咏。

休园内的灵璧石也是当时文人雅士赏爱的奇石，在晚明计成的《园冶》和文震亨的《长物志》中都有赏鉴灵璧石的专门记录，本书在分析休园图绘时已对休园内灵璧石的价值有详细分析（参见第四章），在此不赘述。灵璧石和大理石屏都是当时的名贵之物，郑侠如将其奉为至宝，专门作"休园三友图"来隆重记述此灵璧石和大理石屏，其作品中并未对其商品价格进行炫耀，他更注重书写灵璧石和大理石屏风的神韵风采，体现它们的文化内涵，并与自身的人格追求相融合，石与人互为彼此的化身。这与注重石的外观形态和物质价值的18世纪扬州园林群落的文学书写大异其趣。

第二，通过题名的对比，也可以看出郑氏园林与18世纪扬州园林群落文学表达的差别。《扬州画舫录》卷一四记载："乾隆二十二年（1757）……

---

① 赵成壁：《平山堂图志》，文物出版社，2019年，第255—256页。
② 李斗：《扬州画舫录》，汪北平、涂雨公点校，中华书局，1960年，第166页。
③ 闵华：《澄秋阁集》三集卷三，清乾隆十七年刻本。
④ 尹继善：《尹文端公诗集》卷九，清乾隆刻本。

北岸构白塔晴云、石壁流淙、锦泉花屿三段,南岸构春台祝寿、筱园花瑞、蜀冈朝旭、春流画舫、尺五楼五段。"①"乾隆乙酉(即乾隆三十年,1765),扬州北郊建拳石洞天、西园曲水、虹桥揽胜、冶春诗社、长堤春柳、荷浦薰风、碧玉交流、四桥烟雨、春台明月、白塔晴云、三过留踪、蜀冈晚照、万松叠翠、花屿双泉、双峰云栈、山亭野眺、临水红霞、绿稻香来、竹楼小市、平冈艳雪二十景……乙酉后,湖上复增绿杨城郭、香海慈云、梅岭春深、水云胜概四景"②,合称二十四景。

两淮盐运使卢见曾《红桥修禊》序云:"乾隆十六年辛未,圣驾南巡,始修平山堂御苑,而浚湖以通于蜀冈。岁次丁丑,再举巡狩之典,又浚迎恩河,潴水以入于湖。两岸园亭,标胜景二十:保障湖曰拳石洞天、曰西园曲水、曰红桥揽胜、曰冶春诗社、曰长堤春柳、曰荷浦薰风、曰碧玉交流、曰四桥烟雨、曰春台明月、曰白塔晴云、曰三过留踪、曰蜀冈晚照、曰万松叠翠、曰花屿双泉、曰双峰云栈、曰山亭野眺。迎恩河曰临水红霞、曰绿稻香来、曰竹楼小市、曰平冈艳雪,而红桥之观止矣。"③

这些题名类似皇家园林景观系列的名称,例如康熙题名的避暑山庄延薰山馆、水芳岩秀、云帆月舫、澄波叠翠、芝径云堤、长虹饮练、芳渚临流、南山积雪等三十六景,或者圆明园中的杏花春馆、西峰秀色、蓬岛瑶台等等。扬州二十四景中有公共园林也有私家园林,例如荷浦薰风、石壁流淙、四桥烟雨、蜀冈朝旭。④私家园林被纳入帝王审美语境,在题名上也展现出皇家气质,这些名称以突出展现园林景观的特点为主,与文人园林中重视体现人的思想意绪的题名方式形成对比,如影园的媚幽阁取自"浩然媚幽独",

---

① 李斗:《扬州画舫录》,汪北平、涂雨公点校,中华书局,1960年,第326页。
② 李斗:《扬州画舫录》,汪北平、涂雨公点校,中华书局,1960年,第228—229页。
③ 卢见曾:《雅雨堂集》诗集卷下,乾隆七年贺克草刻本。
④ 黄履暹之四桥烟雨,乾隆帝第三次南巡时,题名"趣园"(《扬州画舫录》卷一二);江春之荷浦薰风,乾隆帝第三次南巡时,题名"净香园"(《扬州画舫录》卷一二);汪玉枢之砚池染翰,乾隆题名为"九峰园"(《扬州画舫录》卷七);徐士业之石壁流淙,乾隆帝第四次南巡时,题名"水竹居"(《扬州画舫录》卷一四);"蜀冈朝旭"景观所在地李氏别墅,乾隆题名"高咏"(《扬州画舫录》卷一五);十亩梅园,乾隆第四次南巡,题名"小香雪"(《扬州画舫录》卷一六)。

休园的语石堂反用"石不能言最可人"之意,园隐则寄托了园主的人生志趣。两者题名相比,显现出私家园林题名从含蓄内敛到显豁张扬的变迁。

18世纪扬州园林群落被裹挟在造园潮流中,园林被整合在一起以群体的面貌出现,这与重视自我精神世界构建与文化型家族形塑的郑氏园林显然不同。其表达园主自我方面的弱化,造成原本"人园一体"的关系疏离。18世纪扬州园林群落与以郑氏园林为代表的传统园林对比,展现出文人审美与权力和财富加持下的帝王、盐商审美观念的差别,显示了人、园关系的另一个面向。

二、"芜城怀旧"母题的延续与增殖

(一)"芜城怀旧"模式的创建与发展

扬州,亦称广陵,春秋时期是吴之邗城,战国时期是楚之广陵城。西汉时吴王刘濞又在此修建都城,《汉书》载:"广陵国,高帝十一年属吴,景帝更名江都,武帝更名广陵,江都易王非、广陵厉王胥,皆都焉。"[①] 广陵也是一座命运多舛的城市,屡次经历战争,几度兴衰。南朝时竟陵王刘诞起兵叛乱,宋孝武帝在平叛时屠城,广陵因战乱饱受摧残。于是文人鲍照写下《芜城赋》,回顾广陵兴盛时的繁华富庶并描述经历战争后的荒芜景象:"当昔全盛之时,车挂辖,人驾肩。廛闬扑地,歌吹沸天。孳货盐田,铲利铜山,才力雄富,士马精妍。"而当今衰败之时则"泽葵依井,荒葛罥途。坛罗虺蜮,阶斗麏鼯。木魅山鬼,野鼠城狐"。[②] 该文创建了今昔对比的广陵怀旧书写模式,同时文中也夹杂着战争记忆和创伤心理。这些都为后世书写广陵的文学作品奠定基础,影响着广陵怀古文学的创作。

---

① 萧统:《文选》,李善注,商务印书馆,1936年,第227页。
② 鲍照著,丁福林、丛玲玲校注:《鲍照集校注》,中华书局,2012年,第22—23页。

自鲍照之后,"芜城怀旧"成为历代文人书写广陵的重要主题,如一股潜流融于扬州文学书写的历程中。特别是每当扬州经历了战争、灾祸或者朝代的更迭,"潜流"蕴含的情感与思想力量就会被引发,在文人的精神田园里涌动,继而滋养他们的文学创作。最典型的莫如南宋姜夔的《扬州慢》,当姜夔面对被金兵摧残的城市,忍不住悲叹"自胡马窥江去后,废池乔木,犹厌言兵"[1],又由现状联想到唐代杜牧笔下"豆蔻词工,青楼梦好"的扬州,用此代指唐朝时扬州的繁华。整首词"隐含着鲍照《芜城赋》的结构"[2],其实此即为姜夔对鲍照创建的"芜城怀旧"模式的延续。此类作品再如唐代诗人储嗣宗《登芜城》"昔人登此地,丘垄已前悲。今日又非昔,春风能几时"[3],南宋词人汪元量《六州歌头·江都》"听堤边渔叟,一笛醉中吹。兴废谁知"[4],等等。一千多年来文人墨客们在用文字表达广陵的创作路途中,频频回首,不断瞻望"芜城怀旧"的母题并汲取营养。明清鼎革,扬州经历了惨绝人寰的屠戮,"芜城怀旧"的风气再度在诗人书写中被唤起。诚如梅尔清所言:"当真实的历史事件证实了有关扬州毁灭与再生的历史传奇时,残酷的现实再度唤起了人们对扬州昔日破碎与荒芜景象的记忆。"[5] 特别是遗民诗人中,这种书写倾向尤为明显。例如冒襄《后芜城赋》写道:"兵戈震荡,甲士流亡。青燐荧荧,白骨如霜。丛莽弥漫,榛棘旁唐。琼台少色,月观无光。柳衰隋苑,钗没雷塘。木魅晨走,山鬼夜藏。楼台既倾圮,城郭复苍凉。"[6] 李滢在《后芜城赋》中言:"謇謇史公,尽瘁国事。铁骑骤驰,雉堞倏毁。碧血溅于川原,红颜沦于边鄙。至于今日,荒烟遍野,旅穀盈庭,鸡台之绿蚁谁泛,萤苑之青莎自生。岂非樵苏所酸鼻,词客

---

[1] 唐圭璋编:《全宋词》,中华书局,1965年,第2180页。
[2] 张宏生:《战争书写与记忆叠加——清代的〈扬州慢〉创作》,载《复旦学报(社会科学版)》2019年第1期。
[3] 彭定求等编:《全唐诗》卷五九四,中华书局,1960年,第6882页。
[4] 唐圭璋编:《全宋词》,中华书局,1965年,第461页。
[5] 梅尔清:《清初扬州文化》,朱修春译,复旦大学出版社,2004年,第13页。
[6] 冒襄:《巢民文集》卷一,见续修四库全书工作委员会编:《续修四库全书》集部第1399册,上海古籍出版社,2002年,第566页。

所伤情哉？"①宇文所安在《追忆——中国古典文学中的往事再现》中的一段话可对此现象有所解释："人被困陷在自然的那种既定的机械运转中，他们逃脱不了盛衰荣枯这种自然的循环往复的变化。这个过程偏巧是人们在回顾历史时见得最多的东西：它的样式是哀歌，是一种时间造成的距离，它相当于想象在唤起悲剧听众的'怜悯和恐惧'时所造成的距离。"②

（二）从《芜城赋》到郑氏园林的文学书写

适逢明清之际，又因郑氏家族及其交往的人群与明清政治有着千丝万缕的联系，所以在郑氏园林的文学书写中，"芜城怀旧"这一主题再次凸显。从文学史发展视域观照郑氏园林书写，可以发现郑氏园林的文学书写在一定程度上是对鲍照创建的"芜城怀旧"书写的延续和增殖。主要体现在以下三个方面：

第一，今昔对比模式的继承。影园在易代中凋零颓败，文人们在书写时往往会追忆往昔影园之繁盛，来衬托当下之衰残。郑熙绩《读〈影园瑶华集〉有感得十二韵（有序）》用"文章声气足千古，池馆繁华有几时？今昔升沉云变幻，盛衰欣戚梦迷离"总领全诗，接着回顾昔时"樽开北海宾朋满，乐奏东山丝竹随""瑶华汇句奇葩显，玉笋分班品藻奇"，转而慨叹眼前"干戈满地园亭废，烽火连天台榭移。燕麦兔葵生曲槛，乌啼鸥啸集枯枝"。这一书写模式与鲍照《芜城赋》的结构基本一致。此类作品还有闵华《过影园旧址》写影园旧址如今是"野菜畦连苦竹冈"，而曾经的影园是"东林名士簪裾会，南国词人翰墨场"。陈文述《影园是黎遂球咏黄牡丹处》回顾往昔"诗坛当日盛筵开，解赋名花识俊才"，又感慨今时"今日影园空有影，

---

① 《重修扬州府志》卷三〇《古迹》，见《中国地方志集成·江苏府县志辑》，凤凰出版社，2008年，第474页。
② 宇文所安：《追忆——中国古典文学中的往事再现》，郑学勤译，生活·读书·新知三联书店，2014年，第69页。

病梨斜日掩苍苔"①，均是在今昔对比中抒发怀旧情怀。从某种意义上，郑氏园林的书写是在鲍照《芜城赋》建构的书写模式的规范下展开的。

第二，意象的延续与衍生。宇文所安认为："照片与电影的时代之前，一个地方主要是通过文本以它们程式化的意象而被知晓、被记住并成为值得追忆的。"②鲍照在《芜城赋》中建构了密集的意象群，这些意象逐渐成为芜城广陵的代名词，也为后世文学创作提供了意象范本，且看《芜城赋》片段：

> 泽葵依井，荒葛罥途。坛罗虺蜮，阶斗麏鼯。木魅山鬼，野鼠城狐。风嗥雨啸，昏见晨趋。饥鹰砺吻，寒鸱吓雏。伏暴藏虎，乳血飡肤。崩榛塞路，峥嵘古馗。白杨早落，寒草前衰。稜稜霜气，蔌蔌风威。孤蓬自振，惊沙坐飞。灌莽杳而无际，丛薄纷其相依。通池既已夷，峻隅又已颓。直视千里外，唯见起黄埃。③

文中通过意象组合与描摹，渲染荒寒的城池景象，其中"葵""野鼠""寒鸱""寒草"等意象也出现在有关郑氏园林书写的作品中。例如，郑熙绩的诗句"燕麦兔葵生曲槛，乌啼鸱啸集枯枝"，冒襄的文章中影园在广陵"兵燹之余，已为寒烟茂草矣"④，《答郑次严侍御一》诗中有"西风昨夜到芜城，愁听桥头玉笛声"⑤。这些文学表达都明显地继承了《芜城赋》中的意象。在郑氏园林文学书写中也并未局限于这些既定意象，还增添了更多的能够暗示昔盛今衰、世事沧桑的意象。比如闵华《过影园旧址》中有"野菜畦""苦竹冈""杨柳""蒹葭""夜月""荒蹊"等意象。陈文述《影园是黎遂球咏黄牡丹处》中有"病梨""斜日""苍苔"。程晋芳《郑晴波同年索题其先祖职方

---

① 陈文述：《颐道堂集》诗选卷一九，清嘉庆十二年刻道光增修本。
② 宇文所安：《地：金陵怀古》，陈跃红、王军译，见乐黛云、陈珏编选：《北美中国古典文学研究名家十年文选》，江苏人民出版社，1996年，第140页。
③ 鲍照著，丁福林、丛玲玲校注：《鲍照集校注》，中华书局，2012年，第23页。
④ 冒襄辑：《同人集》卷一《郑懋嘉中翰诗集序》，见四库全书存目丛书编纂委员会编：《四库全书存目丛书》集部第385册，齐鲁书社，1997年，第41页。
⑤ 冒襄：《巢民诗集》卷五，见《清代诗文集汇编》编纂委员会编：《清代诗文集汇编》第37册，上海古籍出版社，2010年，第441页。

公影园图记为赋一首》中有"冷坞""残梅"①。也有文学书写中直指战争,例如陈瑚《扬州杂感六首》其四"烽烟极目思依依,城郭犹然风景非"②,用烽烟暗示易代中的战争。郑熙绩《读〈影园瑶华集〉有感得十二韵(有序)》有"干戈满地园亭废,烽火连天台榭移"句,写战争带给园林的创伤。章灿《过影园有感》写"大地尽劫灰,何惜此尘块",用"劫灰"隐喻战争后满目疮痍的城市面貌。虽然在怀古诗中,落花、残月、衰草等是常见的意象,不能算是郑氏园林文学书写特有的,但是从有关扬州的"芜城怀旧"书写历史来看,郑氏园林文学书写中对《芜城赋》相关意象的拓展是值得重视的。

第三,意蕴的深化与拓展。鲍照《芜城赋》主要情感是怀旧,在"芜城怀旧"主题不断发展过程中,不断被增加新的内容与意义。在郑氏园林文学书写中,除了抒发兴亡之感,还寄寓对园林活动主体的追思。在书写园林时,联系明清之际有关影园的人和事,将个人活动放置在宏大的历史布景中,更能突出个人形象,寄寓情感,也起到拓展和深化文学意蕴的作用。例如闵华《过影园故址》写道:"东林名士簪裾会,南国词人翰墨场",睹物思人,追念曾经在影园雅集的复社文士。钱谦益慨叹"郑生侠骨,久付沙场。黎子文心,尚余碧血",表达对郑元勋和黎遂球为民请命的气节的尊崇。杭世骏评价《影园瑶华集》道:"厥后刘、范二公竟殉社稷,而美周毁家纾难,毕命虔州,与职方后先辉映",对刘同升、范景文、黎遂球、郑元勋给予高度赞赏。杨鸾《影园黄牡丹》言"奇士龙为首,超宗凤有翎"③,称赞郑元勋的无畏气概。张鉴在《过休园吊郑元勋》中写道:"黎郎去作沉湘客,无复春阴黄牡丹。"闵华《过影园旧址》:"不知花放姚黄日,谁与黎郎此裹笺?"④孔尚任《影园》云:"牡丹状元诗,相传事颇韵。"这些都是对影园牡丹诗会中脱颖而出的黎遂球的称赏。在"芜城怀旧"的框架中,融入

---

① 程晋芳:《勉行堂诗文集》,魏世民校点,黄山书社,2012年,第514页。
② 陈瑚:《确庵文稿》卷五,清康熙毛氏汲古阁刻本。
③ 杨鸾:《逸云楼集六种》,清乾隆道光间刻本。
④ 闵华:《澄秋阁集》三集卷四,清乾隆十七年刻本。

具体的人物和事件，突显了郑元勋为护广陵城而柱死的气概与悲惨，黎遂球拒降的英雄气节等，使得芜城叙事更加具体可感，也为"芜城怀旧"叙事增添了新的意蕴。

在怀旧中隐含的政治立场和情怀也起到深化了"芜城怀旧"意蕴的作用。郑录《休园挹翠山房重新二首》中"独怜故国瑶华社，十亩荒凉水一隈"[1]，直接表达故国不堪回首的悲凉。徐增言："放榜长安举子喧，盛唐天子正临轩。姓名胪唱开三殿，诗句惊传抵万言。金带曾邀丞相赏，锦袍初赐圣人恩。上林走马花多少，朵朵先开向状元。"追慕晚明黄牡丹诗会的风雅，并将其与唐代科举放榜后的盛大情形相提并论，暗含着对明朝的追念。钱谦益称此诗会是"往者国家全盛，淮海繁华，广陵郑超宗家园有黄牡丹之祥"[2]。将晚明当作盛世来回忆，实际上也是在表达对当下政权统治的不满。

从"芜城怀旧"发展到影园书写，从客观地理范围来看，属于缩小和聚焦，但从文学意蕴的包孕量来看，其实是得到了拓展和深化。意象的延续和衍生，明清之际具体的历史事件、人物与情境，无不为"芜城怀旧"主题增添新的内容。总之，郑氏园林的文学书写在保留芜城书写的象征意义的同时更加具体和深化，在不断铺展的历史叙事中，发展其内蕴和意涵，为扬州芜城文学的母题添加了新的一笔。郑氏园林的文学书写是扬州文学史上重要的一个部分。

三、郑氏园林的文化特征

从时间发展的维度来看，郑氏园林文化活动与文学的面貌是随时代变迁而变化的，其在一定程度上揭示了晚明至清中期士大夫文化活动的发展

---

[1] 郑庆祐：《扬州休园志》卷八。
[2] 钱谦益：《牧斋有学集》卷二〇《徐子能黄牡丹诗序》，钱曾笺注，钱仲联标校，上海古籍出版社，1996年，第853页。

轨迹，反映了晚明至清中期文人士大夫的雅集风貌。郑氏家族园林文学与文化也不可避免地打上时代的烙印，晚明风流、士商合流、盛清扬州文化等社会文化都可以在郑氏园林与文化这一议题的范围内看到明显的痕迹。从这个角度来看，郑氏园林文化不失为晚明至清中期社会文化的典型个案。然而，作为出身盐商，又积极向儒士阶层靠拢的家族，围绕郑氏园林的文学与文化又呈现出明显的"郑氏"特征，在时代潮流中独树一帜。以下将从郑氏园林呈现的普遍特点与自身特色两个方面来做探析。

（一）"晚明"与"盛清"文化中的例证

从晚明到清乾隆年间，郑氏家族园林文化横跨两个具有重要特征的文化高峰，一是晚明文化，二是盛清扬州文化。"晚明风流""盛清扬州"已是学界公认的社会和文化现象，而在郑氏园林文化中其实也可以看出处在晚明时代潮流下和盛清扬州地域环境中明显的文化特征。

以郑氏园林为中心的社会文化考察折射出"晚明风流"的多个面向。根据郑氏造园等情况来看，郑氏园林文化体现出晚明时期商品经济下以通过消费来实现自我价值的享乐主义思潮。晚明时期，消费主义是社会风尚，文物古玩、园亭美婢都是重要的消费品。当时文人张岱称自己"极爱繁华，好精舍，好美婢，好娈童，好鲜衣，好美食，好骏马，好华灯，好烟火，好梨园，好鼓吹，好古董，好花鸟"[1]。这其实可以被当作晚明消费和享乐风气的恰当注释。扬州郑氏家族有强大的盐业经营作为经济支撑，其消费水平自然也可以达到很高的程度。营造园林并经营园林活动耗资巨大，需要强有力的经济保障，也是消费主义的体现。郑元勋兄弟四人"以园林相竞"，就足以见其家族之阔绰。郑元勋曾在《家大兄邀姚封翁、程光禄游北园共赋》中描述其兄长郑元嗣在北园设宴，有"豪华独许传今日，骚雅谁曾主钜公？虽隔重城忘夜禁，灯光忍减碧流中"[2]的诗句，足见当时郑氏家

---

[1] 张岱：《琅嬛文集》，云告点校，岳麓书社，1985年，第199页。
[2] 郑元勋辑：《影园诗稿文稿》。

族园林宴集的豪华。而且造园确实有享乐的意味，郑元勋在《影园自记》中述说自己造园的原委时也说："甲戌放归，值内子之变，又目眚作楚，不能读，不能酒，百郁填膺，几生无趣。老母忧甚，令予强寻乐事，家兄弟亦从臾葺此。"①可见在当时的观念中营造园林是"乐事"。抛开园林是儒士文化的表征不说，从另一个层面来看，晚明商贾成为造园大军的重要力量，原来的文士造园的传统受到冲击，营造园林被视为超出日常衣食住行之外的额外享受，是消费主义大潮中享乐主义的体现，这与儒家传统中清简的"贫士""寒士"形象是相悖的。虽然郑氏家族在"由商入士"历程中，需要园林来作为与文士交往的平台，但从消费层面来看，也不能否认其享乐的成分。

此外，士女交游其实也是当时文士风流的一个侧面，如当时颇有名气的名妓柳如是、马湘兰、寇白门等②，为"晚明风流"增添了重要的一笔。在郑氏园林活动及园主活动的范围中，不乏女性的身影。郑元勋的《影园诗稿文稿》中有《深秋同周仲驭、刘永平、郑完德、臧姬宝蜀冈晚眺共赋》《写梅赠刘美人》《赠范双玉美人游吴越》《四月初七夜李大生携朱姬天蒨过影园看月即订姻盟》，可见与女性交往也是郑氏家族社会活动的一项内容。王月生即王月，她是秦淮名妓，余怀的《板桥杂记》对她有所记载。③在郑元勋的《影园诗稿文稿》中有《孙克咸招同杨龙友、方密之、直之、姜开先、何次德、家子冈、完德诸词宗，王月生、罗小苏二美人于舟中开社，余以后至，次德不及待，先去，贻诗见怀，倚韵和答》，由此可以看出郑元勋也是王交往文化圈中的一员，王月等女子也出现在郑氏家族的园林或宴席旁。从女性参与这一点来看，郑氏园林的文化活动与同时期其他园林文化活动、文人集会类似，这是郑氏园林文化体现的与时代并行的共性。

根据郑氏园林文会及交游来看，郑氏家族也在一定程度上反映出明清

---

① 郑元勋：《影园自记》，见郑元勋辑：《影园瑶华集》中卷。
② 何宗美、刘建华：《"晚明风流"的性别因素——以女艺人文人圈形成为中心的考察》，载《长江学术》2019年第4期。
③ 余怀：《板桥杂记》，李金堂校注，上海古籍出版社，2000年，第49—50页。

时期文士雅集的风貌。针对晚明文人社团之众、活动之频的结社风气，目前已有不少研究[①]，本节在此无意赘述。园林是文人社团活动的常用据点，郑元勋的影园便是如此。盛清时期，扬州作为重要的文化中心，文士雅集盛行，无论是红桥修禊还是平山堂雅集，这些公共园林的文化活动是扬州文化史上浓墨重彩的篇章。这个时期私家园林的雅集活动也很盛行，据李斗《扬州画舫录》记载，郑氏休园与程梦星的筱园和"二马"的小玲珑山馆是文学活动最为兴盛的三家园林[②]，郑氏休园的文会也可以代表盛清时期扬州文人文化活动的盛况。从整个明清文人结社雅集的情况来看，郑氏园林在此百年之内是文士雅集的重要场所，也可以视为明清文人雅集的典型。

（二）文化潮流之中的"郑氏"特征

在一百余年的历程中，郑氏园林文化也展示出了鲜明的"郑氏"特色，使其在江南诸多园林相关的文化活动中独树一帜。

富而不俗，是郑氏园林文化呈现出的显著特色。明清时期的园林除了是儒士身份的表征，也是极为奢侈的消费品。晚明是一个"竞奢时代"[③]，顾起元言："嘉靖末年，士大夫家不必言，至于百姓有三间客厅费千金者，金碧辉煌，高耸过倍，往往重檐兽脊如官衙然，园囿僭拟公侯。下至勾阑之中，亦多画屋矣。"[④]文人范濂说："纨绔豪奢，又以椐木不足贵，凡床橱几棹，皆用花梨、瘿木、乌木、相思木与黄杨木，极其贵巧，动费万钱，亦俗之一靡也。"商人园林的奢靡和传统文人园林的雅洁的审美趋向大相径庭，故而掌握文化评价话语权的文人们提出对于文人审美趣味的"规定"，批判富商和俗吏胸无丘壑，认为他们对于自然山水无审美和艺术构思的能力，

---

① 例如何宗美《明末清初文人结社研究》（上海三联书店，2016年）、樊树志《晚明大变局》（中华书局，2015年）。
② 李斗：《扬州画舫录》，汪北平、涂雨公点校，中华书局，1960年，第180页。
③ 商传：《走进晚明》，商务印书馆，2014年，第249页。
④ 顾起元：《客座赘语》，南京出版社，2009年，第148页。

导致园林奢靡俗气。但是郑氏家族通过文化趣味消解了园林奢靡之感，营造出雅致的文化品位。比如休园灵璧石价格不菲（参见第四章），但是郑侠如赋予灵璧石一定的人格意义，对其文化价值的彰显消解了其作为商品的高昂价格。郑氏家族成员在文学书写和艺术呈示中也是极力展示园林清雅的趣味，郑氏园林超越了金银炫耀的层面，其"慕儒"的文化趣味，使得郑氏园林文化成为明清商人园林文化中的清流。郑氏家族也并未故意回避金钱以示不俗，影园黄牡丹诗会中以一对黄金杯作为奖品，并营造锣鼓喧天的仪式感，可谓豪华，但是并未流于一般的"炫富"，反而成为文坛佳话，原因即在于他们采用了诗文风雅与财富结合的方式。在士商借由园林，让文化品位成为划分阶层的标志时，郑氏家族"由商入士""亦商亦士"的特征使其呈现出别样的特色。他们以商人的雄厚财力支撑文化活动，以文化活动来消解商人的金钱气息。富而不奢、富而不俗的特征让郑氏园林文化无论是在文人园林中还是商人园林中都别具一格。

"好名"也"务实"，是郑氏家族及其园林文化的又一特征。陈继儒曾评价晚明商人追名的风尚"新安故多大贾，贾啖名，喜从贤豪长者游"[1]，一向处于社会底层的商人在取得一定财富后，与文士阶层交往从而抬高自己的身价，这在明清时期数不鲜见。郑氏家族是由安徽歙县迁徙至扬州的盐商，他们在盐业取得成功后，也广交名人仕宦，比如召集文会，请董其昌、倪元璐、王铎等题咏园林，倘论其有"啖名"的一面也不为过。但是需要注意的是郑氏家族不仅通过与名人名宦交往来塑造其家族的儒士形象，而且能突破追求虚名的层面，使"名"可以副其"实"。这应该从两个层面理解：一是其家族成员在科举方面有所成就，在文艺方面也有造诣；二是其家族在社会活动中体现强烈的现实干预精神。他们几代人参与地方慈善活动：郑元勋"凡一举念、一启口未尝不在国事民情、人才世道之关"[2]，为守扬州城只身前往高杰军营斡旋；郑为虹在清兵入侵时拒降而亡；郑侠如在入清后通过著述间接干预社会思想。从这些事迹可以看出这个家族兼济天下、

---

[1] 陈继儒：《晚香堂小品》卷一三《冯咸甫游记序》，上海杂志公司，1936年，第241页。
[2] 邹漪：《启祯野乘》卷一三，明崇祯刻清康熙重修本。

参与现实、改变现实的儒士精神。郑氏家族之所以与明清时期其他好名逐利的商人有所区别，与其家族精神密切相关。这也使其园林文化别有特色。

"以文自娱"也以文警世。晚明以来，思想界提倡性灵，倡导从宋明"存天理，灭人欲"的桎梏中解脱。小品文一度成为流行的文体，儒士用以怡情遣兴。公安派提出"独抒性灵"的文学主张，郑元勋也倡导"文娱说"，由他编选，并由其三弟郑元化刊刻的《媚幽阁文娱》，就是以"娱"来命名，体现自己的文学主张。然而考察郑元勋所处的社会环境，就能理解他这一观念的缘由。据陈继儒《文娱初集序》[①]记述当时"珰网告密"，倘若文章直接牵连政治，或会引火烧身，所以郑元勋表示要"闭门谢客，但以文自娱"。然而即便是有这样的声明，该选本中仍有大量的科举文章，充分发挥文章的兴寄功能。无论是吟咏黄牡丹的诗作（参见第二章第四节），还是郑侠如《休园省录》《休园迩言》等著作，郑氏家族以文来警世的思想从未改变过。

郑氏家族从晚明始向儒士阶层进阶，在社会活动与科举多方面努力，经过郑景濂、郑之彦几代人，才走上转型的正途，对郑氏家族来说这是来之不易的荣耀，这就注定他们不能像本来就出身名门的张岱那样放纵任性，而是遵从传统士大夫的规范，实现自我价值，以修齐治平为主导思想。在郑氏家族的文献资料里，很难看到如半夜到湖心亭去看雪的率性，或者如王思任"每岁见一绝代丽人，每月见一种异书，每日见几处山水"[②]那般放旷。园林作为儒士文化的表征和文化活动的场所，也作为体现家族精神的文化空间，能够代表郑氏家族文化的显著特征。要之，郑氏园林文化如一个横断面，呈现出晚明至清中期士风的特点。然而突破宏大叙事的语境，细致观察作为个体的郑氏园林，也可以发现其被普遍现象和既视感所遮蔽的细密纹理，因而郑氏园林文化与文学便体现出士风遮盖下的富而不俗、好名而务实、以文自娱也以文警世的特征。

[①] 郑元勋辑：《媚幽阁文娱》卷二，明崇祯刻本。
[②] 王思任著，李鸣注评：《王思任小品全集详注》，北京联合出版公司，2018年，第188页。

四、郑氏园林的文化意义

园林是对自然环境的人工改造，其人为痕迹难免会在自然界的风吹雨打和时间的流逝中逐渐磨损消失，而且园林土地是有价值的固定资产，园中石、树、古玩、古籍等物品往往名贵或具有审美价值，都易为他人觊觎占有。自然与外界的力量都是园林存在的威胁。所以中国古代私家园林向来生命力较为短暂，明代王世贞曾慨叹："夫园之不吾长有也，吾知之"[1]，道出园林不能长存的历史规律。能如郑氏园林这般实现世代传园、存续百年的园林屈指可数[2]，郑氏家族传园行为反映出一定的文化意义。

第一，传园与忠孝伦理。关于园林命运的思考是历来园主和文人们普遍关注的议题。郑氏园主们从园林物质形态的世代传承和"以文存园"两个方面做出努力，试图实现园林在地理意义和精神意义上的长存，以此纾解园林命运的焦虑。园林在经济层面涉及地产、物产等，具备作为家产传承的因素，可以实现代际传承。前辈希望自己倾注财力、物力、心力、情感的园林能在后辈那里得到传承保全，后辈若能够实现前辈存园的愿望也是尽孝的表现。由此传园便与孝道建立了联系，传承和守护前辈的园林也是尽孝的途径。

历来就有不少园主将园林不朽的希望寄托于子孙后代，中唐李德裕撰写《平泉山居戒子孙记》，告诫子孙后代要守护平泉山庄，确保莫易他主，他写道："鬻吾平泉者，非吾子孙也；以平泉一树一石与人者，非佳子弟也。吾百年后，为权势所夺，则以先人所命，泣而告之，此吾志也。《诗》曰：'维桑与梓，必恭敬止'，言其父所植也。昔周人之思召伯，爱其所憩之树；近代薛令君于禁省中，见先祖所据之石，泫然流涕，汝曹可不慕之？唯

---

[1] 王稼句编注：《苏州园林历代文钞》，上海三联书店，2008年，第251页。
[2] 无锡秦氏家族的寄畅园、如皋冒氏家族的水绘园均算是在家族内传承较久的园林。

岸为谷，谷为陵，然后已焉，可也。"①李德裕在生前就设想了平泉山庄的几种命运，即售卖于他人、给予他人或为他人所夺，可以看出他对于园林命运的担忧。他将希望寄托于子孙，谆谆教导他们保全平泉，若传园无法实现就"非吾子孙"，这就将孝道践行与园林传承捆绑，传园就具有某种强制意味。宋代朱长文《乐圃记》中对子孙也有类似的嘱托："凡吾众弟若子若孙，尚克守之，毋颓尔居，毋伐尔林"②，叮嘱子孙后代守护园林，不要让居所颓败，不要砍伐园中的树木。文震亨《王文恪公怡老园记》："园林之以金碧著，不若以文章著；以文章著，不若以子孙著也；以子孙之贵显著，不若以子孙之忠孝著也。"③可见园林不仅是可游可居可赏的地理空间，家族园林更是人伦情感与园林情感的凝结，故而园林的传承与守护就被赋予重要意义。当园林的保全被纳入孝道践行的范畴，个体行为便具有社会性，需面临公众的评价，遵守一定的规范。

明清家族园林屡见不鲜，然而园林在时间流转中要么为权势所夺，要么园中珍贵的树石花木流失，要么在历史巨变、时间流逝中颓败，诚如陈继儒《园史序》所言："豪易夺，久易荒，主人不文易俗。"④能够如扬州郑氏休园传承数代者鲜有。张云章在园记中写道："扬州天下之冲，四方商贾之所，辐凑而居，以及仕宦者既众，则争治为园林台沼亭馆之胜，以自娱而娱其宾，然而盛衰疏忽，聚散无常，数经其地者往往感慨系之矣。求其世有显人为士大夫之指称而不替者，莫如郑氏。"⑤方象瑛在《含英阁诗序》中也说："吾尝登芜城眺望，隋隄竹西诸胜所谓歌楼舞榭已荒草迷离，无复向时名胜，而郑氏休园独郁然不改其旧，盛衰兴废之数固有待人而持之者

---

① 陈从周、蒋启霆选编：《园综》（新版）下册，赵厚均校订、注释，同济大学出版社，2011年，第165页。
② 陈植、张公弛选注：《中国历代名园记选注》，安徽科学技术出版社，1983年，第31页。
③ 王稼句编注：《苏州园林历代文钞》，上海三联书店，2008年，第62页。
④ 陈从周、蒋启霆选编：《园综》（新版）下册，赵厚均校订、注释，同济大学出版社，2011年，第229页。
⑤ 张云章：《三修休园记》，见郑庆祐：《扬州休园志》卷一。

欤?"①明清时期扬州造园成风,私家园林兴盛,但大都呈一时繁华,转而沦为荒烟蔓草,在这样的背景下,郑氏休园却能百年长存,"不改其旧",无疑是对园林命运脆弱规律的反拨。休园以它长存百年的事实,给予人们更多的希冀,对休园生命力的赞叹,亦是对生命不朽的赞叹,园主作为休园背后的支撑也就成为赞叹的对象。郑熙绩是郑氏休园传承过程中的关键人物,在他重葺休园后就为时人赞不绝口:

> 懋嘉无忘所始,而修葺之勤,足以移我情也。已得含英阁诗草,读之复于堂构之余悲感缠绵,形于歌咏,益叹曰:嘻,懋嘉之念其祖父若此,而诗有不极工者乎!②

> 虽然水部父子既并祀馨宗其名德昭然在人耳目,实有不止于是者,懋嘉益光大而式廓之,忠孝所感较园亭竹树当必更切诗曰:无念尔祖,聿修厥德。又曰:夙兴夜寐,无忝尔所生。懋嘉其勉之哉。③

郑熙绩"性仁爱,凡王父及父未了愿悉似续成之,如育婴儿、赈贫乏、修圯桥、放禽畜之类"④,凡是祖父和父辈未竟之事,郑熙绩都会继续履行,对其家传园林更是如此。郑熙绩在中举后立即重葺休园,在园中供奉祖父和父亲的画像,这些都是将休园与家族联系在一起的颇有象征意义的举动。他将家族传园行为内化为仁孝品德,并通过园林实践,形成可以垂范后世的行为原则。

郑氏后代遵循此规范,不断修葺园林。郑玉珩三葺休园后,宋和在《三修休园记》中称赞:"夫百年之树代谢不一家,崇高之台转盼为陈迹,或局于城邑而不能旷然林泉,安于固陋而不游艺苑。而太夫人后人之贤何如哉!"⑤郑庆祜四葺休园后辑录《扬州休园志》,团昇在该书序言中述写郑庆

---

① 方象瑛:《含英阁诗序》,见郑庆祜:《扬州休园志》卷三。
② 黄与坚:《含英阁诗序》,见郑庆祜:《扬州休园志》卷三。
③ 方象瑛:《含英阁诗序》,见郑庆祜:《扬州休园志》卷三。
④ 许承家:《郑中翰四十寿序》,见郑庆祜:《扬州休园志》卷二。
⑤ 宋和:《三修休园记》,见郑庆祜:《扬州休园志》卷一。

祐传园："及生之身，凡五世，又以孤子当室，一时强有力者争虎视，将谋袭之，赖生能内秉慈训，读书砥行，力鼎新先业，园以是经百余年，终为郑氏物不坏。"在郑氏几代努力下，存园作为郑氏家族的家风得以绵延传承。

郑氏家族传园从侧面揭示了园林文化的别样意义——忠孝。园林在家族中实现代际相传，让本来充满洒脱超旷意味的文人园林，融入了"德"的评价标准，也使得家族园林的传承上升到道德伦理的高度。

第二，传园与"以文存园"。园林的物化形态的保存仰赖于子孙后代的修葺传承，园林之"名"的传承和宣扬则有赖于"文"。《帝京景物略》曾言："一园亭主，易一园亭名，泉流不易也。园亭有名，里井人俗传之，传其初者。主人有名，荐绅先生雅传之，传其著者。"[1]园林的名气在市井中间传扬，是比较初级的，真正让园林的名气彰显，是让它在代表一定文化地位和社会地位的"荐绅先生"间传扬。这段文字强调了"文"在传园过程中的作用。刘士龙《乌有园记》："吾尝观于古今之际而明乎有无之数矣。金谷繁华，平泉佳丽，以至洛阳诸名园，皆胜甲一时。迄于今求颓垣断瓦之仿佛而不可得，归于乌有矣。所据以传者，纸上园耳。"[2]地理空间上的园林不能长存，"纸上"的园林却能为后人所知。因为文字可以让园林在精神层面实现长存，所以园主可以通过"以文存园"来达到园林之名不朽的理想。包括王世贞在感叹园林不能长有之后，接着又说"而子之文长在天地，吾亦知之"[3]，便将园与文之间的关系道出。

郑氏家族不仅注重"忠孝传园"，坚持对地理意义上的园林传承，而且在"以文存园"方面也付诸行动。郑氏园林的文化活动与文学书写正是在遵循"以文存园"这一准则。一方面，园主通过举行文化活动，吸引众多文人名士雅集，挥毫弄墨，吟诗作赋，并留下文章整理成册，以求借此声名远播、传之后世。而且所来园客多为社会中的名流，由此产生的名人效应使

---

[1] 刘侗、于奕正：《帝京景物略》，北京古籍出版社，1980年，第213页。
[2] 陈从周、蒋启霆选编：《园综》（新版）下册，赵厚均校订、注释，同济大学出版社，2011年，第230页。
[3] 王稼句编注：《苏州园林历代文钞》，上海三联书店，2008年，第251页。

得郑氏园林在社会上形成更广的传播范围和更强的传播效力。另一方面，园主的个人书写，其中包括题咏园林景观之作，反映日常园居生活之作，也以文字的形式流传，可以让后来人通过文字获得更丰富细致的关于园林的认知和体验。具体来说，郑氏家族"以文存园"主要集中于以下三个方面：

首先，注重园林物质形态存留，郑氏园主们不断修葺，以求在时间流逝和自然界的风吹雨打中保持园林物质形态，而且，还通过园记和园画在文字和画面中呈现园林的物质形态。目前所见园记共有7篇，即计东作《休园记》，吴绮、许承家、方象瑛分别作《重葺休园记》，李光地、张云章、宋和分别作《三修休园记》。园画有《扬州休园志》插图、王云的《休园图》，《扬州休园志》插图呈现休园32处景观的基本形态和格局，王云《休园图》选取休园12处景观详细描摹，反映休园春夏秋冬的不同景象。这些图文无不映现园林的客观形态，反映园林的物质空间，在地理空间上的园林修葺之外又增加了一重文学与图像方面的"存园"保障。

其次，借名人效应，让园林与名人的作品和名气并存，增强园林的传播力。"郑氏世为文盟主，凡名流之著者，莫不来集于斯园。"郑氏家族通过召集园林活动，请人写园、画园，在文学和图像中存留园林客观形态，并利用名人效应增强园林的名气，以及用园主书写个人园林体验多种方式来实现"以文存园"的目的。郑氏园林相关记录中留下了钱谦益、冒襄、黎遂球、万时华、董其昌、杜濬、王猷定、方象瑛、李光地、王铎等历史名人或者文化名人的印记，这一个个在历史文化长河中闪亮的名字汇集，形成了强大的磁场，吸引着同时代和后世的人，成为助力郑氏园林传播的强大能量。而且园客们在书写中也有意彰显郑氏园主的孝行，称赞其"存园"行为，如："先业得以弗坠，盖仁孝之意存焉。""郑生好客莫言贫，郑生述先不辞累。日下香醪载百斛，海上腥看储千器。从此高轩过维扬，人人思向休园醉。""绳武肯堂无世济，平泉绿野亦榛荆。废兴惟视诗书力，点缀堪同藻绘争。"园客书写成为助力郑氏园林文化之名传扬的强大力量。

最后，用文字表达个人对于园林的审美感受和园林的生活意趣，展现更为鲜活的园林与心灵交会的世界。虽然园林地理空间未变,历代园主书写对象基本未变,但是不同的个体有不同的经历、感受和背景,因此在书写园林时也呈现多样的风貌。郑侠如在文字中表达园林的隐逸旨趣、闭户不问尘事的悠然,但不时显现易代与家族经历的伤痕;郑熙绩既享受园中清雅的环境,体验超逸自由的园居生活,又胸怀大志,在园中苦读,发奋图强,参加会试落第后也在文学书写中难掩愤懑;郑玉珩面临前人取得成就之高,难以为继的同时,也在园中享受着个人宁静的世界。不同的个体所拥有的不同园林体验都映现于各自的文学作品之中,这些作品富有个性的生命力亦是园林长存的凭借。

中国古代文人通过园林建立自我与自然的亲密连接,他们在园林中融入自我的生命体验,以物的形式在大地上留取自我生命的印痕,同时也通过营造园林来获取自我存在的体验,毕竟比起人的生老病死、命运无常,园林的竹石树木要长久稳定得多。面对浩渺宇宙和无常人生,构园、存园是文人们追索生存的意义与价值的路途中较为现实可行的选择,从这个角度来看,"存园"也是"存人",是追求个体生命不朽的路径。然而,园林亦如人事,无法回避其盛衰兴亡无常的规律,精美的园亭转眼沦为樵儿牧竖捡拾断石残瓦的场所。面对这一事实,文人往往感喟叹息,力图遮挽。郑氏家族几代存园,惨淡经营,尝试寻找到个体和家族的生命能够永恒的途径,这一行为看似温和渐进,背后却潜藏着个体在时空中挣扎的悲壮力量。园林在与自然、与时间流逝、与外力豪夺无声地对抗,又何尝不是人作为生命个体对于自然规律的抵抗,在对抗中显示个体对于精神不朽的追寻。因此,郑氏家族世代传园的实践也就不是个例,而具有普遍性的意义。

郑氏家族的园林实践折射出家族园林传承过程中的文化意义,即传园与孝道践行、以文存园有着密切的联系。郑氏百年传园既有其作为个体的特殊性,也反映出中国古代园林文化中人园关系的普遍性。

结　　语

本书通过对扬州郑氏园林风貌与园林变迁、园林文化活动、园林文学书写、园林艺术呈示，以及郑氏园林与文学的历史定位等问题的探讨，得出以下的结论：

第一，郑氏园林的兴衰与郑氏家族的浮沉紧密相连，呈现出了家族与园林同频的发展态势。明清时期郑氏家族在经营盐业和科举方面取得的成功为家族园林的兴建与园中文化活动的兴盛提供了条件。同样，郑氏园林的易主衰落也随着郑氏家族在明清时期经历的战争、灾祸、"文字狱"等劫难而来。从晚明到清初，因政治环境的变化，郑氏园林文化角色发生了从兼具私人性与公共性双重性质的园林，到吟赏个人性情、关注个人和家族内倾式发展的私人性园林的嬗变。通过园林文化活动形塑文化型家族的意识，则始终伴随着郑氏家族与园林发展史。郑氏家族与郑氏园林的变迁共同勾勒出"家"与"园"交织并存的历史脉络。

第二，郑氏园林兼有地理空间、社会活动空间与文学空间三重性质。作为地理意义上的园林空间，影园代表着中国传统文人园林的审美，是晚明南宗画论影响下的典型文人园林，休园空间具有流动性的特征和古淡清幽的美学风貌；作为社会活动空间，郑氏园林的社会活动折射出郑氏家族的政治立场，也为郑氏家族与文士阶层交往提供了平台；作为文学空间，郑氏园主及园客的事迹与文学书写积淀了郑氏园林的文化意涵，使其成为个人心灵空间、家族精神象征、集体记忆承载，具有隐喻意味。

第三，郑氏园林文学书写与艺术呈示，反映了古代私家园林文学书写与艺术呈示的基本样貌。郑氏园林文学书写的内容主要为园景再现、园史记录、园景题咏、园居生活和园事述写。园主和园客们参与文学艺术书写，建立了以人为媒介的园林与文学的关系。通过园林书写，园主与园林、园主与园客、园客与园林之间构建人、园、文三者互动对话的关系。在这一关系框架之中，园主与园林借由文学书写形成了"园主与园林"互释的关系，园客与园林、园主分别形成了"园客与园林""园客与园主"阐释关系，由于"园主与园林""园客与园林"两组关系的不同，使得园主与园客的书写也呈现出不同的风貌。文学与图画构成互文关系，图画对于文学起辅助作用，共同构建了郑氏园林文图体系。郑氏园林的传承还反映出中国古代私家园林的存续问题，文人们往往通过文学书写和艺术呈示以求实现园林在精神世界的长存。

第四，从历史文化视域观照郑氏园林，以18世纪扬州园林群落作为参照，可以发现在园林风貌方面，郑氏园林属于内敛秀雅的传统文人园林，与张扬奢华的其他扬州盐商园林不同，而且影园和休园分别是扬州盐商园林早期与转折期的代表，由此也可以建构起从晚明至顺治、康熙再至乾隆时期扬州盐商园林的发展脉络，即传统文人园林—融合南北的文人园林—皇家气质的园林群落。以人园关系为基点，比较郑氏园林与18世纪扬州园林群落：前者遵循天人合一的理念，人园一体，互释互构，在充满蕴藉的文学话语中建构精神空间；后者在功利性目的的加持下，园主与园客更注重园林的视觉感受，人园处于疏离状态，文学书写则侧重于园林物质形态、声色感受、物质价值的直接表达。郑氏园林的文学书写在保留芜城书写的象征意义的同时更加具体和深化，相当于对"芜城怀旧"母题的继承和增殖。郑氏园林文化体现"晚明风流"和"盛清扬州"的文化特点，同时由于其家族"由商入士"的转型，表现出不同于其他私家园林文化的富而不俗、好名亦务实、以文自娱也以文警世的特征。郑氏家族的园林实践折射出传园与孝道践行、以文存园有着密切的联系。郑氏百年传园既有其作为个体的特殊性，也反映出中国古代园林文化中人园关系的普遍性。

本书以郑氏园林相关的文学作品为中心,从历史、社会、文化等多角度理解私家园林的价值,既注重体现郑氏家族园林与文学作为个案的特殊性,以期为中国古代园林文学的研究提供较为翔实的案例,也试图呈现其作为园林文学研究的普遍性,或可为该领域的研究打开新的视角。

参 考 文 献

[1] 郑樵.通志二十略[M].王树民,点校.北京:中华书局,1995.
[2] 张廷玉,等.明史[M].长沙:岳麓书社,1996.
[3] 计六奇.明季南略[M].任道斌,魏得良,点校.北京:中华书局,1984.
[4] 杜登春.社事始末[M].《丛书集成初编》本.北京:中华书局,1991.
[5] 冯梦龙.甲申纪事[M].上海:上海古籍出版社,1993.
[6] 文秉.甲乙事案[M].清抄本.
[7] 不著撰者.两淮鹾务考略[M]//四库未收书辑刊编纂委员会.四库未收书辑刊:第1辑:第24册.北京:北京出版社,2000.
[8] 吴山嘉.复社姓氏传略[M].北京:中国书店,1990.
[9] 黄叔璥.国朝御史题名[M].清光绪刻本.
[10] 震钧.国朝书人辑略[M].刻本,1908(清光绪三十四年).
[11] 钱谦益.列朝诗集小传[M].上海:上海古籍出版社,2008.
[12] 姚觐光.清代禁毁书目四种[M]//王云五.万有文库.北京:商务印书馆,1937.
[13] 赵吉士.徽州府志[M].刻本,1699(清康熙三十八年).
[14] 阿克当阿.重修扬州府志[M].刻本,1810(清嘉庆十五年).
[15] 何绍基.(光绪)重修安徽通志[M].刻本,1878(清光绪四年).
[16] 赵宏恩.(乾隆)江南通志[M].清文渊阁《四库全书》本.
[17] 穆彰阿.(嘉庆)大清一统志[M].四部丛刊续编景旧钞本.

[18] 刘侗，于奕正.帝京景物略[M].北京：北京古籍出版社，1980.

[19] 汪应庚.平山揽胜志[M].曾学文，点校.扬州：广陵书社，2004.

[20] 赵成壁.平山堂图志[M].北京：文物出版社，2019.

[21] 焦循.扬州北湖小志[M].台北：成文出版社，1983.

[22] 李斗.扬州画舫录[M].汪北平，涂雨公，点校.北京：中华书局，1960.

[23] 仇兆鳌.杜诗详注[M].上海：上海古籍出版社，1992.

[24] 白居易.朱金城.白居易集笺校[M].上海：上海古籍出版社，1988.

[25] 尹占华，韩文奇.柳宗元集校注[M].北京：中华书局，2013.

[26] 苏轼.苏轼文集[M].孔凡礼，点校.北京：中华书局，1986.

[27] 李贽.焚书；续焚书[M].2版.北京：中华书局，2009.

[28] 李东阳.李东阳集[M].周寅宾，校点.长沙：岳麓书社，2008.

[29] 严文儒，尹军.董其昌全集[M].上海：上海书画出版社，2013.

[30] 王守仁.王阳明全集[M].上海：上海古籍出版社，2011.

[31] 陈眉公.陈眉公全集[M].上海：中央书店，1936.

[32] 黎遂球.莲须阁集[M].清康熙黎延祖刻本.

[33] 申佳允.申忠愍诗集[M].清文渊阁四库全书补配清文津阁四库全书本.

[34] 何乔新.椒邱文集[M].清文渊阁《四库全书》本.

[35] 唐顺之.唐顺之集[M].马美信，黄毅，点校.杭州：浙江古籍出版社，2014.

[36] 关贤柱.杨文骢诗文三种校注[M].贵阳：贵州人民出版社，1990.

[37] 郑元勋.郑开基.影园诗稿文稿[M].刻本，1847（清乾隆二十七年）.

[38] 郑熙绩.含英阁诗草[M].清康熙含英阁刻本.

[39] 郑熙绩.含英阁诗余[M].清康熙含英阁刻本.

[40] 郑玉珩.止心楼诗[M].清乾隆郑庆祐刻本.

[41] 田雯.古欢堂集[M].清文渊阁《四库全书》本.

[42] 钱谦益.牧斋有学集[M].钱曾，笺注.钱仲联，标校.上海：上海古籍出版社，1996.

[43] 钱谦益.牧斋初学集[M].钱曾，笺注.钱仲联，标校.上海：上海古籍出版社，1985.

[44] 戴震.戴震集[M].汤志钧,校点.上海：上海古籍出版社,1980.

[45] 杭世骏.杭世骏集[M].蔡锦芳,唐宸,点校.杭州：浙江古籍出版社,2015.

[46] 邹漪.启祯野乘[M].明崇祯刻清康熙重修本.

[47] 张云章.朴村文集[M].清康熙华希闵等刻本.

[48] 张鉴.冬青馆集[M].北京：文物出版社,1987.

[49] 吴嘉纪.陋轩诗[M].刻本,1840（清道光二十年）.

[50] 孔尚任.湖海集[M].上海：古典文学出版社,1957.

[51] 程晋芳.勉行堂诗文集[M].魏世民,校点.合肥：黄山书社,2012.

[52] 马曰璐.南斋集[M].上海：商务印书馆,1935.

[53] 闵华.澄秋阁集[M].刻本,1752（清乾隆十七年）.

[54] 陈章.孟晋斋诗集[M].勤有堂刻本,1779（清乾隆四十四年）.

[55] 张云璈.简松草堂诗文集[M].清道光刻三景阁丛书本.

[56] 尹继善.尹文端公诗集[M].清乾隆刻本.

[57] 韦谦恒.传经堂诗钞[M].清乾隆刻本.

[58] 石韫玉.独学庐稿[M].清写刻独学庐全稿本.

[59] 查嗣瑮.查浦诗钞[M].清刻本.

[60] 卢见曾.雅雨堂集[M].贺克草刻本,1742（清乾隆七年）.

[61] 彭定求,等.全唐诗[M].北京：中华书局,1960.

[62] 唐圭璋.全宋词[M].北京：中华书局,1965.

[63] 汤宾尹.宣城右集[M].王景福,石巍,童达清,校注.合肥：黄山书社,2017.

[64] 郑庆祐.扬州休园志[M].察视堂自刻本,1773（清乾隆三十八年）.

[65] 宗元鼎.诗余花钿集[M].清康熙东原草堂刻本.

[66] 郑元勋.影园瑶华集[M].刻本,1762（清乾隆二十七年）.

[67] 郑元勋.媚幽阁文娱[M].明崇祯刻本.

[68] 郑元勋.媚幽阁文娱二集[M].明崇祯刻本.

[69] 全祖望.韩江雅集[M].刻本,1747（清乾隆十二年）.

[70] 冒襄.同人集[M]//四库全书存目丛书编纂委员会.四库全书存目丛书：

集部：第385册.济南：齐鲁书社，1997.
[71] 聂先，曾王孙.百名家词钞[M].清康熙绿荫堂刻本.
[72] 丁绍仪.国朝词综补[M].清光绪刻本.
[73] 阮元.淮海英灵集[M]//王云五.丛书集成初编：第1803册.北京：商务印书馆，1935.
[74] 潘衍桐.两浙輶轩续录[M].夏勇，熊湘，整理.杭州：浙江古籍出版社，2014.
[75] 孙毓修.涵芬楼秘笈[M].北京：北京图书馆出版社，2000.
[76] 《清代诗文集汇编》编纂委员会.清代诗文集汇编[M].上海：上海古籍出版社，2010.
[77] 方回.瀛奎律髓[M].上海：上海古籍出版社，1993.
[78] 刘熙载.艺概[M].上海：上海古籍出版社，1978.
[79] 王云.休园图卷[M].大连旅顺博物馆藏本，1720（清康熙五十九年）.
[80] 唐志契.绘事微言[M].北京：人民美术出版社，2003.
[81] 周亮工.读画录[M].周飞强，王素柳，校注.杭州：西泠印社出版社，2008.
[82] 陶樑.红豆树馆书画记[M].清光绪刻本.
[83] 顾文彬.过云楼书画记[M].柳向春，校点.上海：上海古籍出版社，2011.
[84] 秦祖永.桐阴论画[M].黄亚卓，校点.上海：上海古籍出版社，2015.
[85] 葛嗣浵.爱日吟庐书画补录[M].葛氏刻本，1913（民国二年）.
[86] 孙岳颁.佩文斋书画谱[M].清文渊阁《四库全书》本.
[87] 李渔.闲情偶寄[M].赵树娟，注.南京：江苏凤凰文艺出版社，2020.
[88] 文震亨.陈植.长物志校注[M].杨超伯，校订.南京：江苏科学技术出版社，1984.
[89] 计成.陈植.园冶注释[M].北京：中国建筑工业出版社，2017.
[90] 陈继儒.小窗幽记[M].北京：光明日报出版社，2014.
[91] 杜绾.云林石谱[M].上海：商务印书馆，1936.
[92] 王观.扬州芍药谱[M].宋百川学海本.
[93] 汪灏.广群芳谱[M].上海：上海书店出版社，1985.

[94] 吴淑.事类赋注[M].冀勤,王秀梅,马蓉,点校.北京:中华书局,1989.

[95] 叶梦得.石林燕语[M].田松青,徐时仪,校点.上海:上海古籍出版社,2012.

[96] 张岱.陶庵梦忆;西湖梦寻[M].夏咸淳,程维荣,校注.上海:上海古籍出版社,2001.

[97] 屠隆.考槃余事[M].秦跃宇,点校.南京:凤凰出版社,2017.

[98] 高濂.遵生八笺:重订全本[M].王大淳,校点.成都:巴蜀书社,1992.

[99] 陆绍珩.醉古堂剑扫[M].长沙:岳麓书社,2016.

[100] 余怀.板桥杂记[M].李金堂,校注.上海:上海古籍出版社,2000.

[101] 钱泳.履园丛话[M].张伟,点校.北京:中华书局,1979.

[102] 沈复.浮生六记[M].周公度,译.杭州:浙江文艺出版社,2017.

[103] 欧阳兆熊,金安清.水窗春呓[M].谢兴尧,点校.北京:中华书局,1984.

[104] 李涵秋.广陵潮[M].长沙:湖南文艺出版社,1998.

[105] 陈恒和.扬州丛刻[M].民国刊本.

[106] 陈治绂.金陵园墅志[M].南京:翰文书店,1933.

[107] 包亚明.现代性与空间的生产[M].上海:上海教育出版社,2003.

[108] 曹林娣.中国园林文化[M].北京:中国建筑工业出版社,2005.

[109] 曹林娣.中国园林艺术概论[M].北京:中国建筑工业出版社,2009.

[110] 曹林娣.江南园林史论[M].上海:上海古籍出版社,2015.

[111] 曹淑娟.孤光自照:晚明文士的言说与实践[M].天津:天津教育出版社,2012.

[112] 曹淑娟.在劳绩中安居:晚明园林文学与文化[M].台北:台湾大学人文社会高等研究院东亚儒学研究中心,2019.

[113] 陈从周.园林丛谈[M].台北:明文书局,1983.

[114] 陈从周.说园[M].上海:同济大学出版社,2007.

[115] 陈从周.扬州园林[M].台北:明文书局,1987.

[116] 陈从周.梓翁说园[M].北京:北京出版社,2004.

[117] 陈从周.园林清议[M].南京:江苏文艺出版社,2005.

[118] 陈从周,蒋启霆.园综:新版[M].赵厚均,校订注释.上海:同济大

学出版社，2011.

[119] 陈植.中国造园史[M].北京：中国建筑工业出版社，2006.

[120] 陈植.造园学概论[M].北京：中国建筑工业出版社，2009.

[121] 陈植，张公弛.中国历代名园记选注[M].合肥：安徽科学技术出版社，1983.

[122] 储兆文.中国园林史[M].上海：东方出版中心，2008.

[123] 都铭.扬州园林变迁研究：人群与风景[M].上海：同济大学出版社，2014.

[124] 凤宝莲.典故小词典[M].成都：四川辞书出版社，2007.

[125] 樊树志.晚明史：1573—1644[M].上海：复旦大学出版社，2015.

[126] 樊树志.晚明大变局[M].北京：中华书局，2015.

[127] 汉宝德.物象与心境：中国的园林[M].北京：生活·读书·新知三联书店，2014.

[128] 顾一平.扬州名园记[M].扬州：广陵书社，2011.

[129] 顾凯.明代江南园林研究[M].南京：东南大学出版社，2010.

[130] 郭明友.明代苏州园林史[M].北京：中国建筑工业出版社，2013.

[131] 居阅时.中国建筑与园林文化[M].上海：上海人民出版社，2014.

[132] 李浩.唐代园林别业考论：修订版[M].西安：西北大学出版社，1996.

[133] 李浩.唐代园林别业考录[M].上海：上海古籍出版社，2005.

[134] 李圣华.方文年谱[M].北京：人民文学出版社，2007.

[135] 罗燕萍.宋词与园林[M].北京：中国社会科学出版社，2012.

[136] 刘天华.画境文心：中国古典园林之美[M].2版.北京：生活·读书·新知三联书店，2008.

[137] 彭一刚.中国古典园林分析[M].北京：中国建筑工业出版社，1986.

[138] 阮仪三.江南古典私家园林[M].南京：译林出版社，2012.

[139] 商传.走进晚明[M].北京：商务印书馆，2014.

[140] 童寯.江南园林志[M].2版.北京：中国建筑工业出版社，1984.

[141] 童寯.园论[M].天津：百花文艺出版社，2006.

[142] 金学智.中国园林美学[M].北京：中国建筑工业出版社，2000.

[143] 王铎.中国古代苑园与文化[M].武汉：湖北教育出版社，2003.

[144] 汪菊渊.中国古代园林史[M].北京：中国建筑工业出版社，2006.

[145] 王其钧.中国园林建筑语言[M].北京：机械工业出版社，2007.

[146] 王其标.扬州香事：一座城市的嗅觉审美史[M].扬州：广陵书社，2018.

[147] 王耘.江南古代都会建筑与生态美学[M].北京：社会科学文献出版社，2012.

[148] 王书艳.唐代园林与文学之关系研究[M].北京：中国社会科学出版社，2018.

[149] 王毅.园林与中国文化[M].上海：上海人民出版社，1990.

[150] 王毅.中国园林文化史[M].上海：上海人民出版社，2004.

[151] 王毅.翳然林水：栖心中国园林之境[M].北京：北京大学出版社，2006.

[152] 魏嘉瓒.苏州古典园林史[M].上海：上海三联书店，2005.

[153] 吴肇钊.中国园林立意·创作·表现[M].北京：中国建筑工业出版社，2004.

[154] 吴欣.山水之境：中国文化中的风景园林[M].北京：生活·读书·新知三联书店，2015.

[155] 夏咸淳.中国园林美学思想史：明代卷[M].上海：同济大学出版社，2015.

[156] 程维荣.中国园林美学思想史：清代卷[M].上海：同济大学出版社，2015.

[157] 许少飞.扬州园林[M].苏州：苏州大学出版社，2001.

[158] 许少飞.扬州园林史话[M].扬州：广陵书社，2014.

[159] 许少飞.扬州园林小史[M].扬州：广陵书社，2018.

[160] 《扬州市园林志》编纂委员会.扬州市园林志[M].扬州：广陵书社，2018.

[161] 杨鸿勋.江南园林论[M].北京：中国建筑工业出版社，2011.

[162] 余树勋.园林美与园林艺术[M].北京：中国建筑工业出版社，2006.

[163] 王稼句.苏州园林历代文钞[M].上海：上海三联书店，2008.

[164] 张家骥.中国造园艺术史[M].太原：山西人民出版社，2004.

[165] 张家骥.中国造园论：修订本[M].太原：山西人民出版社，2003.

[166] 赵昌智.江苏地方文化史：扬州卷[M].南京：江苏人民出版社，2021.

[167] 周维权.中国古典园林史[M].2版.北京：清华大学出版社，1999.

[168] 朱江.扬州园林品赏录[M].3版.上海：上海文化出版社，2002.

[169] 宗白华，等.中国园林艺术概观[M].南京：江苏人民出版社，1987.

[170] 陈宝良.明代社会生活史[M].北京：中国社会科学出版社，2004.

[171] 陈万鼐.孔尚任研究[M].台北：台湾商务印书馆股份有限公司，1971.

[172] 郭绍虞.照隅室古典文学论集[M].上海：上海古籍出版社，1983.

[173] 何宗美.明末清初文人结社研究[M].上海：上海三联书店，2016.

[174] 梁其姿.施善与教化：明清时期的慈善组织[M].北京：北京师范大学出版社，2013.

[175] 廖可斌.明代文学复古运动研究[M].北京：商务印书馆，2008.

[176] 明光.清代扬州盐商的诗酒风流[M].北京：社会科学文献出版社，2014.

[177] 宋立中.闲雅与浮华：明清江南日常生活与消费文化[M].北京：中国社会科学出版社，2010.

[178] 王汎森.权力的毛细血管作用：清代的思想、学术与心态[M].台北：联经出版事业股份有限公司，2013.

[179] 王振忠.明清徽商与淮扬社会变迁[M].北京：生活·读书·新知三联书店，2014.

[180] 夏咸淳.晚明士风与文学[M].北京：中国社会科学出版社，1994.

[181] 谢国桢.明清之际党社运动考[M].北京：北京出版社，2014.

[182] 谢国桢.谢国桢全集[M].北京：北京出版社，2013.

[183] 徐林.明代中晚期江南士人社会交往研究[M].上海：上海古籍出版社，2006.

[184] 杨念群.何处是"江南"：清朝正统观的确立与士林精神世界的变异[M].北京：生活·读书·新知三联书店，2010.

[185] 扬之水.古诗文名物新证合编[M].天津：天津教育出版社，2012.

[186] 余英时.现代儒学的回顾和展望[M].北京：生活·读书·新知三联书店，2004.

[187] 余英时.儒家伦理与商人精神[M].桂林：广西师范大学出版社，2004.

[188] 余英时.士与中国文化[M].上海：上海人民出版社，2013.

[189] 赵园.明清之际士大夫研究[M].北京：北京大学出版社，2014.

[190] 赵启斌.中国历代绘画鉴赏[M].北京：商务印书馆国际有限公司，2013.

[191] 潘运告.中国历代画论选[M].长沙：湖南美术出版社，2007.

[192] 启功.论书绝句[M].北京：生活·读书·新知三联书店，1990.

[193] 梅新林.文学批评：文化视界与时空拓展[M].北京：中国文史出版社，2007.

[194] 朱良志.中国艺术的生命精神[M].合肥：安徽教育出版社，1995.

[195] 朱保炯，谢沛霖.明清进士题名碑录索引[M].上海：上海古籍出版社，1980.

[196] 张清河.晚明诗学年表初编[M].成都：四川大学出版社，2015.

[197] 中国第一历史档案馆.乾隆朝上谕档：第14册[M].北京：档案出版社，1991.

[198] 冈大路.中国宫苑园林史考[M].常瀛生，译.北京：农业出版社，1988.

[199] 冈田英弘，神田信夫，松村润.紫禁城的荣光：明清全史[M].王帅，译.北京：社会科学文献出版社，2017.

[200] 加斯东·巴什拉.梦想的诗学[M].刘自强，译.北京：生活·读书·新知三联书店，1996.

[201] 加斯东·巴什拉.空间的诗学[M].张逸婧，译.上海：上海译文出版社，2013.

[202] 梅尔清.清初扬州文化[M].朱修春，译.上海：复旦大学出版社，2004.

[203] 杨晓山.私人领域的变形：唐宋诗歌中的园林与玩好[M].文韬，译.南京：江苏人民出版社，2008.

[204] 高居翰，黄晓，刘珊珊.不朽的林泉：中国古代园林绘画[M].北京：生活·读书·新知三联书店，2012.

[205] 段义孚.空间与地方[M].王志标,译.北京:中国人民大学出版社,2017.

[206] 萨义德.东方学[M].王宇根,译.北京:生活·读书·新知三联书店,2019.

[207] 卜正民.纵乐的困惑:明代的商业与文化[M].方骏,等译.北京:生活·读书·新知三联书店,2004.

[208] 卜正民.哈佛中国史·挣扎的帝国:元与明[M].潘玮琳,译.北京:中信出版社,2016.

[209] 迈克·克朗.文化地理学:修订版[M].杨淑华,宋慧敏,译.南京:南京大学出版社,2005.

[210] 柯律格.长物:早期现代中国的物质文化与社会状况[M].高昕丹,陈恒,译.北京:生活·读书·新知三联书店,2015.

[211] 柯律格.蕴秀之域:中国明代园林文化[M].孔涛,译.郑州:河南大学出版社,2019.

[212] 崔瑞德,牟复礼.剑桥中国明代史:1368—1644年[M].北京:中国社会科学出版社,2006.

[213] 安东篱.说扬州:1550—1850年的一座中国城市[M].李霞,译.李恭忠,校.北京:中华书局,2007.

[214] 弗朗切斯科·班德林,吴瑞梵.城市时代的遗产管理:历史性城镇景观及其方法[M].裴洁婷,译.上海:同济大学出版社,2017.

[215] 曹汛.计成研究:为纪念计成诞生四百周年而作[M]//《建筑师》编辑部.建筑师:第13期.北京:中国建筑工业出版社,1982.

[216] 陈汝衡.记影园主人郑元勋[J].扬州师院学报(社会科学版).1985(4).

[217] 吴肇钊.计成与影园兴造[M]//《建筑师》编辑部.建筑师:第23期.北京:中国建筑工业出版社,1985.

[218] 王振忠.两淮盐业与明清扬州城市文化[J].盐业史研究,1995(3).

[219] 何炳棣.扬州盐商:十八世纪中国商业资本的研究[J].巫仁恕,译.中国社会经济史研究,1999(2).

[220] 房学惠.风雨沧桑话休园:记王云休园图卷[J].收藏家,2003(12).

[221] 李浩.微型自然、私人天地与唐代文学诠释的空间[J].文学评论,2007(6).

[222] 冯剑辉.明清徽商"脱贾入儒"研究：以歙县长龄郑氏为中心[J].黄山学院学报，2008（4）.

[223] 赵园.废园与芜城：祁彪佳与他的寓园及其他[J].中国文化，2008（2）.

[224] 蒋琦.深意画图，余情休园：赏读王云《休园图》[J].数位时尚（新视觉艺术），2010（4）.

[225] 扈耕田.晚明扬州影园与黄牡丹诗会考论[J].扬州大学学报（人文社会科学版），2011（3）.

[226] 明光.从葭湄园到九峰园：扬州盐商诗人汪玉枢父子考略[J].扬州大学学报（人文社会科学版），2010（4）.

[227] 郭文仪.明清之际遗民梦想花园的构建及意义[J].文学遗产，2012（4）.

[228] 陈凤秀.江春交游考[J].内蒙古农业大学学报（社会科学版），2012（4）.

[229] 罗时进.家族文学研究的逻辑起点与问题视阈[J].中国社会科学，2012（1）.

[230] 阮仪三.扬州盐商与扬州园林[J].扬州大学学报（人文社会科学版），2015（5）.

[231] 吴莉莉.从《扬州画舫录》看两淮盐商对扬州文化发展的作用[J].史志学刊，2015（5）.

[232] 李玉芝.晚明园林文化与文人审美心态的蜕变[J].学术探索，2015（11）.

[233] 包广龙，王婷婷，杨豪中.影园考[J].中国园林，2016（10）.

[234] 张金环.明清之际咏花诗中的"牡丹"意象与士人心态[J].中国石油大学学报（社会科学版），2016（2）.

[235] 金云峰，陈希萌.情境分析和形式分析：18世纪扬州园林嬗变的外向与内向研究[J].广东园林，2016（1）.

[236] 王振忠.清代徽商与扬州的园林名胜：以《江南园林胜景》图册为例[J].安徽大学学报（哲学社会科学版），2017（6）.

[237] 王颖.文学空间视域下的徽商园林[J].名作欣赏，2018（36）.

[238] 岳立松.明清乌有园记的书写策略与意义探寻[J].海南师范大学学报（社会科学版），2016（12）.

[239] 赵御龙，周晓峰，王晓春，等.扬州影园的造园艺术与复原思考：兼评

吴肇钊先生影园复原（建）图[J].扬州大学学报（人文社会科学版），2017（3）.

[240] 朱丽霞.一个文化事件与一场文学运动："黄牡丹状元"事件的文学史意义[J].河南大学学报（社会科学版），2017（2）.

[241] 丁国祥.钱谦益复社领袖地位考论[J].学术交流，2017（12）.

[242] 马一凡，陈哲，晏晓苏.影园中长窗与半窗图样的复原性设计[J].艺术研究，2018（1）.

[243] 王颖."废兴惟视诗书力"：论休园的文学空间意义[J].安徽建筑大学学报，2018（5）.

[244] 明光.扬州八大名园历史演变[J].扬州教育学院学报，2018（4）.

[245] 岳岩敏，吴昕泽，林源.不说迷楼说影园：明郑元勋、计成与扬州影园[J].建筑师，2019（3）.

[246] 卞利.论徽州本土和域外对徽商形象认同的差异及其原因[J].学术界，2019（4）.

[247] 周敏.《扬州休园志》部分点校及景观设计浅析[J].汉字文化，2019（14）.

[248] 文韬.从"以文存园"到"纸上造园"：明清园林的特殊文学形态[J].文学遗产，2019（4）.

[249] 何宗美，刘建华."晚明风流"的性别因素：以女艺人文人圈形成为中心的考察[J].长江学术，2019（4）.

[250] 杨翼.明后期戏曲对江南园林的变化的影响[J].中国园林，2017（7）.

[251] 张宏生.战争书写与记忆叠加：清代的《扬州慢》创作[J].复旦学报（社会科学版），2019（1）.

[252] 汪超.春水碧于天 画船听雨眠：文学情感空间的可视化呈现[N].光明日报，2020-07-06（13）.

[253] 邵星宇.计成园林理论与实践中的"荆关画意"[J].建筑学报，2020（7）.

[254] 曹林娣.汉字"三美"与园林美[N].光明日报，2021-04-11（5）.

[255] ALEXANDER T. "Welcome to old times": inserting the okie past into California's San Joaquin Valley present[J]. Journal of

cultural geography,2009.

[256] 王恩俊.复社研究[D].长春：东北师范大学,2007.

[257] 李久太.明代园记中的空间印象分析[D].北京： 清华大学,2011.

[258] 韦雨涓.中国古典园林文献研究[D].济南：山东大学,2014.

[259] 李小奇.唐宋园林散文研究[D].西安：西北大学,2016.

[260] 包广龙.扬州园林历史人文与感知环境研究[D].西安：西安建筑科技大学,2018.

[261] 梁洁.晚明江南山地园林研究[D].南京：东南大学,2018.

[262] 吴晓明.明代中后期园林题材绘画的研究[D].北京：中央美术学院,2004.

[263] 王鑫.盐商郑氏家族文学文化活动研究：以郑元勋为中心[D].扬州：扬州大学,2010.

[264] 孙文静.郑元勋《媚幽阁文娱》研究[D].武汉：华中师范大学,2011.

[265] 周晓兰.扬州休园考[D].北京：北京林业大学,2012.

[266] 陈凤秀.清代寓扬徽州盐商社会网络研究：以江春为中心[D].芜湖：安徽师范大学,2013.

[267] 张丽丽.清代前中期扬州徽商园林与文学[D].合肥：安徽大学,2014.

[268] 王佳禾.晚明郑元勋《媚幽阁文娱》研究[D].南京：南京师范大学,2016.

[269] 朱蒙.明代文人园林研究[D].济南：山东大学,2016.

[270] 陈梦盈.明代白话小说中的园林园林描写与文化研究[D].西安：陕西师范大学,2017.

[271] 马一凡.影园文献相关问题探究及其空间布局复建方案[D].扬州：扬州大学,2018.

[272] 王婷婷.基于文献考证的扬州影园造园要素设计方案[D].扬州：扬州大学,2018.

[273] 蔡佳颖.郑元勋影园研究[D].新北：淡江大学,2019.

[274] 郑诗民.明清"士商互动"现象对江南私家园林风格的影响[D].天津：天津大学,2020.

附 录

附录一　郑氏园林文化活动编年（部分）

说明：由于材料所限，对于郑氏园林文化活动，尚不能进行全面细致的考证系年。该部分是笔者根据目前所见资料，对能基本确定时间的郑氏园林文化活动的整理。

影园文化活动编年

明天启七年前后
郑元勋得地

郑元勋《影园自记》记载："甲戌放归，值内子之变，又目眚作楚，不能读，不能酒，百郁填膺，几生无趣。老母忧甚，令予强寻乐事，家兄弟亦从臾葺此。盖得地七八年，即庀材七八年，积久而备，又胸有成竹，故八阅月而粗具。"即崇祯七年，郑元勋始建影园。

明崇祯七年至崇祯八年
影园建成

郑元勋《影园自记》记载："盖得地七八年，即庀材七八年，积久而备，又胸有成竹，故八阅月而粗具。"郑元勋得地在天启七年前后，影园建成应在七八年后。

明崇祯十年(1637)

王永吉、程林、梁于涘、刘茜影园雅集

《影园诗稿文稿》有《王修之宿余草堂,云来、饮光雨中见过,刘妓茜不期而至,即席共赋得十四寒》。

根据诗集编排体例,此诗前面有《长店哭谭友夏四首》,谭友夏即谭元春,卒于1637年[1]。此诗后面有《寄怀金天枢侍御左迁杭幕兼柬徐给谏蓼我》,金天枢即金光辰,《都御金天枢先生》载:"先生讳光辰,字天枢,一字居垣,合肥人。崇祯元年(1628)进士,授行人,擢御史……九年……乃命镌三级调外,旋由浙江按察司照磨召为大理寺正,进太仆臣。"[2]可见金光辰左迁杭州是在崇祯九年,郑元勋作诗应在此后不久,故推断此次雅集在崇祯十年。

崇祯九年至崇祯十一年

三月三十日,郑元勋、袁祈年会于影园

《影园诗稿文稿》有《三月晦日影园和袁田祖韵》,袁田祖即为袁祈年,湖北公安人。其后一首为《哭陈眉公》,陈眉公即陈继儒,陈继儒卒于1639年,前面有《李大生、姚永言招同梁君土、梁饮光、阎明之、徐性之、强真长、姜开先、顾不盈、高五聚诸子起竹西续社即席同用时字》,竹西续社结于1636年[3],故推知此次活动应在此期间。

四月初七,李之椿、朱天蕧过影园

《影园诗稿文稿》录《四月初七夜李大生携朱姬天蕧过影园看月即订姻盟》。这首诗在《白下喜遇杨龙友姜开先续举画社有怀董思白先生》之前。杨龙友,即杨文骢,"有《数年前与超宗、开先结社广陵,玄宰师主之,耳提面命,甚乐事也。今过白门,两兄适至,重理画社,吾三人笔阵固自在,而师已远矣,因赋诗记之》。白坚按:此诗有'淮水初平理画船'句,当指农

---

[1] 陈广宏:《谭元春年谱》,载《中国文学研究(辑刊)》2005年第1期。
[2] 黄嗣艾编著:《南雷学案》卷四,正中书局,1947年,第197—198页。
[3] 张清河:《晚明诗学年表初编》,四川大学出版社,2015年,第232页。

民军自滁远走,且'师已远矣'与董氏之逝合,因系于是年"①。

崇祯十一年前后

郑元勋、袁彭年、袁祈年会于影园

《影园诗稿文稿》录《特邱即席和其兄田祖韵亦叠前韵答之》与上一条中《三月晦日影园和袁田祖韵》用韵相同,故推知距离时间较近。

舒鲁直、朱无声、郑元勋会于影园

《影园诗稿文稿》录五古《舒鲁直、朱无声见访,共赋案头并蒂芍药,鲁直又投长匀倚韵和之》,又录七律《冯心见以并蒂芍药折赠,偶舒鲁直、朱无声见访呼酒赏之共赋》,推断两首诗所述为同一事。此诗位于《哭陈眉公》与《特邱即席和其兄田祖韵亦叠前韵答之》之间,故推知为是年左右。

舒鲁直,复社成员。

朱无声,无考。

夏至前一日,郑元勋等于影园社集

《影园诗稿文稿》录《夏至前一日社集再叠田祖韵》,诗有"嘉客能生坐上香,共迎短至日犹长",故推知社集地点为郑元勋的影园,具体人员不详。

立秋后一日,郑元勋、钟象台、夏彝仲会于影园

《影园诗稿文稿》有《立秋后一日邀钟象台给谏、夏彝仲进士坐月》。钟鼎,字象台,旌德人,天启举人。② 夏允彝,字彝仲,华亭人。③

---

① 白坚:《杨文骢传论》,上海人民美术出版社,1990年,第155页。
② 赵宏恩修:《(乾隆)江南通志》卷一五五,清文渊阁《四库全书》本。
③ 成瓘:《(道光)济南府志》卷六,清道光二十年刻本。

崇祯十一年戊寅或崇祯十二年己卯
范景文、钱位坤、郑元勋集影园

《影园瑶华集》中录范景文《北归过影园同钱大鹤职方玩月是夕立秋》,与范景文《范文忠集》中《立秋日钱与立诸君送之广陵影园月下听歌次郑超宗韵》[①]内容完全相同,是同一首诗。后者在《范文忠集》中前面有《戊寅初度过喜雨》,后面有《己卯九月秒再游摄山遇雨》,故推知此诗作于戊寅或己卯。

崇祯十一年戊寅
沈寿民过影园

《影园诗稿文稿》有《沈眉生征士应召入都上书触忌,却组还山,有终焉之志,朝野高之,过余草堂,小饮作歌》。沈寿民,字眉生,宣城人。《沈寿民传》记载,杨嗣昌自请督师,黄道周、范景文、刘同升等皆上疏"论嗣昌夺情非是","上大怒,诸臣皆斥去。寿民言不用,既归,名益重"。[②] 此事与《明史》"十一年冬……杨嗣昌夺情辅政,廷臣力争多被谪"[③]之记载可互相参照,沈寿民罢官,到影园为是年。

明崇祯十三年庚辰
初夏,陈名夏、秦子韬、顾宸、周镕、万时华集影园

《影园瑶华集》录陈名夏《庚辰初夏集影园同秦子韬、顾修远、周我容送万茂先应诏北上限高程二字》与万时华《影园留别用陈百史韵》。

五月五日,茅元仪、黎美周、万时华、冒襄、陈丹衷聚影园

《影园瑶华集》中有《五日社集影园分韵》,茅元仪得"严"字,黎遂球

---
① 范景文:《范文忠集》卷一一,清文渊阁四库全书补配清文津阁四库全书本。
② 赖咏主编:《中国古代禁书文库》第9卷《清代禁书》(一),大众文艺出版社,2010年,第3954页。
③ 张廷玉等纂修:《明史》卷二六五,岳麓书社,1996年,第3857页。

得"阳"字,万时华得"怜""浮"二字,冒襄得"巢"字,陈丹衷得"龙""淮"二字。(茅元仪、黎遂球、冒襄、陈丹衷之考证见第二章)

五月,黄牡丹诗会

五月二日,黎美周会试不第,至扬州,郑元勋招宾客大会影园。万时华作《黎美周南还已至京口闻余在广陵挐舟径造相见喜甚郑超宗移酒夜谈席间有作》①。

六月十三日,万时华病卒。

夏,冒襄留宿影园三个月

冒襄《影梅庵忆语》:"庚辰夏,留滞影园"②。陈名夏《题画》记述:"庚辰,与辟疆同榻影园者三月"③,由此推知此次集会与黄牡丹诗会为同年。

夏,钱谦益评定黄牡丹诗会作品

"十三年庚辰……夏广陵郑超宗元勋以黄牡丹诗送先生品。"④

杜濬过扬州,郑元勋嘱咐其咏黄牡丹,未果

杜濬《雨中至邗沟不得晤超宗,超宗遣人问劳遗酒脯,约以明早过余,余即夕解缆矣,怅然怀之》,诗云:"车船南北广陵通,逐队纷然取道同。知己熟堪行迹外,梦魂多在影园中。牡丹黄后传诗柄,杨柳青边倚钓篷。此日俱沦崩岸雨,独留残醉转忡忡。"诗尾注:"嘱余咏黄牡丹未果。"

---

① 万时华:《溉园诗集》卷五,见胡思敬辑:《豫章丛书》,民国十年南昌豫章丛书编刻局刻本。
② 冒襄:《影梅庵忆语》,中国书店,2019年,第15页。
③ 冒广生编纂:《潜徽录》上,魏小虎、陈才点校,上海古籍出版社,2019年,第298页。
④ 葛万里编:《牧斋先生年谱》,一筼斋绿丝栏钞本。

明崇祯十四年(1641)辛巳
赵进美、姜垓、郑元勋集影园

《影园瑶华集》中录《同姜如须集超宗影园得七虞》，崇祯十四年赵进美卜居扬州，与郑元勋结"邗水社"①，此次集会当在崇祯十四年或其后。

清康熙十一年壬子
吴嘉纪、孙枝蔚过影园

吴嘉纪有《田纶霞先生见示方园杂诗次韵奉答》，其中有云"影园即此地，何处认荆扉？冷落废墟在，一双新燕飞"，并有注"壬子春同孙豹人游方园"，此诗《影园瑶华集》也有收录。

清乾隆三十五年庚寅
郑元勋玄孙郑澐请王宸作《影园图》，施朝干赋诗

施朝干诗《影园图》序云："园为郑超宗先生别业，其址在今天宁门外，乾隆庚寅，先生元孙内阁中书澐，请王蓬心宸作图，且为余述当时文酒宴集之盛，爰赋此诗。先生名元勋，明进士。"②

郑澐（？—1795），"字晴波，号枫人，仪征人，明郑超宗之元孙，乾隆壬午举人，乙酉南巡，召试，授内阁中书"③。

---

① 赵进美：《清止阁集》，见山东文献集成编纂委员会编：《山东文献集成》第2辑第29册，山东大学出版社，2009年，第676页。
② 阮元辑：《淮海英灵集》丁集卷四，见王云五主编：《丛书集成初编》第1803册，商务印书馆，1935年，第527页。
③ 阮元辑：《淮海英灵集》丁集卷四，见王云五主编：《丛书集成初编》第1803册，商务印书馆，1935年，第523页。

休园文化活动编年

顺治十六年己亥
休园初建

"休园在江都流水桥前,水部士介郑公之别业,而其孙懋嘉孝廉读书处也。水部当明季时,与兄长吉、超宗、赞可三先生文章声气重于东南,各为园亭以奉母。长吉公有五亩之宅、二亩之间及王氏园,超宗公有影园,赞可公有嘉树园,士介公年最幼,闭户读书,独无所营,后以司空解组归,始买朱氏址以娱老,因名曰休园。"

郑庆祐《扬州休园志序》记载:"及我朝定鼎,海宇升平,遂合二园而新之,颜之曰休园,立祠于中,祀迁扬历代之祖,遂初志也。"

康熙元年(1662)壬寅前后
袁于令等宴集休园

《扬州休园志》录袁于令《休园宴集八首》,《王士禛年谱》记载康熙元年"春,与袁于令箬庵诸名士修禊红桥","壬寅季夏之望,与箬庵、茶邨、伯玑诸子偶然漾舟,酒阑兴极,援笔成小词二章,诸子倚而和之。箬庵继成一章"。[1]推知是年袁于令在扬州,又《袁于令生平考略》记述其游扬州仅在康熙元年[2],故推知宴集休园也在是年。

杜濬、王猷定、郑侠如会于休园

杜濬《俟庵先生传》记载"余每客邗江,公辄置酒,招同西江王于一饮于石畔"。

郑侠如卒于1673年,王猷定卒于1662年。故杜濬、王猷定访休园应为1662年之前。

---

[1] 王士禛:《王士禛年谱》,孙言诚点校,中华书局,1992年,第20、21页。
[2] 李复波:《袁于令生平考略》,见中国艺术研究院戏曲研究所、《戏曲研究》编辑部编:《戏曲研究》第19辑,文化艺术出版社,1986年,第109页。

冒襄，郑侠如会于休园

冒襄《含英阁诗序》云："（影园）已为寒烟茂草矣，晤超老弟水部士介公，相与感慨涕泣不能言。未几而水部公嗣君晦中侍御成进士，萤声于蓬山枫殿之间，经济文章海内共仰，水部公葺休园以娱志优游泉石，重与余二十年觞咏其间，固自乐也。"[①]

康熙十八年己未至康熙十九年庚申
郑熙绩重葺休园

参见第一章。

康熙十九年庚申
春
高铣（小邵）、鲍峰（孟次）、谈维（孝先）、郑叔元（建远）、郑屾（视公）集休园挹翠山房观梅

郑熙绩《挹翠山房待月看梅花偕高小邵鲍孟次谈孝先家叔建远兄视公即席限灯字》中有"青阳惊过半"[②]，意为春已过半。该诗前一首为《步韵寄怀太史方渭仁夫子》注"时修明史"，方渭仁即方象瑛。方象瑛《纪分撰明史》记载："余以己未五月奉命修明史，十二月十七日开馆。"[③]根据《含英阁诗草》编排体例推知为1680年春。

《含英阁诗草》附注：高小邵"寒香生晚院，疏影散春灯"，鲍孟次"檐际光初下，枝头香渐腾"，谈孝先"青樽留古道，白发有良朋"，郑建远"石依槐作磴，梅倚□为磴"，郑视公"雪消香乍动，影淡月初凝"。《扬州休园志》卷七录鲍峰诗《休园待月观梅》，当为同一次雅集作品。

---

① 郑庆祜：《扬州休园志》卷三。
② 郑熙绩：《含英阁诗草》卷五。
③ 方象瑛：《健松斋集》卷一六，清康熙刻本。

高铣（小郐）、鲍峰（孟次）、谈维（孝先）、郑叔元（建远）、郑岎（视公）再集休园

郑熙绩《鲍孟次携樽过休园再集即席共用桃字》："是日桃字俱新警夺目"，高小郐"石径全开竹，园花半是桃"，鲍孟次"鸟声仍布谷，花信已含桃"，谈孝先"开轩吟绿竹，扫径看新桃"，郑建远"白云含远岫，红雨落山桃"，郑视公"风生三径草，雨涨一溪桃"。①

《扬州休园志》卷七录谈维、郑叔元《春日重集休园》各1首。鲍峰、高铣诗不存。

夏

郑熙绩等休园社集，具体参加者不可考

《含英阁诗草》卷五录《墨池阁社集分得新字》："池荷浮翠盖，雨过色逾新。阁敞全消暑，禽喧不畏人。寻山来谢屐，漉酒藉陶巾。风起琼珠溅，微波漾白蘋。"《云山阁远眺分得胧字》："高眺逢新霁，云山点碧空。明霞千里外，夕照半楼中。槐荫盈衣绿，榴花刺眼红。晚烟迷远树，蟾影渐朦胧。"《樵水夜饮分得萤字》："卜夜饶幽兴，衔杯傍水汀。红灯高阁列，碧沼乱星明。尽道娱金谷，浑忘度玉绳。披襟深树里，闲坐数流萤。"《语石联句分得阶字》："散步巡花砌，当轩异石排。凉风生北牖，明月映东阶。饮藉清谈洽，诗逢险韵佳。竹西歌吹沸，雅集让吾侪。"另有注："是日胜流雅集，佳景旷怀，四作曲曲绘出。同人吮笔苦思，懋嘉挥毫立就，虽各有警句而气格高超，丰神娟秀，终推懋嘉为独步。"

《含英阁诗草》卷六录《书室初成雨中漫兴》，可知是年或下一年，郑熙绩在休园营建书室。

吴绮、陈瑄、陈琮、沈筠宴集休园

吴绮1680年自苏州返回扬州。② 吴绮《重葺休园（并序）》："休园者，

---

① 郑熙绩：《含英阁诗草》卷五。
② 汪超宏：《吴绮年谱》，浙江大学出版社，2011年，第158页。

郑水部俟庵年伯所营之菀裘也。中为他姓所据,懋嘉复而新之,先业得以弗坠,盖仁孝之意存焉。绮既感于兴废之故,又深于今昔之怀,怆然有作,俾诸公继而和之,即席限一东韵。"

郑熙绩《含英阁诗草》卷六录《吴园次年伯宴集休园,共用一东韵》。

《扬州休园志》卷七辑录陈瑄、陈琮、沈筠均有《前题》1首,均和"东"韵。

沈筠有"今日紫薇花正发"句,推知此时为夏季。

邓汉仪等宴集休园

《扬州休园志》录邓汉仪《休园宴集四首》:"江山苦雨后,天气转增炎",又有注:"中为他姓所据,懋嘉近修复之。"

杨晋、高铣、鲍峰、谈维集休园

郑熙绩《含英阁诗草》录《夏日偕杨西亭高小邰鲍孟次谈孝先诸子集玉照亭订真率会五篇约限九青韵》。

杨晋(1644—1728),字子和、子鹤,号西亭,清代画家。因前一首为《闰中秋前一夕同茅天石高小邰鲍孟次又集休园看月下木芙蓉共限秋字》,参考前文,判断此首为次年所作。

高登先作《重葺休园(并序)》

《扬州休园志》卷七《重葺休园(并序)》:"庚申过广陵,晤令子懋嘉,知其昂霄耸壑,媲美后先,一日以重葺休园诗示余……勉占二律志喜,但恐巴人之音未敢列于诸名公之后也。"

秋

郑熙绩作《晒休园三友图追忆先大父》《赋得今日良宴会》

郑熙绩《含英阁诗草》卷三录《晒休园三友图追忆先大父》,序言"庚申七月七日值郝家晒腹之期,复悬此图于堂,音容难再,想象徒存"。同卷录《赋得今日良宴会》,中有诗句:"明良际一时,守拙依川谷。戢翼从所遭,匪云拟箕濮。柴门野蔓封，幽幽媚其独。有友联翩来，就我避炎燠。林鸟正交交，庭松方谡谡，石上流淙淙，水中月漉漉。金樽倒不穷，昼夜皆堪卜，列坐杂钗缨，清音进丝竹。风雅坠有年，于今方得复。吾扬盛华筵，酒食徒征逐，不为骂坐喧，即为礼法役，宴会此为良，高谈尽词伯。"

吴绮、茅麐、郑熙绩雅集

郑熙绩《含英阁诗草》卷五录《吴园次年伯秋日过访，赋诗作字，分得池字》《吴园次年伯再过墨池阁小饮，分得花字》。《含英阁诗余》录《庚申秋日吴园次年伯再集休园偕茅天石即席分得茵字》，并录吴绮、茅麐《前调》各1首。

八月十四日，郑叔元、郑岫集休园

郑熙绩《蕊栖词》录《桂枝香·中秋前一日休园雅集》，附录郑吉士、郑叔元、郑岫《前调》各1首。

闰八月十四日，高铣、茅麐、鲍峰集休园

郑熙绩《含英阁诗草》卷五录《闰中秋前一夕同茅天石高小邰鲍孟次又集休园看月下木芙蓉共限秋字》。

闰八月十八日，茅麐等集休园

茅麐有《金菊对芙蓉 闰八月十八夜，又集休园》："三径芙蓉，两池蘋蓼，酒人肯负名园。仅花嫌石瘦，我爱他顽。迎门鹊喜频来客，竟飞鸣、引入深烟。挥杯更向，疏星碧汉，呼出婵娟。　浩魄渐减仍圆。叹萧骚蓬鬓，怕问青天。且低回丛桂，醉卧香边。风灯自弄湘帘影，照归心、皎月高悬。不知今夕，浙江潮信，可似从前。"①

---

① 南京大学中国语言文学系全清词编纂研究室编：《全清词·顺康卷》第3册，中华书局，2002年，第1769页。

秋，许承家等集休园

《扬州休园志》卷七有许承家《休园宴集》："去年此日到于今，却过三百九十日。中间偏历两中秋，明月横空照君室。奇君春走阖闾城，千人石上曾提笔。"去年有两个中秋节，应为闰八月，即1680年，此诗当作于1681年。诗中有注"集园中皆一时老友"，但其他人已不可考。

本年春郑熙绩作《重葺休园有感》《休园落成下帷漫兴》，夏郑熙绩作《休园晚眺送陈子尧章之秦邮限东字》《午日休园漫兴》《园居偕友瀹茗》《云山阁偕友眺望》《初夏夜饮墨池阁》《墨池阁灯集》，均录于《含英阁诗草》卷六。

本年邹震谦、孙自成、鲁衷淑、刘梁桢、王宾、茅麐、韩魏、张荩、周本、钱元祺、钱元福、钱觐、王思龙、张楷、汪耀麟雅集休园

《扬州休园志》辑录各人诗作各1首。据王宾卒年1682年可推知此次雅集时间当在1682年前。《含英阁诗草》有《挽王仔园孝廉三律》。

康熙二十一年壬戌

暮春，瞿时行过休园，分韵赋诗

《含英阁诗草》卷五录《暮春瞿子见可过小园留饮即席分得一先韵》。

瞿时行，字见可，号止园，江都人，明末诸生，著有《止园集》。

暮春，郑熙绩葺休园

郑熙绩《含英阁诗草》卷五《重葺休园集字得十五首（有引）》："壬戌暮春，余自南宫被放，初归未免有情，谁能遣此？爰藉休园稍加葺治，删彼草间之榛芜，平我胸中之垒块。"

《含英阁诗草》卷六《壬戌暮春休园再集》："黑貂裘敝客初还，三径荒芜久未删。水涨前溪流曲曲，竹舍宿雨泪斑斑。玲珑巧簇花堆玉，葱翠遥铺草结环。潦倒自悲逢白眼，醉乡频许共开颜。"

夏，郑吉士、郑叔元等宴集休园

《含英阁诗草》卷七录《夏日偕家叔祖有章建远宴集休园有感集字得二十韵》，此时郑吉士还未出发去桐乡，与下一条互为参照，推知此次宴集当为是年。

六月三十日，郑吉士等集休园

郑熙绩《含英阁诗草》卷五《休园雅集十首（有引）》序言云："壬戌之夏，六月晦日，余方避暑荒园，独坐萧斋，闲则开卷自怡，倦则抛书熟卧，虽居城市中，颇有山林之意。一日剥啄声闻，乃有章叔祖将之任桐乡，过余言别，偕友携樽张灯，昼夜兼卜对弈敲诗快谈雄饮，东方将白，逸兴未阑，虽逊西园之盛集，殊高北郭之冶游，率成十咏以纪其事。"

《扬州休园志》卷七录郑吉士《重葺休园雅集十首》，与《含英阁诗草》郑熙绩诗歌用韵相同。据此判断，此十首诗为壬戌六月晦日作。

秋（八月十四日前）
杨晋过休园，与郑熙绩唱和
《含英阁诗草》卷六有《偕杨子西亭挹翠山房玩月有感步韵奉答》。

高铣（小邵）、鲍峰（孟次）、钱觐（目天）、郑叔元（建远）、郑岵（视公）集休园

《含英阁诗草》卷六录《秋夜偕高小邵鲍孟次钱目天家叔建远家兄视公雨集休园共用秋字》。

八月十四日，高铣（小邵）、鲍峰（孟次）、钱觐（目天）、郑叔元（建远）、郑岵（视公）集休园

《含英阁诗草》卷六有《中秋前一日偕诸子再集休园共用中字》。

八月二十一日，张象庵、鲁近斋、夏九叙、秦之俊、卢英、汤正垣、鲁衷淑、陈东生、戴梦麟集休园

"卢英，字卓崖，年里未详"①。

"戴梦麟，字占弼"②。

鲁近斋，即鲁桐门，也即鲁昆玉。《含英阁诗草》卷三有《凤凰篇赠鲁桐门近斋昆玉》。

《含英阁诗草》卷六有《中秋后六日偕同谱张象庵鲁桐门夏次公秦惟式卢卓崖汤映台鲁苍舒陈东生戴占弼诸子休园雅集共限元字》。

本年春，郑熙绩作《书斋即事拈得八庚》《定舫灯集》《夏日纳凉偶成》《墨池灯集二首》。

康熙二十二年（1683）癸亥
二月，张恕可休园观梅

张恕可，字韦存，江苏丹徒人。

《含英阁诗草》卷六有《癸亥仲春招妹丈张子韦存休园观梅承以新诗见赠步韵奉答》。

夏，顾永年、吴皇皆、夏凤冈、鲁桐门集休园，限韵作诗

《含英阁诗草》卷六有《偕顾九恒、吴皇皆、夏凤冈、鲁近斋同谱诸子集休园共限十四寒韵》。

顾永年"字九恒，号桐村，钱塘人，康熙乙丑进士，官甘肃华亭知县"③。

八月，张恕可作《休园中秋》

《扬州休园志》卷七录张恕可《休园中秋》中有"两世姻亲增缱绻，连宵

---

① 南京大学中国语言文学系全清词编纂研究室编：《全清词·顺康卷》第16册，中华书局，2002年，第9458页。
② 《（乾隆）江都县志》卷二〇"人物"，清光绪七年重刊本。
③ 徐世昌辑：《晚晴簃诗汇》第19册卷四八，中国书店，1988年，第20页。

风雨特淹留。归舟明发江边去,回首园林紫气浮"。与《含英阁诗草》卷六《送张韦存妹丈偕余妹返京口》"积雨连宵喜乍晴,扁舟相送不胜情"参照,判断张诗为是年作。

冬,马教思访休园

《含英阁诗草》卷六有《喜马严冲太守冒雪枉顾以诗见赠步韵奉答》。

本年春,郑熙绩作《休园梅花盛开奉先大父先大人像俎豆其中,因念老树婆娑,皆先大父所手植,而先大父仙逝荏苒已十年矣,追溯当年瞻依膝下,不可复得怆然有作》《园居有感》;夏,作《夏日雨过休园集字》;秋,作《中秋后二日集语石堂观剧即席共用楼字》。

康熙二十二年或康熙二十三年(1684)

春,郑熙绩落第,归休园作《暮春友人携樽休园即席赋谢》:"可惜三春暮,南园始一过,竹林重把臂,花下复清歌。叹我逢迎少,高君道义多,衔杯追往事,忍使鬓空皤。"《书斋坐雨述怀》云:"风雨侵书帷,炎凉瞬息分。违时能守拙,开卷敢辞勤。花事犹如故,人情未若君。何年修健翮,冲举复凌云。"均录于《含英阁诗草》卷五。友人资料阙如。

夏,郑熙绩作《夏日园居和友人韵》录于《含英阁诗草》卷五。友人资料阙如。

康熙二十四年(1685)乙丑
徐崧、狄元嘉、卓允基过休园

《含英阁诗草》卷六录《徐腥庵宴集四香堂以诗见赠步韵奉答》,《含英阁诗草》卷首录徐崧《百城烟水诗选评》"旧相识以七言近体见赠,仆因和韵奉答云'水部园亭御史堂,乔林曲巷郑公乡'",两诗韵脚相同。

徐崧在《百城烟水诗选评》中还记载:"留饮酒酣,下榻休园,复为五律,纪之云:'旧业经新葺,多君肯构功。楼台犹翼翼,竹树未葱葱。幽洞藏天小,余花傍酒红。杖藜经过雨,六月有凉风。'"《扬州休园志》卷七所录徐崧《重葺休园》即为此诗。《扬州休园志》中其后一首为狄元嘉《前题》,步徐崧韵,当为同时所作。

《扬州休园志》卷七录卓允基《休园雅集二首》有注"松江徐朣庵同在座",也推为此次雅集所作。

端午节,郑熙绩等在休园雅集
《含英阁诗草》卷五录《午日雅集休园》,参与者不可考。

夏,郑熙绩、汪圣木、郑吉士、郑叔元宴集休园
《含英阁诗草》卷六录《夏日偕表叔汪圣木、家叔有章建远诸公夜集休园共用收字》。

康熙二十五年丙寅
秋日,冒襄过休园

冒襄《含英阁诗序》记载:"丙寅秋,余年七十又六矣,复过广陵,得晤懋嘉……暇日饮余于休园。"[1]

康熙二十六年(1687)丁卯

郑熙绩作《定舫观梅演牡丹亭即席纪事》,前一首为《丁卯元旦喜雪》[2],姑系于此年。

康熙二十八年(1689)己巳
冬,方象瑛宿休园

《扬州休园志》卷七所录方象瑛《重莅休园二首》与方象瑛《健松斋续集》卷九所录《过广陵郑懋嘉留寓休园》[3],两者内容完全相同。又方象

---

[1] 郑庆祐:《扬州休园志》卷三。
[2] 郑熙绩:《含英阁诗草》卷六。
[3] 方象瑛:《健松斋续集》卷九,见《清代诗文集汇编》编纂委员会编:《清代诗文集汇编》第128册,上海古籍出版社,2010年,第475页。

瑛《重葺休园记》写道："休园在江都流水桥……而余以仲冬至……余赋近体二章,并留题三峰草堂两截句,懋嘉复请余为记。"① "截句"当为《健松斋续集》卷九所录《题休园三峰》②,"记"当为《健松斋续集》卷三所录《休园记》③。

康熙三十二年(1693)癸酉
九月,姚士藟过休园

姚士藟《晚香词跋》记载："癸酉岁,余渡江游广陵,与郑子懋嘉交,称莫逆。缘郑子尊大人晦中年伯与先太史公有己亥同谱之雅故也。时值季秋,郑子招余宴集休园……赋得五言近体六章并为书以贻之。"

康熙五十三年甲午
郑玉珩三葺休园

参见第一章。

康熙五十四年(1715)乙未至康熙五十九年(1720)庚子四月
王云应郑玉珩之邀请作《休园图》

王云,字汉藻,号清痴,一字雯庵,号竹里,江苏高邮人。《休园图》记载："康熙乙未六月至庚子清和图成",钤"汉藻""王云之印"二印,由此可知该图绘制时间为康熙五十四年至五十九年。

---

① 郑庆祐:《扬州休园志》卷一。
② 方象瑛:《健松斋集》卷九,见《清代诗文集汇编》编纂委员会编:《清代诗文集汇编》第128册,上海古籍出版社,2010年,第475页。
③ 方象瑛:《健松斋续集》卷九,见《清代诗文集汇编》编纂委员会编:《清代诗文集汇编》第128册,上海古籍出版社,2010年,第414页。

康熙五十五年(1716)丙申
春，吕谦恒过休园

吕谦恒《青要集》有《郑荆璞三茸休园诗二首》[①]，该诗前面一首为《立春和沈方舟》，后面为《闰上巳诗用周寒溪前辈韵》，可知此年闰三月，结合郑玉珩三茸休园时间，推知该年为1716年。此诗与《扬州休园志》卷八所录之《三茸休园二首》内容完全相同。

乾隆二年丁巳
闰九月九日，朱星渚、蒋衡、郑昂、潘宁、蔡嘉、汪宏等雅集

《扬州休园志》卷八录朱星渚、蒋衡、郑昂、潘宁的《闰九日休园雅集仿香山体分赋》各1首，录蔡嘉、汪宏《闰九日同人休园雅集》各1首。

陈溥、李炳石、景考祥雅集

《扬州休园志》卷八录陈溥《休园宴集》、李炳石《休园宴集次陈南陔韵二首》、景考祥《将之楚同人宴集休园》，以"删"韵相和，与下一条互相参照，推知为是年。

乾隆二年丁巳，景考祥再到休园

《扬州休园志》录景考祥《重过休园叠前韵二首》，押"删"韵，且有注："时主人有弄璋之喜。"《扬州休园志》卷四杨汝毂《箬溪郑君传》记载："兹箬溪（郑玉珩）所遗二孤，长四龄，幼再晬"，此时出生的应是郑玉珩之次子郑庆祐。郑庆祐出生于1736年，此时其应刚出生不久，姑系于此年。

乾隆二年丁巳至乾隆三年(1738)戊午
蒋衡、张璘、刘震、夏廷绶、张学林等，分别访休园

郑玉珩卒于1738年，卒后定不可能举行雅集，园客也必无宴游雅兴。

[①] 吕谦恒：《青要集》卷一〇，见《清代诗文集汇编》编纂委员会编：《清代诗文集汇编》第185册，上海古籍出版社，2010年，第541页。

根据《扬州休园志》按时间编排顺序，在景考祥《重过休园叠前韵二首》与吴桐《四萋休园》之间的数首诗当是1737至1738年间所作。即以下诗作：张璘《陪蒋湘帆夫子集休园二首》、刘震《休园小集四首》、夏廷绶《春暮过休园》、张学林《休园七夕小集》。

乾隆六年辛酉
初夏，马曰璐、陈章、方士庶、闵华集休园

《扬州休园志》卷八录马曰琯、马曰璐、陈章、方士庶、闵华《初夏集休园》各1首。马曰璐《南斋集》卷一录《初夏闵玉井邀集休园》，根据该集编排体例，其后四首诗分别《暑雨初收同符药林登楼望隔江山色》《湄庵看竹》《雪后过行庵》《壬戌十六日同符药林陆南圻家兄山巏月夜游平山时从陆氏山庄饮散》，推知是年为壬戌前一年，姑系于是年。

乾隆七年（1742）壬戌
春，马曰琯等游休园

《扬州休园志》卷八录马曰琯《春日过休园二首》与马曰琯《沙河逸老小稿》所录《春日同人游郑氏休园二首》[①]内容一致。此诗前面有《正月十六日同符药林陆南圻半查弟月夜游平山》《上巳雨中和竹町二首》，与马曰璐《南斋集》中《壬戌十六日同符药林陆南圻家兄山巏月夜游平山时从陆氏山庄饮散》对照，故系于同一年，即乾隆壬戌年。

乾隆十年（1745）乙丑
程梦星、程名世等游休园

《扬州休园志》卷八录程名世《过休园访主人不遇得诗三首》，附注"乙丑曾随午桥先伯来游"。程名世《思纯堂集》卷二《休园用洴江家伯韵》：

---

① 马曰琯：《沙河逸老小稿》卷二，商务印书馆，1935年，第21页。

"耳闻兹园今几时,探幽笑我来何迟。"① 可见程名世此次是初次到休园,当为与其伯父同游,故系于是年。

乾隆十三年戊辰
郑来游休园

《扬州休园志》卷一郑来《书休园图后》记载:"余于戊辰岁渡江曾一游览,怱遽便归,未一觞咏留题。"

乾隆二十一年丙子后
郑庆祐四葺休园

参见第一章。

乾隆二十年(1755)乙亥
刘师恕等宴集休园

《扬州休园志》卷八录刘师恕《休园宴集》,排在马曰琯诗作之前,马曰琯卒年1755年,故系于是年。

杭世骏等宴集休园

《扬州休园志》卷八录杭世骏《休园小集二首》,排在马曰琯诗作之前,根据马曰琯卒年,推知此次宴集为是年,参见前一条。

马曰琯、马曰璐、陈章、方士庹、闵华集休园

《扬州休园志》卷八中录马曰琯《初夏集休园》,后有四人《前题》各1首,据马曰琯卒年,推知此次集会为是年,参见前一条。

---

① 程名世:《思纯堂集》卷二,见《清代诗文集汇编》编纂委员会编:《清代诗文集汇编》第359册,上海古籍出版社,2010年,第56页。

乾隆二十六年辛巳

初春，郑来游休园，作《书休园图后》，在王云《休园图》中书各家园记

《扬州休园志》卷一录郑来《书休园图后》："辛巳初春，买棹归里，门展敬祠墓，遍谒诸尊长……出其尊人倩王汉藻所绘园图十二方，装潢为大卷，请余为作各家书，录诸先达所为园记于上。"现在可见的王云《休园图》有郑来所书之方象瑛《重葺休园记》等。

乾隆二十九年（1764）甲申

鲍皋、陈皋、徐柱、沈大成、吴烺、刘玉麟、江春、江炎、王儆、吴镗、江昉集休园

《扬州休园志》卷八录鲍皋《首夏集休园二首》，后有其他十人《前题》各1首。《扬州休园志》中所录沈大成诗与沈大成《学福斋集》辑录《首夏休园即事分蒸韵》①，内容完全相同。沈大成生前亲自编订《学福斋诗集》，按年份排列。《首夏休园即事分蒸韵》前一首为《哭程香南》，程香南即清代画家程兆熊，清李斗《扬州画舫录》卷一二云其"字孟飞，号香南"，卒于1764年②。推知沈大成集休园应为1764年后。又鲍皋卒于1765年③，推知此次集会应在1764年。又1763年春至1765年冬，吴烺"三年留滞广陵城，杯酒殷勤仗友生"④，时间相符。

乾隆三十年乙酉

程名世再访休园

《扬州休园志》卷八程名世《过休园访主人不遇得诗三首》有注"乙丑曾随午桥先伯来游"，又有诗句"廿年高会少"，推知此年距乾隆乙丑年已过二十年，即1765年。又程梦星卒于1755年，故曰"先伯"。

---

① 沈大成：《学福斋集》诗集卷二二，清乾隆三十九年刻本。
② 王崇人主编：《中国书画艺术辞典·篆刻卷》，陕西人民美术出版社，2002年，第275页。
③ 吴海林、李延沛编：《中国历史人物生卒年表》，黑龙江人民出版社，1981年，第388页。
④ 吴敬梓、吴烺：《吴敬梓吴烺诗文合集》，李汉秋点校，黄山书社，1993年，第270页。

附录二 郑氏园林园客名录

影园主要文化活动发生在晚明,休园主要文化活动发生在清代,由于所处时间段不同,除了冒襄、杜濬等为数不多的几位是两园共同的园客,影园与休园的其他园客并不相同,以下将根据《影园瑶华集》《影园诗稿文稿》《扬州休园志》等文献,对郑氏园林的园客进行考录。

影园园客名录

1. 袁彭年,字介眉,别号特邱,湖北公安人,袁中道之子,崇祯七年进士。郑元勋《影园诗稿文稿》有《袁特邱司理雨过影园》。

2. 袁祈年,字田祖,湖北公安人,袁中道之子。郑元勋《影园诗稿文稿》有《三月晦日影园和袁田祖韵》。

3. 申佳允,字孔嘉,河北永年人,崇祯四年进士。诗作有《郑超宗孝廉同姚永言都谏招饮影园赋赠》,见其《申忠愍诗集》卷三,清文渊阁四库全书补配清文津阁四库全书本。

4. 姚思孝,字永言,江都人,崇祯元年进士。申佳允《申忠愍诗集》卷三有《郑超宗孝廉同姚永言都谏招饮影园赋赠》。

5. 范凤翼,字勋卿,通州人。诗作有《影园为郑超宗作》,见范凤翼《范勋卿诗文集》诗集卷三,明崇祯刻本。

6. 李之椿,字大生,号徂徕,如皋人,天启二年(1622)进士。郑元勋《影园诗稿文稿》有《四月初七夜李大生携朱姬天蒨过影园看月即订姻盟》。诗作有《咏影园黄牡丹》2首,见《影园瑶华集》。

7. 万时华,字茂先,江西南昌人,复社成员。诗作有《寄题影园》2首、《影园留别用陈百史韵》、《咏影园黄牡丹》3首、《五日社集影园分韵得怜浮二字》,见《影园瑶华集》。又有《北上过郑超宗影园留别》《超宗影园分赋黄牡丹》《又咏黄牡丹》,见万时华《溉园诗集》卷四,民国十年南昌豫章丛书编刻局刻本。

  8. 丁孕乾,字爱大,德化人。诗作有《寄题影园》《影园秋夜》,见《影园瑶华集》。

  9. 甘元鼎,字禹府,江西南昌人,复社成员。诗作有《游影园赋》,见《影园瑶华集》。

  10. 顾尔迈,字不盈,江都人,竹西续社成员。作品有《同冯留仙兄弟影园探梅分得秋字》、《题佳要堂和刘晋卿韵》、《超宗春日招同汪善卷徐巢友李芳生集影园石上待月调得庆春泽》、《同饮光愚公集影园看芙蓉分赋》、《咏影园黄牡丹》2首,见《影园瑶华集》。

  11. 冯元飚,字尔赓,号留仙,慈溪人,复社成员。《影园瑶华集》有顾尔迈诗作《同冯留仙兄弟影园探梅分得秋字》。

  12. 徐颖,字巢友,浙江海盐人。诗作有《下榻影园三首》、《咏影园黄牡丹》2首、《秋夜过影园奉投》、《赋得影园树中月》、《影园孤鸳》、《影园秋涨》、《影园留别》、《题影园》,见《影园瑶华集》。

  13. 李芳生,信息不详。

  14. 汪善卷,信息不详。

  15. 周正儒,字御清,宜兴人,崇祯十三年庚辰科进士,复社成员。诗作有《夏日饮影园赋赠二首》,见《影园瑶华集》。

  16. 梁于涘,字饮光,一字湛至,号谷庵,江都人。明崇祯三年庚午举人,竹西续社成员。作品有《轻利船同孙大宣顾不盈赴超宗招影园看梅分得七阳》4首、《题影园》4首、《咏影园黄牡丹》4首、《影园即景》8首,见《影园瑶华集》。

  17. 孙大宣,信息不详。

  18. 李澹然,合肥人。诗作有《初夏集影园得二萧十韵》,见《影园瑶华集》。

  19. 范景文,字质公,吴桥人,万历四十一年(1613)进士。诗作有《北归过影园同钱大鹤职方玩月是夕立秋》,见《影园瑶华集》。

20. 钱位坤,字鹤樵,号大鹤山人,吴县人,复社成员。《影园瑶华集》有范景文《北归过影园同钱大鹤职方玩月是夕立秋》,后有钱作 1 首,无题。

21. 陈肇曾,字昌基,福建侯官人,复社成员。诗作有《寄题影园》《三月十五夜同李芳生汪善卷顾不盈集影园待月石上共用称字》,见《影园瑶华集》。

22. 孙竹,字稚君,宣城人。诗作有《秋夜过影园奉投》,见《影园瑶华集》。

23. 姜垓,字如须,山东莱阳人,崇祯十三年进士,复社成员。诗作有《秋初夜集影园时超宗客白门留忆》2 首、《咏影园黄牡丹》1 首,见《影园瑶华集》。

24. 徐遵汤,字仲昭,江阴人,复社成员。诗作有《题影园》,见《影园瑶华集》。

25. 史在醇,字更生,江都人。诗作有《访影园》,见《影园瑶华集》。

26. 沈元龙,字长升,吴江人。诗作有《题影园步梁饮光韵》2 首、《又步李某韵二首》,见《影园瑶华集》。

27. 陈名夏,字百史,一字伯史,号芝山、石云居士,江南溧阳人,崇祯十六年进士。诗作有《庚辰初夏集影园同秦子韬、顾修远、周我容送万茂先应诏北上限高程二字》2 首,见《影园瑶华集》。

28. 秦子韬,信息不详。"陈名夏"条诗作有提及。

29. 顾宸,字修远,无锡人。"陈名夏"条诗作有提及。

30. 周镕,字我容,金坛人,复社成员。"陈名夏"条诗作有提及。

31. 汪立贤,字希伯,歙县人。诗作有《题影园》,见《影园瑶华集》。

32. 汪应宣,字汝为,休宁人。诗作有《访超宗先生于佳要堂》,见《影园瑶华集》。

33. 孙复道,字日乾,武进人。诗作有《朐山寄题影园》,见《影园瑶华集》。

34. 强惟良,字真长,江都人,竹西续社成员。诗作有《影园即景》6 首,见《影园瑶华集》。

35. 梁应圻,字君土,京兆三原人。诗作有《影园即景》7首、《咏影园黄牡丹》1首,见《影园瑶华集》。

36. 李之实,字若虚,江都人。诗作有《影园即景》2首、《社集影园赋得良宴会》,见《影园瑶华集》。

37. 徐宗道,字性之,江都人。诗作有《影园即景》4首,见《影园瑶华集》。

38. 阎汝哲,字明之,江都人。诗作有《影园即景》3首,见《影园瑶华集》。

39. 刘同升,字晋卿,江西吉水人,崇祯十年进士、状元,复社成员。诗作有《超宗招集佳要堂同黄叔暗顾不盈得成字》《题佳要堂石山用前韵》,见《影园瑶华集》。顾不盈即顾尔迈,参见"顾尔迈"条。

40. 黄裳吉,字叔暗,湖广长沙人。诗作有《题佳要堂和刘晋卿韵》,见《影园瑶华集》。

41. 茅元仪,字止生,浙江归安人。作品有《五日社集影园分韵得岩字》《影园记》,见《影园瑶华集》。

42. 黎遂球,字美周,广东番禺人,复社成员。作品有《五日社集影园分韵得阳字》、《咏影园黄牡丹》10首、《影园赋》,见《影园瑶华集》。

43. 冒襄,字辟疆,号巢民,如皋人,复社成员。诗作有《五日社集影园分韵得巢字》、《咏影园黄牡丹》2首,见《影园瑶华集》。

44. 陈丹衷,字旻昭,江宁人,崇祯十六年进士。诗作有《五日社集影园分韵得龙淮二字》、《咏影园黄牡丹》2首,见《影园瑶华集》。

45. 陈素,字澹仙,浙江桐乡人,崇祯七年进士。诗作有《题影园》,见《影园瑶华集》。

46. 朱国弼,字右衡,抚宁人。诗作有《春阴集超宗影园》,见《影园瑶华集》。

47. 赵进美,字韫退,山东益都人,崇祯十三年进士。诗作有《同姜如须集超宗影园得七虞》《暑甚偶忆超宗园居率此奉问》各1首,见《影园瑶华集》。

48. 朱潮远，字卓月，江都人。诗作有《过影园故址吊兵部郑超宗》，见《影园瑶华集》。

49. 陈无竞，字不详，江都人。诗作有《过影园感吊职方郑丈》，见《影园瑶华集》。

50. 胡天河，字子蕃，江都人。诗作有《和陈无竞〈过影园感吊职方郑丈〉韵》，见《影园瑶华集》。

51. 章灿，字为星，江都人。诗作有《过影园有感》，见《影园瑶华集》。

52. 李祉修，字不详，籍贯不详。诗作有《吊影园诗》，见《影园瑶华集》。

53. 汪楫，字舟次，休宁人。诗作有《寻影园旧址》，见《影园瑶华集》。

54. 陈维崧，字其年，号迦陵，江苏宜兴人。诗作有《寻影园旧址》，见《影园瑶华集》。

55. 吴嘉纪，字野人，江苏泰州人。诗作有《寻影园旧址》，见《影园瑶华集》。

56. 梁云构，字眉居，河南兰阳人，崇祯元年进士。诗作有《咏影园黄牡丹》，见《影园瑶华集》。

57. 王光鲁，字汉恭，江都人。诗作有《咏影园黄牡丹》，见《影园瑶华集》。

58. 李陈玉，字谦庵，江西吉水人。诗作有《咏影园黄牡丹》，见《影园瑶华集》。

59. 程邃，字穆倩，歙县人。诗作有《咏影园黄牡丹》，见《影园瑶华集》。

60. 马是龙，字榤游，通州人。诗作有《咏影园黄牡丹》，见《影园瑶华集》。

61. 李之本，字道生，如皋人。诗作有《咏影园黄牡丹》，见《影园瑶华集》。

62. 姜承宗，字开先，上元人。诗作有《咏影园黄牡丹》2首，见《影园瑶华集》。

63. 钱谦益，字爱之，号牧斋，常熟人。诗作有《咏影园黄牡丹》4首，见《影园瑶华集》。

64. 沈寿民，字眉生，宣城人。《沈眉生征士应召入都上书触忌，却组还山，有终焉之志，朝野高之，过余草堂，小饮作歌》，见郑元勋《影园诗稿文稿》。

休园园客名录

《扬州休园志》由第五代园主郑庆祜辑录，包括历代园主时期园客们书写休园或者在休园雅集时产生的作品，材料相对集中，以下将对《扬州休园志》卷七与卷八所涉及的园客分而录之，其他园客另列。

《扬州休园志》卷七所录园客

1. 袁于令，字令昭，一字凫公，号箨庵，江苏吴县人。
2. 吴绮，字园次，江都人，顺治十一年（1654）拔贡生。
3. 陈瑄，字仲宣，信息不详。
4. 陈琮，字苍侣，信息不详。
5. 沈筠，字开屏，信息不详。
6. 邓汉仪，字孝威，号旧山，别号旧山梅农、钵叟，江苏泰州人。
7. 宗观，字鹤问，原籍江苏兴化，居扬州，明崇祯十五年副榜。
8. 高登先，字于岸，顺治十六年进士，山阴知县。
9. 方象璜，字玉双，浙江遂安人，顺治十六年进士。
10. 卢士登，字指瀛，江苏宜兴人，顺治十六年进士。
11. 张湛逢，字清原，安徽宣城人，顺治十六年进士。
12. 周渔，字大西、恕庵，江苏兴化人，顺治十六年进士。
13. 常时泰，字交甫，湖南澧洲人，顺治十六年进士。
14. 吴升东，字巢薇，湖北黄冈人，顺治十六年进士。
15. 方象瑛，字渭仁，浙江遂安人，康熙六年（1667）进士。

16. 王维翰,字丰垣。

17. 顾彩,字天石,号梦鹤居士,江苏无锡人。

18. 吕履恒,字元素,号垣庵,河南新安人,康熙十七年举人,康熙三十三年(1694)进士。

19. 马教思,字临公,一字严冲,号檀石、橐斋,安徽桐城人,康熙十八年进士。

20. 夏九叙,字次功,江都人,康熙十六年举人。

21. 卓允基,字次厚,号履斋,浙江塘栖人,康熙十七年副贡生。

22. 邹震谦,字乾一,江苏太仓人,康熙十六年贡生。

23. 孙自成,字物皆,号介庵,江都人,顺治四年(1647)进士。

24. 鲁衷淑,字苍舒,江都人,康熙十七年举人。

25. 刘梁桢,字玉立,山西河津人。

26. 王宾,字仔园,江都人,康熙二年(1663)举人。

27. 茅麐,字天石,浙江归安人。

28. 韩魏,字醉白,江都人。

29. 张荩,字愿良。

30. 周本,字子一。

31. 钱元祺,字仁山。

32. 钱元福,字鹤山。

33. 钱觐,字目天,号波斋,浙江钱塘人。

34. 王司龙,江都人,康熙十一年举人。

35. 张楷,字阜樵。

36. 汪耀麟,字叔定,又字北阜,江都人。

37. 许承家,字师六,号来庵,江都人,康熙二十四年进士,官翰林院编修。

38. 吴征浩,字祗若,原籍安徽歙县,后居扬州。

39. 秦之俊,字惟式,江都人,康熙十六年举人。

40. 刘霖恒,字沛然,江苏无锡人。

41. 蔡廷治，字瞻岷，江苏扬州人。

42. 卢廷简，字子闲，江都人，顺治十二年（1655）武进士。

43. 姚士藟，字绥冲，康熙十六年举人，康熙二十七年（1688）进士。

44. 汤右曾，字西厓，浙江仁和人，康熙二十七年进士。

45. 王文选，信息不详。

46. 高铣，字小卻，江都人。

47. 汤正垣，字映台，江都人，康熙十六年举人。

48. 黄与坚，字庭表，江南太仓人，顺治十六年进士。

49. 徐崧，字松之，号臞庵，江苏吴江人。

50. 狄元嘉，字象暗。

51. 谈维，字孝先。

52. 鲍峰，字孟次。

53. 张恕可，字韦存，丹徒人，康熙十七年举人，康熙二十七年进士，郑熙绩妹丈。

54. 陈琼仙，字蕊官，江西临川人。

55. 王民，字式之，江南江宁人。

56. 沈白，号天庸子。

57. 郑吉士，字有章，江都人。

58. 郑叔元，字建远，江都人。

59. 郑锵，信息不详。

60. 郑岫，字视公。

《扬州休园志》卷八所录园客

1. 殷王崞，字桐皋，高邮人。

2. 吕履恒，字元素，号垣庵，新安人，康熙十七年举人，康熙三十三年进士。

3. 吕谦恒，字天益，号涧樵，新安人，吕履恒之弟，康熙四十八年（1709）进士。

4. 张师孔，字印宣，江都人。

5. 段誉庆，字彦来，江都人。

6. 江湣，字佩水，号蒿坪，江都人，江宁籍诸生。

7. 李淡仁，字培源，乾隆十九年拔贡。

8. 樊经，字书山，江都人。

9. 程文蔚，字豹南，康熙二十三年举人，祖籍安徽歙县，程文正之弟，程梦星之叔。

10. 魏盥，字颐将。

11. 高玉桂，字燕山，号竹屋，江都贡生。

12. 李钦，字掌纶。

13. 吴志祖，字立先，江都人。

14. 张钿，字环斋，江苏仪征人。

15. 古典，字慎五。

16. 程梦星，字午桥，又字伍乔，号香溪，祖籍安徽歙县，占籍江都，康熙五十一年（1712）进士。

17. 朱星渚，字汉源，浙江桐乡人。

18. 蒋衡，原名振生，字湘帆，江苏金坛人。

19. 潘宁，字仲宁，号陋夫，山阴人。

20. 郑昂，字耕岩，江都人。

21. 蔡嘉，字松原，江苏丹阳人，清代画家。

22. 汪宏，字青莲。

23. 冒春溶，字葚原，江苏如皋人。

24. 唐建中，字赤子，湖广竟陵人，康熙五十二年进士。

25. 陈溥，字永叔，号南陔，天台人，康熙五十二年癸巳进士。

26. 李炳石，字喈文，扬州人，康熙二十六年丁卯举人。

27. 景考祥，字履斋，江都人，康熙五十二年进士。

28. 张璘，字旃溪。

29. 刘震，字东郊，江南长洲人。

30. 夏廷绶，字斗黄。

31. 张学林，字念耕，号息庐，丹徒人。

32. 吴桐，字茂南。

33. 乔颐孙，字惇复。

34. 刘师恕，字秘书，宝应人，康熙三十九年（1700）进士，官直隶总督。

35. 李肇辅，字相宜，号于亭，江都人。

36. 杭世骏，字大宗，浙江仁和人，雍正二年（1724）举人，乾隆元年举博学鸿词科，授编修，官御史。

37. 马曰琯，字秋玉，安徽祁门人，居扬州。

38. 马曰璐，字佩兮，安徽祁门人，居扬州。

39. 陈章，字授衣，号竹町，浙江钱塘人。

40. 方士庹，字右将，安徽歙县人，居扬州。

41. 汪玉枢，字辰垣，号恬斋，安徽歙县人，居扬州。

42. 俞桐，字秋亭，江南长洲人。

43. 王藻，字载扬，号梅沜，吴江人。

44. 黄裕，字北垞，安徽歙县人，居扬州。

45. 团昇，字冠霞，泰州人，康熙五十九年副榜举人。

46. 张四科，字喆士，祖籍陕西临潼，寓居江都。

47. 鲍皋，字步江，号海门，江苏镇江人。

48. 陈皋，字江皋，号对鸥，浙江钱塘人，与兄陈章俱以诗名，世人目为"陈氏二难"。

49. 徐柱，字桐立，新安籍，侨居扬州。

50. 沈大成，字学子，号沃田，华亭人。

51. 吴烺，字荀叔，号杉亭，安徽全椒人，吴敬梓长子。乾隆十六年赐举人，授内阁中书，官至山西武宁府同知。

52. 刘玉麟，字又徐，宝应人，乾隆四十二年（1777）拔贡。

53. 江春，字颖长，号鹤亭，祖籍安徽歙县，后居扬州，盐商家族出身。

54. 江炎，一名江立，字玉屏，号云溪，江都人。

55. 王儆，字敬人。

56. 吴铛，字符阶。

57. 江昉，字旭东，号橙里、砚农，安徽歙县籍，江都人。

58. 沙维杓，字斗初，长洲人。

59. 汪焞，字心来，休宁人。

60. 徐维，字鹿逸，工山水。

61. 吴迪，字重光。

62. 李鸣谦，字得心。

63. 程名世，字令延，江苏仪征人，程梦星侄。

64. 汪长馨，字茂修，汪玉枢之子。

65. 汪潢，字秋明，汪玉枢之子。

66. 汪长德，字怀永，汪玉枢之子。

67. 吴均，字公三，号梅查，江都人。

68. 方英，字昆瑶。

69. 张兆雷，字雨田，江都人。

70. 汪锡祚，字汉秩。

71. 马振仲，字御张，安徽祁门人，马曰璐三子，嗣伯父桔堂。

72. 蒋仁，字寿之。

73. 郑录，字砚林。

74. 郑涟，字挹清。

75. 郑枏，字次梗。

休园其他园客

1. 计东，字甫草，号改亭，江苏吴江人。

2. 王猷定，字于一，号轸石，江西南昌人。

3. 李光地，字晋卿，号厚庵，又号榕村，福建安溪人，康熙九年（1670）进士，官至吏部尚书、文渊阁大学士。

附录三　其他郑氏园林相关文献辑录

本书第一章已列出郑氏园林基本文献，除此之外，在明清文人的总集和别集中也存有郑氏园林相关的文学作品，以下对这部分作品进行辑录，与郑氏园林基本文献中有交叉的则专门说明。

范凤翼影园为郑超宗作

疑出怀中月，尽摄山河影。
息迹空明中，尘机倏以静。
千秋皆影事，如君已全领。[①]

郑超宗孝廉同姚永言都谏招饮影园赋赠

申佳允

片艇匆匆渡，深宵澹澹过。道心兰社合，星气影园多。
季女相怜语，孤臣一晤歌。清漳悬十亩，仿汝问烟萝。[②]

扬州杂感六首

陈　瑚

其四

烽烟极目思依依，城郭犹然风景非。
南寺僧亡钟磬寂，西园人去管弦稀。
津梁官吏金钱窟，市儿童袴褶衣。

[①] 范凤翼：《范勋卿诗文集》诗集卷三，明崇祯刻本。
[②] 申佳允：《申忠愍诗集》卷三，清文渊阁四库全书补配清文津阁四库全书本。

更忆当年谢公墅，梅花零落夕阳微。[1]

扬州同诸公社集郑超宗影园即席咏黄牡丹十首
黎遂球

其一
一朵巫云夜色祥，三千丛里认君王。月华蘸露扶仙掌，粉汗更衣染御香。舞傍锦屏纷孔雀，睡摇金锁对鸳鸯。何人见梦矜男宠，独立应怜国后妆。

其二
宫额亭亭廿四桥，披离新柳乱春朝。柘枝拍待莺喉啭，杏子衫匀蝶翅消。酒半倚阑浮琥珀，风前骑鹤报笙箫。姮娥桂殿堪同伴，贮艳频劳觅阿娇。

其三
宠诏封泥第一枝，赐袍帘外拜恩时。春风律应清平调，夜雨香留绝妙词。天上有机遥织谱，河阳无影望涟漪。金罍玉瓒须携醉，任是蜂狂总未知。

其四
谁买长门作赋才，守宫砂尽故徘徊。燕衔落蕊成金屋，凤蚀残钗化宝胎。三月繁华春梦熟，六朝芳草暮霞堆。上尊合赐词臣阁，邀赏还宜八骏来。

其五
栀子同心缀缬斜，融融宵露湿涂鸦。潘郎傍署移新省，姚女明妆见旧家。解佩临风疑橘柚，郁轮凝碧怨琵琶。微瑕莫笑闲情赋，错认秋容咏菊花。

其六
披庭昏霭怨春归，叠帕匡床怅望稀。窥浴转愁金照眼，割盟须

---

[1] 陈瑚：《确庵文稿》卷五，清康熙毛氏汲古阁刻本。按："西园"谓郑超宗影园。

记赭留衣。梳成堕马泥拖障,梦破征兰粉较肥。谁借橘媒生羽翼,可能鸿鹄似高飞。

其七

花阵纵横紫翠重,木兰金甲绣盘龙。团圆月照莲心苦,廿四风围柳带松。逐鹿战场云结帜,谷城兵法怒蟠胸。妖娆亦有王侯骨,一笑功成学赤松。

其八

谁写春容出塞看,胡沙漠漠照矜寒。扶来更学灵妃步,睡起羞为道士冠。锁骨传灯开五叶,鞠衣持茧献三盘。相思莫误朱成碧,烛泪盈盈蜡晕干。

其九

憔悴西风梦不成,娉婷相见在春城。欢场九赐传花瑞,隐语双文赠鸟名。宝镜背悬交吐焰,索铃初护尽无声。看多怕有香尘上,出浴依然媚晚晴。

其十

天宝何因便改元,尚怜芳影秘泉温。不闻金鉴留丞相,多恐玉环蒙至尊。朱紫故宜当日贱,衣裳能得几时恩?扬州芍药看前事,功业纶扉并尔存。①

《影园瑶华集》录黎遂球《咏影园黄牡丹》,内容基本相同。

第二首"贮艳频劳",《影园瑶华集》作"贮艳还从";第三首"河阳无影望涟漪",《影园瑶华集》作"河阳无影谢流澌";第五首"姚女明妆""错认秋容咏菊花",《影园瑶华集》作"姚姒闲妆""犹记秋容认菊花";第六首"梦破征兰粉较肥""可怜鸿鹄似高飞",《影园瑶华集》作"梦起征兰粉更肥""可怜鸿鹄已高飞";第八首"相思莫误朱成碧,烛泪盈盈蜡晕干",《影园瑶华集》作"相思莫是朱成碧,烛泪何曾蜡晕干";第十首"天宝何因便改元,尚怜芳影秘泉温",《影园瑶华集》作"天宝何因为改元,尚怜芳影浸泉温"。

---

① 黎遂球:《莲须阁集》卷七,清康熙黎延祖刻本。

超宗影园分赋黄牡丹

万时华

石栏行处乱闻香,红紫光中别有妆。
侧面檀痕摇翡翠,重楼瓦色照鸳鸯。
邓通鼓櫂临花阵,豪客轻衫过粉墙。
金带围开清赏后,广陵家事属姚黄。[1]

北上过郑超宗影园留别

万时华

相逢呼酒揽蓬蒿,林木翳然照短袍。
书带绕青通德里,画栏分碧广陵涛。
垂杨十里春无限,积石千层气自高。
几载题诗常忆此,入门行坐费周遭。

园林宾主各孤清,倚杖科头罢送迎。
云影扑帘娇舞蝶,歌声近户间初莺。
愁当落日催分席,又感寒潮促去程。
莫道帝城风物好,壮怀难是别离轻。[2]

又咏黄牡丹

万时华

浅碧深红处处逢,青皇何意漏秋容。
莺声近户光相照,蝶翅惊九蜡自封。
影伴谷城怜石瘦,愁连古碛觉沙浓。
遥知九锡东风候,独立宣麻近九重。

---

[1] 万时华:《溉园诗集》卷四,见胡思敬辑:《豫章丛书》,民国十年南昌豫章丛书编刻局刻本。
[2] 万时华:《溉园诗集》卷四,见胡思敬辑:《豫章丛书》,民国十年南昌豫章丛书编刻局刻本。

三千队里斗春晖,独洗闲妆见自稀。
夕月故披君后服,行春偷着圣人衣。
野花过蝶风深浅,斗酒听鹂色是非。
为里为裳君莫问,六官齐拜上皇妃。①

影园是黎遂球咏黄牡丹处
陈文述

诗坛当日盛筵开,解赋名花识俊才,太白曾邀妃子赏,牡丹亲见状元来。谁雕碧玉为花叶,合铸黄金作酒杯,今日影园空有影,病梨斜日掩苍苔。②

郑晴波同年索题其先祖职方公影园图记为赋一首
程晋芳

士生值乱世,生死良细事。要其始中终,率履贵无愧。
影园职方园,记其所自记。遗址吾熟经,裔孙况同辈。
岂惟对图画,风概久默识。有明逮末运,九域惊鼎沸。
二寇未歼除,四镇复骄肆。腾踔高家军,宜薄邗沟次。
职方旧识高,排难施游说。全城所托命,遑作一身许。
奈何谣诼兴,群小竞疑忌。历稽前史迹,覆辙必相继。
段公猜越石,信国逃李帅。贤哲且若斯,况彼舆台隶。
唇舌枉翻澜,肝脑倏涂地。无何恩命下,秩授人已逝。
使公不遽死,阁部亦旋至。终且与俱亡,先驱如有意。
方其假归时,泉壑驾所税。为园十亩宽,择木千章艺。
客来角文酒,解带松云际。乃知生平居,贵以逸养气。
养之既纯全,毫发审义利。捐躯赴急难,轻若脱屣视。
百二十年余,台沼益荒废。裔孙录遗笔,委曲托名绘。

---

① 万时华:《溉园诗集》卷四,见胡思敬辑:《豫章丛书》,民国十年南昌豫章丛书编刻局刻本。
② 陈文述:《颐道堂集》诗选卷一九,清嘉庆十二年刻道光增修本。

池涵花阁清，苔覆板桥翠。文传景周折，图亦与之俪。
宁知碧血化，但觉苍烟霁。一树亦堪思，一石亦当拜。
行将挂帆去，园侧蜻蛉系。冷坞吊残梅，呼公三爵酹。①

冶城同超宗夜饮读影园唱和因步袁田祖韵
方以智

荒丘草杂稻花香，粗饭加餐客计长，画地图成园有影，临风烛灭夜无光。社开兰蕙尊前白，江隐兼葭梦里苍，试仿公鳞新笔意，龙眠烽火敞山庄。②

立秋日钱与立诸君送之广陵影园月下听歌次郑超宗韵
范景文

恰当胜地又佳时，暑去人来月与期。
空水亭为开面目，新秋柳亦竞腰肢。
园摹画格形生影，妙解歌情肉并丝。
嘱语萧萧翻别调，登临无事更伤离。③

《影园瑶华集》下卷录《北归过影园同钱大鹤职方玩月是夕立秋》，两者内容完全相同。

卧病山中闻归元恭偕同学诸子集影园
秦松龄

不见归生久，今闻在影园，何当文酒会，夜雨卧山村。
啸咏正遥忆，孤栖欲断魂，平生旧相识，风雅几人存？④

---

① 程晋芳：《勉行堂诗文集》，魏世民校点，黄山书社，2012年，第513—514页。
② 方以智：《方子流寓草》卷六，明末刻本。
③ 范景文：《范文忠集》卷一一，清文渊阁四库全书补配清文津阁四库全书本。
④ 秦松龄：《苍岘山人集》卷一，清嘉庆四年秦瀛刻本。

牡丹诗
丘逢甲

绝代才人集影园，宫袍黄染墨香温。

扬州风月群花笑，争捧金罍上状元。[1]

田纶霞先生见示方园杂诗次韵奉答
吴嘉纪

影园即此地，何处认荆扉？

冷落废墟在，一双新燕飞。

草香过细雨，峰远带余晖。

回首思贤主，宾来每似归。

《影园瑶华集》下卷录此诗，无题，内容完全相同。

跋黎美周黄牡丹诗后同人分赋拈次元韵
王　藻

一梦扬州月易斜，牡丹池馆剩啼鸦。竹西歌吹繁华地，江左文章著作家。仙掌露盂夸富贵。旗亭夜雨赌筝琶。大罗天上霓裳谱，二百年来艳此花。[2]

答郑次严侍御
冒　襄

西风昨夜到芜城，愁听桥头玉笛声。忽忆郑庄方结绶，此时谏草最驰名。

遇当盘错才偏见，德洽闾阎感倍生。忆看监门图一卷，临岐老泪漫纵横。

---

[1] 丘逢甲：《岭云海日楼诗钞》卷五，民国铅印本。
[2] 王藻：《恩晖堂诗集》卷一，清咸丰六年刻本。

两年两度广陵游,渌水红桥映白头。舟过影园增感叹,人来隋苑惜风流。

严君老凤偏宜晚,令子霜雕早趁秋。最是绣衣忠谠日,飞书屡屡到沧洲。[1]

影园图歌为郑晴波中翰作

王嵩高

长江如带绕虚堂,潆翠幽栖近蜀冈。异代风骚凭指点,百年池馆阅苍茫。

当年结构更星朔,明月二分山一角。置驿通宾数郑庄,闲居奉母同潘岳。

门才公望是神仙,余事能工亦可传。收拾云岚归粉本,思将水木绘平泉。

华亭宗伯留真迹,沿堤杨柳陶潜宅。绿树阴中霁色鲜,沧波尽处遥岑碧。

洛下名花发小园,瑶华新句集高轩。姚黄赋尽真名士,金粤镌成贺状元。

风流文采腾身价,分笺命酒无休暇。乍喜池台远市喧,岂知兵马临城下。

连营瓜步震江关,朽索奔车庙社残。煮海千家沉劫火,游魂四镇构兵端。

挺身本为全城计,群疑反使孤忠殚。喘犬前驱竟反戈,睢阳杀贼能为厉。

苑草林花惨不春,空教碧血化青燐。降藩谁问高无赖,毅魂先招史道邻。

书生厄运丁残局,百身难许秦良赎。南省迟颁司马衔,西台应

---

[1] 冒襄:《巢民诗集》卷五,见《清代诗文集汇编》编纂委员会编:《清代诗文集汇编》第37册,上海古籍出版社,2010年,第441页。

补昭忠录。

衰柳斜阳邗水流,风亭月榭不胜愁。危楼久已迷金谷,仙洞无因访玉勾。

曾闻地舆问冯接。盈盈一水通舟楫。斗酒春林罢听鹂,东风菜圃余飞蝶。

故家乔木有文孙,甲第虽墟旧泽存。绢素苍凉寻墨瀋,梧桐萧瑟认巢痕。

通神妙手留图绘,一石一花歌勿拜。奕叶新阴对紫薇,横经瑞草名书带。

楚些传芭怨已平,寒烟落日满芜城。披图不作沧桑感,忠孝文章有令名。①

郑懋嘉中翰诗集序

冒　襄

内容略。②

《扬州休园志》卷三录冒襄《含英阁诗序》,内容与此大体相同。

郑士介招同许力臣师六登饮新阁

冒　襄

凭空杰阁白云道,忽枉佳招到上头。窗拓四虚香化雪,山横浅黛碧于秋。闲从胜侣闻清啸,喜有文孙绍远谋。况共渭阳评月旦,藉君百尺散千忧。③

---

① 王嵩高:《小楼诗集》,见《清代诗文集汇编》编纂委员会编:《清代诗文集汇编》第387册,上海古籍出版社,2010年,第661页。
② 冒襄辑:《同人集》卷一,见四库全书存目丛书编纂委员会编:《四库全书存目丛书》集部第385册,齐鲁书社,1997年,第41—42页。
③ 冒襄:《巢民诗文集》诗集卷五,清康熙刻本。

雨中至邗沟不得晤超宗，超宗遣人问劳遗酒脯，约以明早过余，余即夕解缆矣，怅然怀之

杜濬

车船南北广陵通，逐队纷然取道同。知己孰堪形迹外，梦魂多在影园中。牡丹黄后传诗柄，杨柳青边倚钓篷。此日俱沦崩岸雨，独留残醉转忡忡。

休园杂言序

杜濬

内容略。①

《扬州休园志》卷三录杜濬《休园迩言序》，内容与此完全相同。

归元恭诸子集影园得林字

严绳孙

秋气飒已至，高斋生远心。之子十载别，共此清池阴。良会讵几何，白日匿西林。乐酒永今夕，无言金玉音。②

游故水部郑君休园用嶰谷旧韵

全祖望

阁道空中度，山蹊洞外深。树穿危石裂，水定白云临。萧瑟寒冬状，清流旧雨吟。杉关埋碧久，何处觅遗簪。

为问符卿墅，荒荒落日昏。名花天上去，乔木道南存。尘梦消江市，林峦近野村。风高云倍迥，诗思满篱门。③

---

① 杜濬：《变雅堂遗集》文集卷二，见《清代诗文集汇编》编纂委员会编：《清代诗文集汇编》第37册，上海古籍出版社，2010年，第188页。
② 严绳孙：《秋水集》卷三，清康熙雨青草堂刻本。
③ 全祖望：《鲒埼亭诗集》卷三，四部丛刊景清钞本。

泛舟古度桥过郑超宗前辈影园故址

李 骈

三里垂杨路,烟中放艇行,小桥横古渡,野水绕芜城。
游赏先朝盛,风流驾部名,空余残照在,鹤唳数声清。①

隋堤行寄题广陵郑超宗园亭

李 雯

君不见隋家宫殿临江汜,柳色千门照江水。
春草宫中瑟瑟多,斗鸡台下香风起。
辇道凝笳翠袖回,红妆映日垂杨里。
谁言此地属繁华?凤舸龙帆卷暮霞。
当年莲唱沉江月,千岁春风吹柳花。
隋家杨柳君不见,别有青青照人面。
小开池馆近迷楼,复植江花邻月观。
月观迷楼安在哉?请君薄暮登高台。
芜城画角犹平舫,邗水清歌共落梅。
尝在江南望江北,欲问观涛广陵客。
几度思登扬子桥,参差未识江都宅。
闻君早晚赋闲居,徂暑迎春奉板舆。
百尺高楼宫柳岸,月明更钓海陵鱼。

影园黄牡丹

杨 鸾

影园问遗址,闻道草痕青。奇士龙为首,超宗凤有翎。
名花金照耀,佳句玉娉婷。太息虞山叟,斯人尚典型。②

---

① 李骈:《虬峰文集》卷七,清康熙刻本。
② 杨鸾:《邈云楼集六种》,清乾隆道光间刻本。

黄牡丹

徐　增

天工着意镇繁华，昼日亭亭影不斜。富贵尽倾天下种，庄严宁数帝城花。名园忽作黄金国，上客偏停白鼻䯀。管取百年人艳羡，东归士子不思家。①

黄牡丹状元

徐　增

放榜长安举子喧，盛唐天子正临轩。姓名胪唱开三殿，诗句惊传抵万言。金带曾邀丞相赏，锦袍初赐圣人恩。上林走马花多少，朵朵先开向状元。

黄牡丹状元

徐　增

新诗朗诵五云端，御笔亲题墨未干。吟咏本无温饱意，逢迎不作布衣看。昭容座侧怜春晚，美女楼头觉夜寒。真是状元天下福，好花来结一生欢。

后十首
其三
徐　增

玉京仙子最轻盈，蕊榜惊传第一名。颜色不须金谷柳，羽仪宁借上林莺。珍如蜡凤千年在，瑞比黄河七日清。到处看花无足数，此花奇绝冠平生。②

---

① 徐增：《九诰堂集》诗之七，见《清代诗文集汇编》编纂委员会编：《清代诗文集汇编》第41册，上海古籍出版社，2010年，第185页。
② 徐增：《九诰堂集》诗之七，见《清代诗文集汇编》编纂委员会编：《清代诗文集汇编》第41册，上海古籍出版社，2010年，第175页。

黄牡丹又十首
其四
徐　增

琼花开后久无花,如此名花那不夸。

草木也惊天子气,祯祥偏属孝廉家(时超宗尚孝廉)。

词人预赏登珠榜,东帝争奇放柳衙。

不禁江南望江北,至今楼阁晚多霞。①

黄牡丹又十首
其四
徐　增

乾坤正气独能存,九十春光殿至尊。

叶带晓烟纷翠葆,瓣含晴露湿金盆(黄帝有金盆露)。

开从天上应关运,落到人间亦是恩。

除却花王谁有此,影传南国郑君园。②

黄牡丹又十六首
徐　增
其二

影园芳信近如何,旧日风光占独多。台岂著经天降玉,筵非乞巧女投梭。金华殿里人何在,司马坂头日又过。一自百花星散后,五更风雨咽鸣珂。

---

① 徐增:《九诰堂集》诗之七,见《清代诗文集汇编》编纂委员会编:《清代诗文集汇编》第41册,上海古籍出版社,2010年,第186页。
② 徐增:《九诰堂集》诗之七,见《清代诗文集汇编》编纂委员会编:《清代诗文集汇编》第41册,上海古籍出版社,2010年,第176页。

其十一

探尽曲江无此花,影园才子最豪华。一天蝶影春如海,连日箫声客在家。

其十二

牡丹实与众葩殊,开谢春风不可拘。屈指影园因记日,现身香国忽成都。东吴骚客横飞藻,南海才人别吐珠。若使曩时同此会,对花夺得锦袍无?①

黄牡丹又十首

徐 增

其二

香粉居然不坏身,莲华心里证前因。黄袍簇绽惊风雨,金甲威灵泣鬼神。

南北东西凭作主,青红紫白总非伦。影园百十吟诗客,竟是陶家看菊人。②

初夏闵玉井邀集休园

马曰璐

歌吹喧中天漠漠,一片清阴占林薄。扬州池馆竞繁华,扫去朱丹留淡泊。东邻水竹对门居,浅夏邀游殊不恶。隔日先教瘦鹤知,中宵预梦游鱼乐。行来夏木挂寒藤,依旧石池横略彴。境寂惟闻翠鸟呼,窗虚只有浓云幕。不须陈迹感沧桑,未免流光判今昨。碧水难樵石无语,我有吟情何处著?强将淡景入毫端,开遍亭边万丹若。③

---

① 徐增:《九诰堂集》诗之七,见《清代诗文集汇编》编纂委员会编:《清代诗文集汇编》第41册,上海古籍出版社,2010年,第178页。
② 徐增:《九诰堂集》诗之七,见《清代诗文集汇编》编纂委员会编:《清代诗文集汇编》第41册,上海古籍出版社,2010年,第182页。
③ 马曰璐:《南斋集》卷一,商务印书馆,1935年,第14页。

《扬州休园志》卷八录马曰璐《初夏集休园》,"东邻水竹"在《扬州休园志》中作"羡君水竹","境寂惟闻"在《扬州休园志》中作"坐久惟闻","强将淡景入豪端"在《扬州休园志》中作"剩将烟景入毫端"。

首夏休园即事分蒸韵
沈大成

石桥流水接花塍,旧识名园到未曾?

缘径曲廊围翠竹,压檐高架走朱藤。

漫惊节物初移序,自叹心情已似僧。

多谢香醪三百斛,老怀拉杂醉难胜。[①]

《扬州休园志》卷八录沈大成《首夏集休园》,内容与此完全相同。

郑氏休园二首
杭世骏

其一

巷逐城阴转,人传谷口居。入门三径曲,过岭一亭虚。

捉塵鸥边席,行厨竹里庐。不知寻寨柴,裴迪近何如?

其二

藓壁青萝绣,苔楹老树撑。穿花莎径窄,照影古潭清。

高卧茶喧枕,微吟鸟继声。即看仙迹杳,犹剩石棋枰。[②]

《扬州休园志》卷八录杭世骏《休园小集二首》,内容与此基本相同,其中"行厨竹里庐"在《扬州休园志》中作"行觞竹里厨"。

[①] 沈大成:《学福斋集》诗集卷二二,清乾隆三十九年刻本。
[②] 杭世骏:《杭世骏集》第5册,蔡锦芳、唐宸点校,浙江古籍出版社,2015年,第1205—1206页。

郑氏休园

张四科

苍苍池上山,郁郁园中树。不越廛市间,居然登临趣。

清昼偕诗客,空亭理茶具。境适迹自延,心赏景毕赴。

玉津极繁华,金谷擅豪富。曾几就倾颓,耐久逊朴素。

沧桑虽云历,泉石幸如故。何当容日涉,于焉谢遐慕。①

《扬州休园志》卷八录张四科《过休园》,内容与此完全相同。

重葺休园

鲁衷淑

寂寂园林怅昔时,断桥烟柳一丝丝。花开乍落人非旧,鹤去还来水满池。当日漫传蝴蝶句,于今争唱鹧鸪词。西窗月落青桐晓,喜见明霞映玉枝。②

《扬州休园志》卷七录鲁衷淑《重葺休园》,内容与此完全相同。

休园用泮江家伯韵

程名世

昨朝挈伴游城南,黄家园子乐且耽。但惜出郭路稍远,往还未免劳车骖。

或云休园足烟水,四坐揽衣尽兴起。相过只在跬步间,巷北街南殊密迩。

是时八月秋方中,纷纷金桂飘金风。当门峭壁高百尺,红紫斑驳苔花浓。

因思置榻可消夏,翠竹千竿绕亭榭。窗前跂脚最脩然,未必主人肯常借。

耳闻兹园今几时,探幽笑我来何迟。西郊北陇富林墅,轻舟细

---

① 张四科:《宝闲堂集》卷四,清乾隆二十四年刻本。
② 王豫、阮亨辑:《淮海英灵续集》巳集卷二,清道光刻本。

马空盘嬉。

争如此处著吟屐，小山仿佛神仙宅。登临还续招隐篇，谁是刘安能赋客？①

过休园
闵 华

乔木百年在，林深暑气微。廊腰围翠筱，池面盖红薇。

前辈留题遍，闲门过客稀。东家有华屋，但惜主人非。②

过影园故址
闵 华

野菜畦连苦竹冈，居民犹指郑公乡。东林名士簪裾会，南国词人翰墨场。一道溪流想游钓，几家茅屋阅沧桑。至今杨柳蒹葭外，夜月还过旧女墙。

无赖强藩忆昔年，广陵城外耀戈铤。未能心迹明周颙，反使民人祸鲁连。曩哲风流云散后，荒蹊青草白鸥边。不知花放姚黄日，谁与黎郎此饯筵？③

春暮游郑氏休园
张兆雷

谷口风光好，春残偶一过。古藤垂絮远，老树覆垣多。

倚槛思华构，临池见璧窠。到来今始信，城市有岩阿。④

《扬州休园志》卷八录张兆雷《春暮过休园》，内容与此基本相同，"谷

---

① 程名世：《思纯堂集》卷二，见《清代诗文集汇编》编纂委员会编：《清代诗文集汇编》第359册，上海古籍出版社，2010年，第56页。
② 闵华：《澄秋阁集》三集卷四，清乾隆十七年刻本。
③ 闵华：《澄秋阁集》三集卷四，清乾隆十七年刻本。
④ 阮元辑：《淮海英灵集》丁集卷三，清嘉庆三年小琅嬛仙馆刻本。

口风光好"在《扬州休园志》中作"谷口幽栖地"。

春日同人游郑氏休园二首
马曰琯

其一
古木浓阴合,苍苔一径深。廿年劳梦想,此日快登临。
绕槛知鱼乐,巡廊和鸟吟。茶烟香细细,更喜盍朋簪。

其二
残阳犹在树,幽翳变朝昏。水木清华地,烟云翰墨存。
乍来浑似画,久坐亦疑村。谷口今何在?春风自掩门。[①]

《扬州休园志》卷八录马曰琯《春日过休园二首》,内容与此完全相同。

过休园吊郑元勋
张 鉴

诗社飘零感万端,影园人尽北风寒。黎郎去作沉湘客,无复春阴黄牡丹。流云暗壑阁苔青,重见司勋旧日经。一自高家兵马后,惟留老树在空庭。

休园
程梦星

三休著司空,名园想遗老。避地构亭台,选胜凿池沼。
风樯隔城闉,烟岫列江表。森然园中木,手植今合抱。
长廊行转纡,曲径净如扫。时闻幽鸟啼,未许俗客造。
广陵多园亭,易世半倾倒。谁能数传后,邱壑永相保。
翩翩贤主人,神致见清矫。赏心媚寒葩,梦吟发春草。
当轩列奇石,图书坐围绕。壶觞招我来,境胜情弥好。

---

① 马曰琯:《沙河逸老小稿》卷二,商务印书馆,1935年,第21页。

乍经获殊观，重游展遐眺。爱之不能归，永日洽言笑。

系予辟五亩，本以护林筱。方兹仅十二，齐大邾邻小。

巾车向林峦，出郭每清晓。何如延望间，极意得幽讨。

君虽简交游，未必厌频到。更欲挈同人，步屧订秋杪。①

《扬州休园志》卷八录程梦星《休园宴集》，内容与此基本相同，前三句在《扬州休园志》中作"为园名以休，在昔忆遗老。避喧构亭台"。

初夏玉井邀集休园

程梦星

莲峰居士城东南，著书集句情尤耽。隔宵邀客遣童子，侵晨门外多车骖。斗室幽闲淡如水，短榻未足供坐起。望衡对宇有西邻，却喜休园自密迩。为移笔砚山堂中，池光净拭生清风。湛华两字识屏左，至今墨瀋犹香浓。惟时四月纪初夏，高树长廊抱亭榭。林深地古阒无人，径静窗虚尚可借。因思乞休郑当时，田园归老容栖迟。百余年来偏好在，吾侪到此还追嬉。将诗过日凭双屐，昨日南州徐子宅。明朝又聚扶风家，小馆玲珑旧吟客。②

李存田司马招集休园四首

程梦星

其一

城东园榭旧名休，树古苔新径自幽。闲上春风亭上望，片帆张过屋西头。

其二

世事浑同海上田，庭前杨柳尚依然。重来觅路如生客，梦隔山堂十五年。

---

① 程梦星：《今有堂诗集·游南集》，清乾隆刻本。
② 程梦星：《今有堂诗集·游南集》，清乾隆刻本。

其三

疑坐山林却在城，啸吟能长住山情。邻家歌管春无赖，吹入风檐夜雨声。

其四

老屋浑坚留古色，前贤题咏见清才。墨池常露烟云气，可为当时洗砚来。①

《扬州休园志》录《春日重集休园五首》，内容与此大致相同。第一首"城东园榭旧名休"作"司空园榭旧名休"，第二首"梦隔山堂十五年"作"不醉山堂十五年"，第三首"吹入风檐夜雨声"作"吹入风檐和雨声"，第四首"墨池常露烟云气"作"墨池常带烟云气"。《扬州休园志》又录"花霑朝雨香犹在，鸟集深林语不同。杖策几人先我到，隔溪知有小桥通"一首，《今有堂诗集》未录。

山亭宴·仲秋过休园

程梦星

晚秋小步城东去，爱名园、四围乔树。亭榭半荒凉，只落叶，空堆暗堵。当时林下剧风流，画屏里，尚留题句。但见墨池，浑问洗研人何处？桂花点点飘黄雨，藉消愁，寄声琴语。酒榼未能携，尽幽赏、茶烟一缕。叩门还拟觅重游，夕阳外，几回延伫。绝似武陵溪，不许渔舟渡。②

语石堂

方象璜

群山皆培嵝，兹石踞其顶。烟岚生衣袂，俯拾日月景。

石势撑铁云，卓立抑何猛。天语下虚空，祕密堪独领。

---

① 程梦星：《今有堂诗集·漪南集》，清乾隆刻本。
② 程梦星：《今有堂诗集·茗柯词》，清乾隆刻本。

况值禅定余，孤磬发深省。①

休园记
方象瑛

内容略。②

《扬州休园志》录方象瑛《重葺休园记》，内容与此完全相同。

过广陵郑懋嘉留饮休园二首
方象瑛

其一

廿年几度向邗沟，信宿空怀结胜游。近喜开轩容寄迹，不须载酒更寻幽。

参差花竹分窗见，屈曲池塘抱阁流。最是三峰竞奇秀，登临看遍古扬州。

其二

水部风流旧所传，承家真羡后人贤。即看图画留千古，况复亭台胜昔年。

雪里登楼闻唳鹤，桥边拜石俯流泉。老夫病卧耽幽寂，登眺名园较爽然。③

《扬州休园志》卷七录《重葺休园二首》，内容与此基本相同，"容寄迹"作"容寄傲"。

---

① 阮元辑：《两浙��轩录》卷三，清嘉庆刻本。
② 方象瑛：《健松斋续集》卷三，见《清代诗文集汇编》编纂委员会编：《清代诗文集汇编》第128册，上海古籍出版社，2010年，第414页。
③ 方象瑛：《健松斋续集》卷九，见《清代诗文集汇编》编纂委员会编：《清代诗文集汇编》第128册，上海古籍出版社，2010年，第475页。

题休园三峰
方象瑛

石磴盘纡路几重,凌空苍翠削芙蓉。芜城万井烟霞里,也合名呼第一峰。[1]

郑懋嘉重修休园招饮即事
吕履恒

栗里依然三径开,诵君佳什见清才。秋疑兰怨先除草,春为梅嗟不扫苔。

石树更留新鸟宿,溪山还许故人来。即今清晏怀堂构,烟雨芜城赋自裁。[2]

《扬州休园志》卷七录《重葺休园二首》,《梦月岩诗集》只录其一,《扬州休园志》两首兼录。

郑荆璞三葺休园诗二首
吕谦恒

其一

东山选胜寄徜徉,负郭为园拟辟疆。花近高楼宜卷幔,鸟啼修竹对焚香。百年堂构书千卷,三世风流水一方。何日扶筇江介去,林亭幽处问沧浪。

其二

丘壑天民道自尊,百城南面足朝昏。闲云旧与心期静,乔木今瞻手泽存。水畔桥危还缀板,阶前苔满渐当门。知君不为烟霞癖,

---

[1] 方象瑛:《健松斋续集》卷九,见《清代诗文集汇编》编纂委员会编:《清代诗文集汇编》第128册,上海古籍出版社,2010年,第475页。
[2] 吕履恒:《梦月岩诗集》卷一五,清康熙刻本。

念祖常怀奕世恩。①

《扬州休园志》卷八录《三葺休园二首》，内容与此完全相同。

重过休园即事
杭世骏

城隅路转净尘沙，又到荥阳外史家。压帽枝低妨野鹤，穿篱水急漾修蛇。投闲心性便看竹，颂酒生涯只惜花。应是诗翁天与福，今朝风景更清嘉。②

三月晦日，嶰谷昆季招诸同人游郑氏休园有怀
高　翔

懒慢常卧游，烟霞疾已痼。时复动遐想，而无济胜具。
城中有休园，嘉名洵久著。生小欲探寻，年来尚企慕。
隔墙每延缘，仰面见高树。安得快心目，胸次舒积愫。
缅怀有先达，家公得屡顾。郎署间见招，阿父时往赴。
宴集留篇章，七字诗曾赋。我本谫劣姿，未能得窥觑。
幸有白眉良，亭午邀同步。鱼贯走深巷，纡回入围圃。
到来无市喧，顿觉脱尘虑。池馆湛清华，方共欣所遇。
古木势参横，束缚藤交互。盘结舞虬龙，湿翠蔽云雾。
柔蔓能勾人，芳草没行屦。过桥凭栏槛，花飞柳吹絮。
荒径笋过头，空梁燕新乳。亭署水可櫵，轩额石能语。
幽境各分列，历历应难数。昔为跂望人，今乃得其趣。
况当有文彦，不期而良晤。议论归大方，琐屑亦倾吐。
潇洒骋虚怀，无拘乐幽聚。更念二三子，萍踪适他去。
徘徊共吟眺，斯游□□□。□□□逸响，清圆啭绵羽。

---

① 吕谦恒：《青要集》卷一〇，见《清代诗文集汇编》编纂委员会编：《清代诗文集汇编》第185册，上海古籍出版社，2010年，第541页。
② 杭世骏：《杭世骏集》第5册，蔡锦芳、唐宸点校，浙江古籍出版社，2015年，第1240页。

似断复似连，如歌复如诉。晚风生众籁，阴壑动惊怖。
密林自昏翳，斜照催日暮。羡彼洒扫人，此中得常住。
客去敞虚廊，鼪鼠任奔骛。携手复偕行，榆钱撒满路。
惜景纪流光，相将托豪素。一笑出门来，春归去何处。①

休园灵璧石大理石屏歌

先　著

一石色黝如卧狮，亦如醉卧人支颐。舁之自可数人足，秀润独饶山岳姿。一石白质莹如玉，五尺鹅溪作横幅。连峰叠嶂望不穷，雨后春山新濯绿。泗滨浮处含韶音，贡之天府同球琳。奇礓未省复何似？却教戏赌归华林。文石由来珍大理，采琢尤矜宋坑美。天公有意为此奇，画笔虽工反难拟。休园近在城南偏，入门乔木多苍然。千金不惜购此物，至今四世相承传。百步修廊连竹圃，几折斜桥跨莲渚。森森丛桂列平轩，密密垂萝通曲户。当年辟地最宽平，高处晴烟暮霭生。解从城市营丘壑，不遣壶觞杂友朋。我缘二石发深慨，南北分疆经几代。雅乐江东少磬声，淮泗萧条流境外。西南往事悲滇黔，豺狼择？曾无餍。碧鸡金马神物隐，点苍洱海人民熠。广陵繁华竞台沼，城中未若休园好。影园名在久丘墟，零落姚黄成腐草。②

休园

刘嗣绾

休园随意到，到即欲三休。竹色绿成坞，蘋香吹上楼。
林鸦无好语，野鹤有清修。拣个空亭好，商量踏月游。③

---

① 此诗为上海图书馆所藏高翔书法手迹，是一首五言长律，极为珍贵。
② 先著：《之溪老生集》卷八，清刻本。
③ 刘嗣绾：《尚絅堂集》诗集卷二八，清道光大树园刻本。

休园留古树

林苏门

园在新城内之东，故寿天郑君所居，后出售于陈姓，改名征园，园内结构虽小，而大树参天，数以百计，其幽秀饶有古致。昔年郑氏居于此，其匾额皆大名工人手笔，及归于陈，则尽易之，惟树而已。远迩来游者不问征园，而仍称曰休园。

诗社飘零感万端，影园人尽北风寒。
黎郎去作沉湘客，无复春阴黄牡丹。
流云暗壑阁苔青，重见司勋旧日经。
一自高家兵马后，惟留老树枉空庭。[1]

该诗与张鉴《过休园吊郑元勋》[2]内容完全相同。

---

[1] 林苏门：《邗江三百吟》卷一，见《清代诗文集汇编》编纂委员会编：《清代诗文集汇编》第799册，上海古籍出版社，2010年，第505页。
[2] 张鉴：《冬青馆集》甲集卷二，文物出版社，1987年，第85页。